足利

自然ゆたかな歴史のまち

前澤輝政

随想舎

足　利——自然ゆたかな歴史のまち

目　次

足利市地域区分図

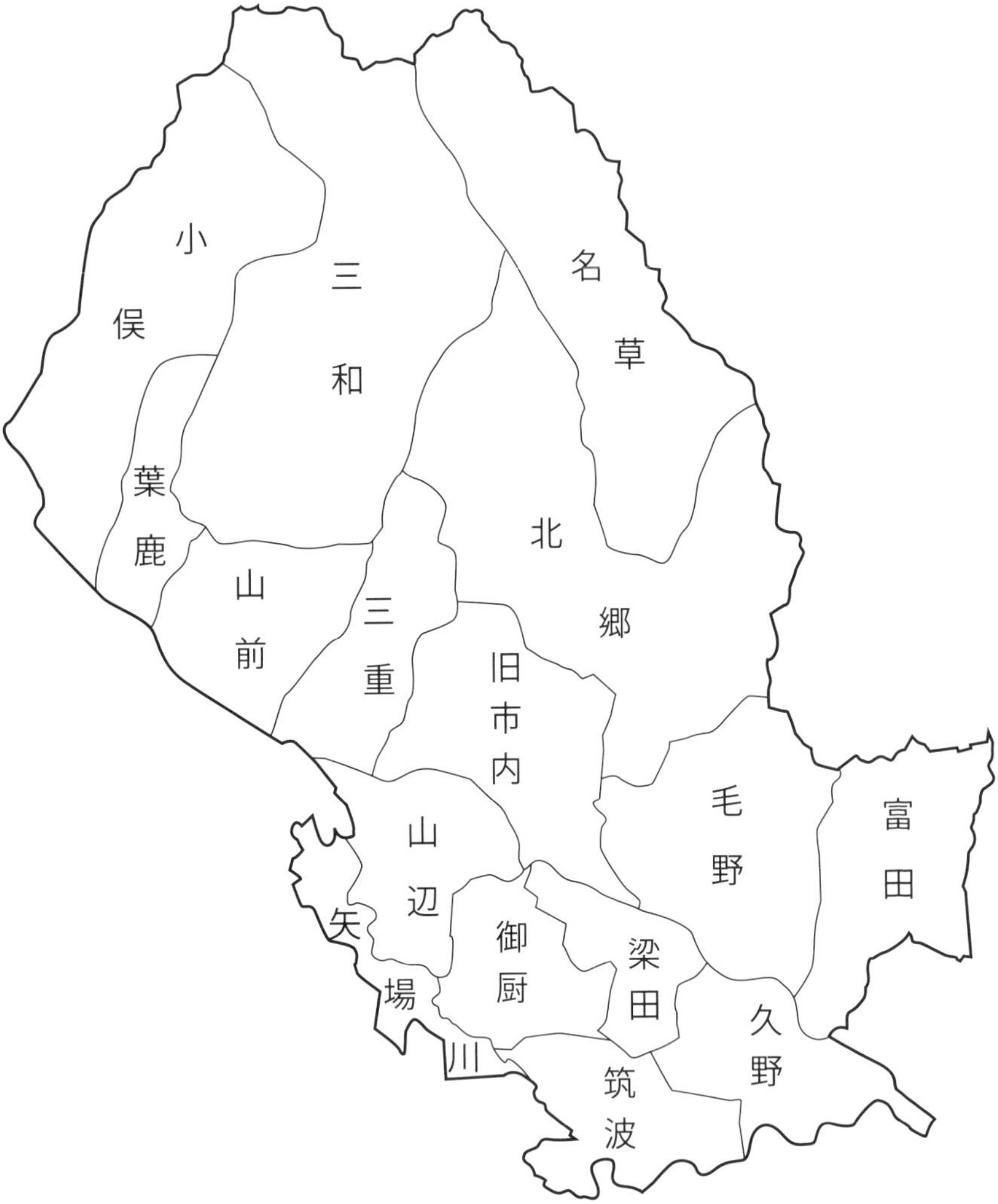

足利市の面積　177.82㎢（東西 18.8㎞、南北 19.1㎞）
足利市の人口　148,421 人（2016 年 12 月 1 日現在）

足利——自然ゆたかな歴史のまち

はしがき

「足利」について知るために、まず「足利の歴史のあらまし」を述べることから始めよう。

足利は、関東平野の北端の地域を占める。北部は足尾山塊の南端の山地で、その裾部を、日光、足尾の山地を源とする渡良瀬川が北西から南東方に流下し、南部には広大な平野が広がる。北に白根や男体、女峰などの諸岳、西に赤城、榛名や浅間の雄峰、南遥かに関東山脈を越えて富士山が遠望される。このような恵まれた自然環境のなかに、古代から人々が営々と生きてきた。

(一) 古代の足利

旧石器時代を含めて、主に狩猟・漁労の採取生活をした平石遺跡（山下）や高松遺跡（高松）など縄文《じょうもん》時代の遺跡は九〇以上、ついで水稲農耕を始めた西根遺跡（菅田）など弥生《やよい》時代の遺跡は二七以上が知られる。古墳《こふん》時代は南部の矢場川流域から始まり、浅間山《せんげんやま》古墳（前方後円墳《ぜんぽうこうえんふん》・小曽根）や観音山《かんのんやま》古墳（前方後方墳・藤本）や天王塚《てんのうづか》古墳（推定前方後円墳・県《あがた》）などは、初期大和政権に服属した四世紀代の首長墓で、足利南部への大王勢力の伸張を示し、「県《あがた》」の地名は――当時大王勢力に服属した地域首長名の「県主《あがたぬし》」の名残りであろう。五世紀中頃には北部の地域にも拡《ひろ》がり、日本書紀にいう、荒田別《あらたわけ》王と共に朝鮮まで出兵した鹿《か》我別《がわけ》王①は、足利を本拠《ほんきょ》とした五世紀代の王（首長）で、伴《ともな》ってきた渡来人達が、機織《はたおり》、農耕など新たな大陸の文化を齎《もたら》したのであろう。山川の白髭《しらひげ》神社は、当時の渡来人《とらいじん》の祀《まつ》った社《やしろ》といわれる。毛野や北郷、旧市内の本城や山辺などの山麓部には、六、七世紀代の古墳が多く群集《ぐんしゅう》して古墳群をつくり、その中心には前方後円墳②（地域首長＝氏上《うじのかみ》の墳墓）、または大型の円墳や方墳、その周囲には数多くの中〜小型の円墳（氏人《うじびと》の墳墓）が造営され、その数はおよそ二〇〇〇基ほどと推定される。これら古墳群は階層化された社会の様相を反映したものとみられる。

①勧農車塚古墳は墳丘全長一三〇〜一四五mの、石製模造品や管玉などを出土した五世紀代の大型の前方後円墳で、鹿我別《かがわけ》王の墳墓の可能性が大きい。

また助戸・十二天古墳は全長三〇m余の、多数の鏡、刀剣、馬具等を副葬した五世紀後半の帆立《ほたて》貝《がい》式古墳であった。

②後期の前方後円墳は、常見の正善寺古墳（全長一〇〇m余）を最大として市内全域には二〇基前後が現存するが、これらに付随する円墳群（一群が数基〜数十基）は夥《おびただ》しい数であった。――第二次世界大戦中から、戦後にかけて相当数が破壊《はかい》され湮滅《いんめつ》した。

推古朝、聖徳太子の掲げた〝中央集権国家理想〟の実現化となった「大化改新」――それ以後の「律令制」によって足利地方は、「足利」「梁田」の二郡が設けられた。足利郡には、東山道《とうせんどう》の駅家《えきけ》のほか大窪《おおくぼ》、田部《たべ》、堤田《つつみだ》、土師《はじ》、余戸《あまるべ》、梁田《やなだ》郡には大宅《おやけ》、深川、余戸の郷が置かれた。また足利郡の「国府野《こうの》」（旧市内）にある官衙址《かんがし》は「国府《こくふ》」の遺址（郡衙併置か）に相違なく、同地に創《はじ》まったとされる「足利学校」は、もとは官衙の学校院で「下野国学《しもつけこくがく》」と推定される。そして八世紀前半、僧行基《ぎょうき》が、月谷に行道山、旧市内に行基平、大岩に最勝寺を開創したという。

平安時代初頭、大同四年（八〇九）、小俣の世尊寺が東大寺の僧定恵によって開かれ、天慶三年（九四〇）に鶏足寺と改称、やがて葉鹿に東光寺、彦谷に無量院、大前に自性院、三重に覚本寺（のち島田に移建）などが創められた。また平安時代には寺岡に大日堂、渋垂に勝光寺らが建ち、足利学校も小野篁らによって復興したと伝えられる。樺崎の赤土神社、旧市内の八雲神社、月谷の示現神社、福富の御厨神社なども祀られた。

天喜二年（一〇五四）、藤原成行（足利藤原氏の祖）が両崖山城を築き、成綱、家綱、俊綱そして忠綱と続く。俊綱は家臣桐生六郎に殺されたが、忠綱は西国に赴き平家軍に加わり、宇治川合戦では弱冠十七歳で武勲をたて、末代無双の勇士と讃えられた。だが平家が敗れたのち、足利に帰ったが、追われ遂に飛駒の皆沢で自刃した。「前九年の役」（一〇五一～六二）で父源頼義《よりよし》に従って東下《とうか》した八幡太郎義家《よしいえ》は、足利南部（堀込の大将陣《たいしょうじん》と呼ばれた地）に陣を構える。そして、陣の北方・八幡山《はちまんやま》の南麓に――京都、男山八幡神を勧請して足利庄八幡宮を建て、その乾《いぬい》（北西）の方に居館（源氏屋敷《げんじやしき》）を設け、その鬼門除けに艮《うしとら》（北東）の方に不動堂（現・借宿の円満寺）を建てたという。やがて京の都で部下が狼藉したため、源氏屋敷に籠居した義家の三男義国は、足利庄を安楽寿院に、梁田御厨をそれぞれ寄進したことで足利城主藤原家綱と争いを起こす。義国の次男義康は保元の乱で活躍し昇殿を許される。――足利に義国は宝幢寺、義康（足利源氏の祖）は鑁歳寺を建てる（両寺とも緑町八雲神社辺にあった由）。

(二) 中世の足利――足利源氏と仏教寺院

鎌倉時代、足利は足利源氏の天下となる。――源頼朝は治承四年（一一八〇）、伊豆で挙兵し、鎌倉に武士による幕府を開く。頼朝の妻政子の妹時子を娶《めと》った足利義兼（足利源氏二代）は、頼朝を扶け、源平合戦や奥州藤原氏討伐等に活躍、有力御家人となる。――足利の中央部にある広大な居館址（史跡足利氏宅址）こそ義兼の構築という。やがて義兼は空海（弘法大師）の開いた高野山で出家《しゅっけ》し鑁阿《ばんあ(な)》と号し、帰山後、居館内に持仏堂を建て、高野山に倣《なら》い、艮《うしとら》の方《かた》の樺崎に「法界寺」を営み奥の院とし、やがて生入定《いきにゅうじょう》した。――嫡子義氏は父入定の地に八幡神を祀り、広大な居館の中央に本堂（大御堂）を、周囲に諸堂を建立、外郭の東、北、西に坊を設け、一山地（鑁阿寺一山十二坊）とした。――義氏は守護職二、地頭職一三を兼ね、「一家の繁昌恐らく天下に並ぶものなからん」（太平記）とまでいわれた。――義氏は法楽寺（本城三丁目）、嫡子泰氏は智光寺（平石）、その嫡子頼氏は吉祥寺（江川）を開く。その嫡子家時、その嫡子貞氏、その嫡子高氏（尊氏）と続く。

鎌倉時代初期には、戦乱、疾病、天災、飢饉《ききん》などがあいつぎ、仏教界では、従来の天台、真言のほか、浄土教によって死生の安心《あんじん》を求め、或いは禅によって精神力を錬磨した。――法然は浄土宗、その弟子親鸞は浄土真宗、栄西は臨済宗、道元は曹洞宗、一遍は時宗、日蓮は日蓮宗など、新たな宗派が興こり、足利にも各宗の寺が造られた。

承久の変ののち後醍醐《ごだいご》天皇は院政を止《や》め、天皇親政を復活させたが、足利尊氏《たかうじ》（高氏）はやがて背《そむ》いて持明院統を擁立し、征夷大将軍に任ぜられ京都に幕府を開く。後醍醐天皇は大和の吉野山で勤王の諸将を督励して尊氏と戦う。――その頃足利では、南宗継（足利貞氏、尊氏の重臣）が名草を領有。また行基以来の行道山は、浄因寺として法徳禅師のもとに学僧が集まり、大岩山最勝寺は密教の一山地を形成した。――三代将軍義満時代、足利は将軍発祥の地として、幕府と鎌倉府が交互に管掌する。鎌倉府四代長官の持氏は将軍の位を得ようとして自滅。その執事（のち関東管領）上杉憲実は足利学校をよく再興する。そして上杉家の重臣長尾景人（足利長尾の祖）が足利庄代官として勧農城に入り、応仁元年（一四六七）、足利学校を国府野から現在地（昌平町）に移す。

三代景長《かげなが》は両崖山城を改築し、稲荷山、尻無山、東山、富士山などに支城を配して威を示す。四代憲長《のりなが》、五代政長《まさなが》は同族の上杉謙信勢に加わる。当時、上杉、北条、武田三勢力の激しい争いで、足利（五箇郷《ごかのごう》）はしばしば災禍に遇《あ》う。六代顕長《あきなが》（新田由良家からの養子）は洪水のため、城下の本町《もとまち》の東に新田町《しんでんまち》を開き治政に務める。やがて小田原の北条勢は豊臣秀吉の大軍に攻められ敗北し、北条に味方した足利顕長勢も城地を没収されて滅亡した。

㈢ 近世の足利

江戸《えど》時代になり足利は、天領（幕府直轄地）や古河領にも属し、宝永二年（一七〇五）に一万一〇〇〇石の大名戸田長門守《とだながとのかみ》が足利藩主として「陣屋《じんや》」を構え（雪輪町付近）、足利郡内は多くの旗本《はたもと》（将軍直属の家臣）の領地となった。また正保年間（一六四四～七）からは例幣使街道《れいへいしかいどう》沿いに、八木宿《やぎしゅく》、梁田《やなだ》宿が起こり、渡良瀬川沿いの猿田《さるた》、野田《のだ》、奥戸河岸《おくどかし》も、江戸、上方《かみがた》（関西地方）への舟便の地として賑わう。――古代からの足利の織物は、享保年間（一七一六～三五）頃から盛んとなり、高機《たかはた》も普及し、買継《かいつぎ》商もできた。小作《こさく》農が多く、洪水、疫病、火事、旱魃《かんばつ》などが頻発した。当時、五箇村の人口は四〇〇〇余人という。

幕末期には足利藩の家老川上広樹《かわかみこうじゅ》は勤王《きんのう》の思想を鼓《こ》吹《すい》し、藩政を改革、田崎草雲《たざきそううん》（明治期には文人画家）らと誠心隊《せいしんたい》を結成して活躍。元治元年（一八六四）には、筑波山《つくばさん》で挙兵した天狗党《てんぐとう》（水戸藩尊攘激派《そんじょうげきは》）が、例幣使街道を京に向かっている。そして慶応四年（一八六八）三月九日の払暁《ふつぎょう》には江戸から逃げて梁田宿に泊まった幕軍が、官軍に襲われて敗北（梁田戦争という）、――同年四月には江戸開城。八月には明治天皇が即位され、九月に明治の世となり、十月、東京に行幸《ぎょうこう》される。

㈣ 近現代の足利

明治初年から、足利の織物生産高は急増し、京阪、東北にまで販路を拡げ、海外への輸出絹織物《きぬおりもの》も台頭《たいとう》した。明治十九年には、わが国最初の「古墳」（足利公園古墳群）の学術的発掘調査が坪井正五郎理学士らによって行われ、やがて両毛線（汽車）や東武線（電車）も開通。足利町の人口は、明治二十二年が約一万九〇〇〇人、同四十一年には約三万九〇〇〇人に増え、大正十年には市制が施行された。そして耕地整理も始まった。更に昭和十年頃には、足利は銘仙《めいせん》の産地全国一となった。――第二次世界大戦（大東亜戦争を含む）の敗戦後、昭和二十六年に毛野村を合併以来、同二十八年山辺町、同二十九年山前村、北郷村、名草村、同三十四年富田村、同三十五年矢場川分村合併、同三十七年には御厨町、坂西町も合併、足利郡、梁田郡は消え、一つの足利市となる。そして豊かな自然や多くの歴史遺産や神社や仏教寺院を未来に継承するよう、平成十二年六月二十日画期的な「歴史都市宣言」を成した。

序章　足利の風土

位置と地形　足利は関東平野の北端の地域にあり、中心部は東経一三九度二七分、北緯三六度二〇分で、海抜は三四・五ｍである。そして足利の区域《くいき》は北部がやや西に、南部がやや東にかたよったおよそ南北に長い形状で、市域は東西一八・八㎞、南北一九・一㎞で、面積は一七七・八二㎢である。

足利の地形は、北部は日光の高峰から派生する足尾山塊が南下し、幾筋もの山なみに分かれ、その裾部を北西から南東方に蛇行して流れる渡良瀬川の南側は、浅間山《せんげんやま》丘陵（古代中世は丘陵の南裾を流下）以外は自然堤防状の平坦地で、広大な関東平野に続いている。

地質　そもそも足利の土地は約二億年前は海底であったが、その後造山運動によって変遷、隆起し、現在のようになったという。――それは秩父古生層の石灰岩層（松田、粟谷、名草など）や粘板岩《ねんばんがん》、泥岩《でいがん》、砂岩《さがん》、硅岩《けいがん》（チャート）などの層（北部山地全域）ができ――両崖山《りょうがいさん》系などの峨々《がが》とした山骨は硅岩であり、足利地方の石器時代の石鏃などの利器に多く使われた。ついで中生代後期の造山活動やマグマの盛り上がりのなかに花崗岩が生じた（名草の巨石群など）。そして新生代には、浅間《あさま》、赤城《あかぎ》、榛名《はるな》などの火山が噴火し、その火山灰（テフラ）が偏西風にのって北関東一帯に堆積した。――この関東ローム層は、小俣から富田、筑波などおよそ足利の全域に分布している。そしてその上に沖積層《ちゅうせきそう》（約一万年以降の土層）が積もり、足利の表土《ひょうど》になっている。――旧市内の市街地はおよそ厚い砂礫層で地盤は硬く、その下部は伏流水が流れ、また小俣川、松田川、名草川、袋川、尾名川など、南流して渡良瀬川に入る。

山丘　旧市街地の中央北部はお椀を伏せたような機神《はたがみ》

山《やま》（織姫山・一一八m）、東部には独立する助戸山（一一六m）、南部は渡良瀬川を距てて立つ男浅間（一一二m）と女浅間（五〇m）～富士山（一〇九m）～坊主山（九六m）～八幡山（神宮寺山・六八m）と屈折して南走し、明神山（六二m）で終わる。そして助戸山の南には岩井山（勧農山《かんのうやま》・五五m）の独立小丘があり、織姫山の北に連なる山なみの先には旧市内の主峰・両崖山（二五一m）が聳え、その西方に近く天狗《てんぐ》山《やま》（二五九m）があり、十栗山《じゅうくりやま》まで南走する山なみが三重地区との分水嶺となっている。——両崖山と天狗山の、南走する両山系を古くは「十九連《じゅうくれん》」と呼んでいた。

　また両崖山から北方に尾根が連なり、大岩山の剣が峰（四一〇m）が屹立《きつりつ》し、更に尾根は北に連なり行道《ぎょうどう》山《さん》（四四二m）に至る。そして北々西方——松田の谷を距てて深高山《しんこうさん》（五〇八m）から西に、石尊山（四八六m）まで崖状を呈する屏風《びょうぶ》の如き山なみが連なり、南には湯殿山《ゆどのさん》（四〇二m）への山系が連なる。そして更に北方、入小俣の谷を距《へだ》てて、足利最高峰の仙人《せんにん》ケ嶽《たけ》（六六三m）が聳え（群馬県境）、その東方には赤雪山（六二一m）や更に名草の北端部の高峰に続き、駒戸山（四七五m）からは南東方に、飛駒（佐野市）と境する山なみが続く。そして須花坂《すばなさか》峠を過ぎ、越床《こしどこ》峠の南西に大坊山《だいぼうさん》（二八五m）、南東方には大小山（三一四m）が、尾根の先に大きく立つ。大小山系の南端には多田木山《ただきやま》と岡崎山の独立小丘がある。

河川　小俣の仙人ケ嶽から富田の大小山に至るまでの足利北部の山々を水源とする渓流は、各々蛇行しながら水量を増しておよそ南流し、渡良瀬川に注《そそ》いでいる。

　渡良瀬川は、古代はおよそ現在の矢場川の流路であったといわれ、当時の流れが現在の姥川《うばがわ》ほか幾条かの流れになって足利南部の低地をおよそ南東方に下っており、中世以降は現在のような山辺の浅間山（富士山）丘陵の北裾を、およそ東南流するようになった。そして明治初期までは水量も豊富で、北猿田《やえんだ》には河岸《かし》も設けられ、舟便《ふなびん》が江戸（東京）まで開かれていた。往時《おうじ》は魚も多く（サケ、アユ、コイ、フナ、ナマズなど）、漁船《ぎょせん》もあった。が、明治十年以降、上流の足尾銅山の盛業化につれて、鉱毒《こうどく》による田畑の荒廃や漁業の衰退などの被害が増大し、山の樹木の枯死による水量の減少と降雨期の洪水などが惹《ひ》き起こされた。また渡良瀬川の広い河原は明治から昭和初年頃までは、全国的な一大産地であった〝足利織物〟の布洗《ぬのあら》い（友禅《ゆうぜん》流《なが》しなど）、糸洗《いとあら》いの場にもなっていた。――小俣川、松田川、名草川などの諸河川は、灌漑《かんがい》のほか撚糸《ねんし》などの動力として水車《すいしゃ》も架けられ利用された。

渡良瀬川の主な支流をあげてみよう。西部では――入小俣から葉鹿まで流下する小俣川。松田、板倉を経て、粟谷川と合して流下する松田川。大岩山から流下する蓮台寺川。西部から中央部には――山前の山裾から東流する逆《さかさ》川が、旧市内の緑町から本城三丁目を経て、北郷から南流する袋川と合する。袋川は北部――行道山中から流下し、田島から南流する田島川と合し、名草の谷間を南流する名草川と合し、更に樺崎から流下する長途路《ながとろ》川と大月で合し、山川、猿田、常見を経て川崎で渡良瀬川に流れ入る。

また渡良瀬川の南部地域は――浅間山丘陵西方の中川と只上《ただかり》（群馬県太田市）のあたりで渡良瀬川から分かれた矢場《やば》川が、南大町《おおまち》、里矢場《さとやば》、新宿《あらじゅく》、藤本、荒金《あらがね》、県《あがた》、羽刈《はかり》、小曽根《おぞね》、高松、瑞穂野《みずほの》、下野田《しものだ》の地を蛇行《だこう》して、再び渡良瀬川に合流している。また渡良瀬川と矢場川の間の自然堤防状の低台地には、姥《うば》川など数条の水流（前記）が南東方に下り、矢場川に入っている。

気候　足利は内陸にあるため、寒暑の差、昼夜の差は大きいが、年間の雨量は多くなく、降雪も少ない。しかし夏の雷雨と冬の赤城颪《あかぎおろし》は相当に生じる。――落雷の被害を避けるための雷電《らいでん》神社は、板倉、本城、助戸、下渋垂などにあり、また上越国境で降雪し乾いた烈風となって、赤城山嶺を越えた赤城颪は、真冬の晴れた日、空《から》っ風となって足利に吹きつける。このため古い屋敷には、西から北側を囲むように屋敷林や生籬《いけがき》が設けられている。

第一章

中央部 ——旧市内地域

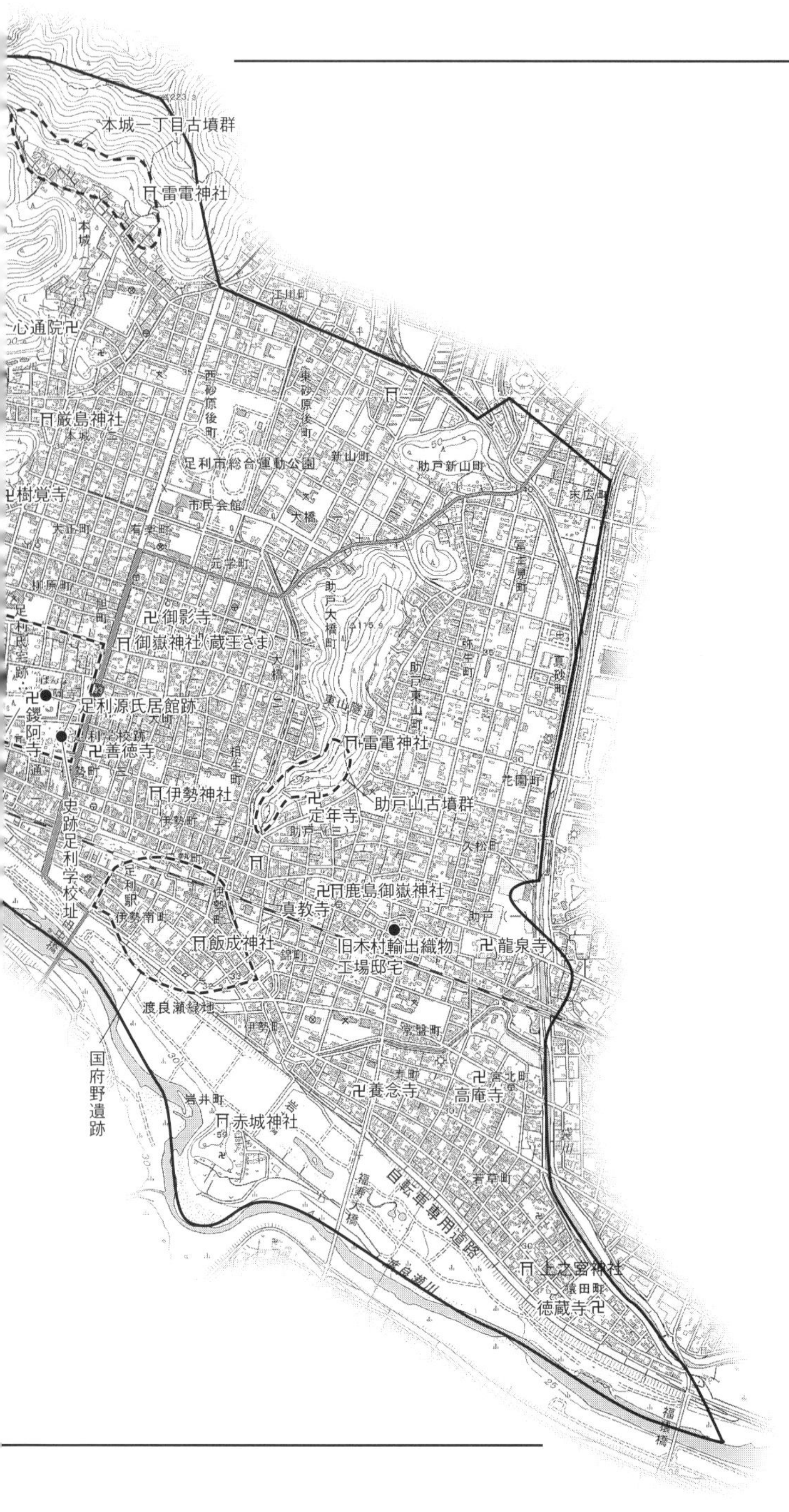
本城一丁目古墳群
雷電神社
心通院
厳島神社
樹覚寺
足利市総合運動公園
市民会館
助戸新山町
新山町
西砂原後町
東砂原後町
大橋町
元学町
大正町
有楽町
柳原町
旭町
末広町
富士見町
助戸大橋町
御影寺
御嶽神社（蔵王さま）
足利氏宅跡
鑁阿寺
足利源氏居館跡
足利学校跡
善徳寺
雷電神社
東山隧道
助戸東山町
弥生町
真砂町
伊勢神社
伊勢町
定年寺
助戸山古墳群
花園町
久松町
史跡足利学校址
足利駅
伊勢南町
鹿島御嶽神社
真教寺
旧木村輸出織物工場邸宅
龍泉寺
飯成神社
錦町
渡良瀬緑地
伊勢町
常盤町
国府野遺跡
養念寺
高庵寺
岩井町
赤城神社
若草町
福寿大橋
自転車専用道路
渡良瀬川
上之宮神社
猿田町
徳蔵寺
福寿橋

旧市内地域

自然
歴史遺産
神社
寺院・堂宇

足利のおよそ中央に位し、東に毛野、西に三重、南に山辺、北に北郷の各地域と接する。

① 自　然

山丘　旧市内の北西端に聳える両崖山《りょうがいさん》（二五一m）から、南へ、南西へ、北へ尾根が延びる。――南方はすぐ東に下って本城富士、南に起伏して機神山《はたがみやま》（織姫山）。南西方は天狗山《てんぐやま》から南に起伏して十国山《じゅうくにやま》、更に切通しを経て水道山丘陵から蓮台寺山に至る。北方は東した尾根が阿部山まで延び、北へは大岩山、行道山への尾根が延びる。また機神山の東方には市街地を距てて、助戸山丘陵が南北に走り、北端の先に尻無山の小丘がある。

河川　市街地の南辺には、渡良瀬川が、西北西から東南東へ、所々に中洲をつくり、緩やかに流れ下る。また山前から東南流する逆川《さかさがわ》は、蓮台寺山の南から北に向きを変え、機神山南裾から山裾を更に北上し、東方して南流し、袋川に合する。袋川は助戸山の西裾を南流し、勧農（岩井）山の北辺から東に向かい毛野地域を北から南流する名草川と合し、川崎の地辺で渡良瀬川に入る。

植生　神社、寺院、学校等に多くみられる。特に寺院の墓地には欅が多く、銀杏などもみられる。鑁阿寺の大銀杏《おおいちょう》や、織姫神社のマテバシイ群、足利学校址の楷《かい》樹《じゅ》、本城一丁目のタブノキ自生林、助戸・阿弥陀堂の九本松、五丁目八雲神社の欅、高福寺の欅群などが目立つ。

② 歴史遺産

縄文時代の遺跡（縄文、弥生、古墳各時代の出土遺物は、発掘調査以外は、およそ表面採集による）

遺跡名	所在地	立地	旧石器時代	縄文時代						出土遺物
				草創期	早期	前期	中期	後期	晩期	
足利公園	緑町一	丘陵			○	○	○	○		縄文土器、礫器、打石斧
本城一丁目（足利高校）	本城一	台地			○	○	○	○		縄文土器
反過《たんが》	南町	低台地			○	○	○	○		縄文土器、石鍬、石斧、石皿、凹石、石匙、叩石
弁天	西宮	山裾				○		○		縄文土器
丸山耕地	丸山町	微高地				○		○		縄文土器
勧農《かんのう》（岩井）山	岩井	山裾					○	○		縄文土器、石皿

助戸山	助戸	山斜面						○		縄文土器
助戸勧農	助戸 勧農	微高地					○？	○		石皿、丸木舟
国府野《こうの》	伊勢町	低台地						○		縄文土器
新田町《しんでんまち》	雪輪町～通二	微高地						○		縄文土器

弥生時代の遺跡

遺跡名	所在地	立地	弥生時代			出土遺物
			初期	中期	後期	
本城一・二丁目	同上	鞍部		○	○	弥生式土器（須和田式、樽式）
国府野・助戸・勧農	国府野 助戸 勧農	微高地		○	○	弥生式土器（赤井戸式）
丸山耕地	丸山町	微高地			○	弥生式土器（二軒屋式）
反過	南町	低台地			○	弥生式土器（赤井戸式）

古墳時代の遺跡

遺跡名	所在地	立地	前期	中期	後期	出土遺物
助戸・勧農	助戸 勧農	低台地	○	○	○	土師器
丸山耕地	丸山町	低台地		○	○	土師器
国府野	伊勢町	低台地	○	○	○	土師器、須恵器
新田町	雪輪町～通二	低台地		○	○	土師器

古墳（群）（全長は墳丘全長を示す）

○機神山古墳群（前方後円墳三、円墳一九、墳形不明四）――行基平山頂古墳（本城三丁目）は、尾根上に南面する前方後円墳で、全長約四〇m。前方より後円部が大きく高い。

○機神山山頂古墳（本城三丁目）は山頂に西面する二子塚型の前方後円墳で、全長約三六m、後円部の横穴式石室（割石持送り、胴張型、長さ八・八m）は南に開口、明治年間に掘られ、副葬品は直刀二、鉄鏃一七、獣帯鏡二、六鈴鏡一、馬具、須恵器などで、墳丘には葺石がしかれ、埴輪、須恵器片も出土。六世紀築造の首長墳と推定。

○水道山・足利公園古墳群（緑町一丁目、前方後円墳三、円墳二六）――水道山肩部に西面する前方後円墳は残丘に南面の横穴式石室が開口。足利公園群は水道山の南に続く丘陵の尾根（前方後円墳二）と南東斜面二六基が群在する。――明治十九年、坪井正五郎（東京大学大学院生）らによる、両毛鉄道開設に伴う日本最初の記念すべき学術的発掘調査が、横穴式石室の羨門を東～東南に向けた円墳三基で行われた。

一号墳の埋葬遺体は大人一体で、副葬品は勾玉二、丸玉四、小玉四、直刀《ちょくとう》七、刀子《とうす》二、鉄鏃一五～六、金銀環八、鉄器残片若干。

二号墳の埋葬遺体は大人一二体、子供二体と推定。副葬品は切子玉二、瑠璃《るり》玉一、直刀七、刀子二、鉄鏃二二～三、轡《くつわ》一、鉸具《かこ》一、金銀環一六、釧《くしろ》二（一・二号墳は坪井担当）。

三号墳の埋葬遺体数は不明。副葬品は小刀一、鉄鏃一〇、金環四、轡一、金銅製杏葉《こんどうせいきょうよう》一、鞍橋《くらぼね》（金属板に亀甲形などを銀象嵌《ぞうがん》した精巧品）、鋲留《びょうどめ》の鉄兜《てつかぶと》、羨《せん》道《どう》には脚付坩《つぼ》四、蓋付高杯五、𤭯《はそう》一、坩一、環耳付提瓶《さげべ》（峰岸政逸担当）。

前期、中期の古墳の埋葬施設は竪穴構造で、埋葬遺体は通常一体であるが、後期古墳の横穴式石室では数体以上の多数埋葬で、家族墓の性格をもつ。――それは前・中期の首長層（氏上）の、ムラ（集団）の守護霊を祀る権力者の単独墳から、後期はムラの有力成員（氏人）も高塚墓（古墳）への埋葬が許されたためであろう。

○助戸山古墳群（前方後円墳一、帆立貝式古墳一、円墳一六）中の十二天古墳（助戸三丁目）は、全長三〇m余の帆立貝式で、明治四十四年、高橋建自らの発掘調査で、墳頂部の木炭槨《もくたんかく》に、内行花文鏡、五鈴鏡、刀剣、鹿角《ろくかく》装具、槍、鈴釧、勾玉、管玉、玻璃《はり》玉、鉄棒（長さ約二・一m）、馬具（轡、輪鐙、鈴、鈴杏葉、環鈴）などが副葬され、五世紀後半と推定される。鈴付銅製品の多さは、旺んな鎮魂祭祀が想われる。

助戸山鞍部の前方後円墳は全長約二三m、後円部に横穴式石室をもつが、当古墳群中の首長墳である。

また、○本城一丁目古墳群（円墳三六基）、○本城二丁目古墳群（円墳二〇基）、○本城三丁目古墳群（円墳一二基）、○西宮古墳群（円墳九基）、○岩井山古墳群（円墳三基）、○助戸新山古墳群（円墳三基）など――合計一五五基以上の古墳が知られる。

官衙址《かんがし》（足利学校旧地を含む）　○国府野《こうの》遺跡（伊勢南町～伊勢町）は、古文書や古伝承から、足利学校の旧地とされていたため昭和四十八年以来一三次にわたり発掘調査した結果、以下のような事象が推定された。（一）、七世紀後～末葉頃、下毛野国衙《しもつけのこくが》と足利評《ひょう》衙《が》が併設されていた。（二）、八世紀前葉頃、下野《しもつけ》国衙と足利郡衙（郡家）が併設されていた。（三）、八世紀中葉頃（下野国衙の移建後）、足利郡衙が設置されて

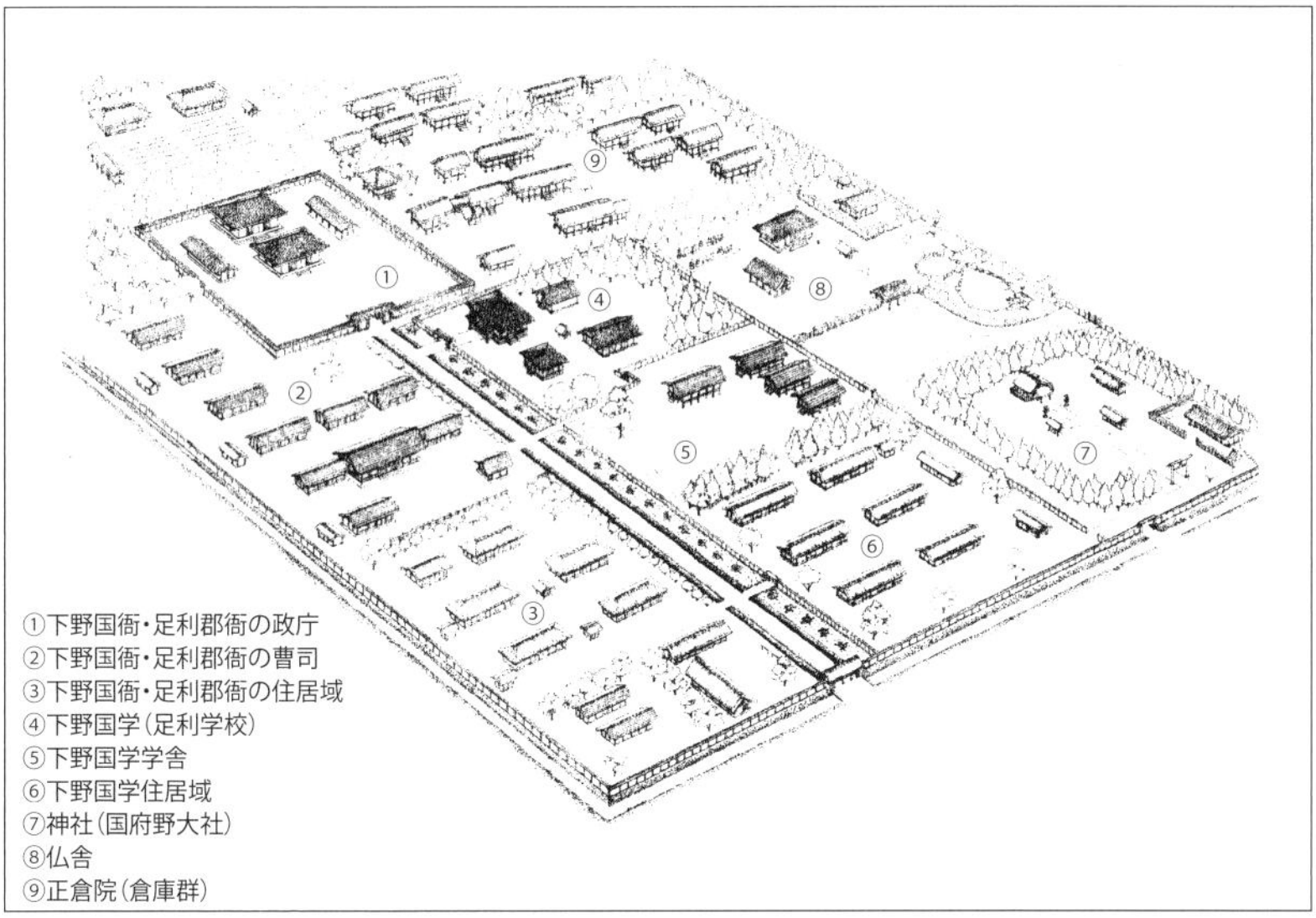

国府野遺跡(8世紀前葉頃)の推定図

いた。(四)、八世紀後葉(宝亀二年)以降、足利郡衙が設置されていた。(五)、十二~十五世紀後葉には、足利庄政所と足利学校等があったが、応仁元年(一四六七)、足利庄代官長尾景人により、現在の地(市内昌平町)に移された。(六)、十六世紀末~十七世紀初頭頃は、聖廟《せいびょう》、文庫、学舎等があり、明治直前まで足利学校領であった。なお(一)以来、学校を含めた官衙内に神社、仏寺や正倉《しょうそう》、館《やかた》、厨家《くりや》等が消長の中にもあったことが推定される。

○史跡足利学校址(昌平町)——足利源氏居館址(国史跡)の外郭の東南(辰巳《たつみ》)の地に、国府野から移建された「足利学校」は、再興初代の庠主《しょうしゅ》(校長)に、既に上杉憲実が鎌倉・円覚寺から招いていた僧快元が就《つ》いて以来、儒学を主に易学、兵学、医学更に刀剣打ちまで教授する有名な学校となった。——江戸時代には諸藩に藩校ができたため、足利学校は一郷校《ごうこう》のようになったが、天下一品の貴重書などを所蔵する学校として、著名人、学者などの来訪も絶えず、明治に入って足利藩の藩校になったが、同五年の廃校まで、古代以来の「日本最古の学舎」の伝統をもち続けた。

足利学校跡

主な文化財

書跡——宋版尚書正義八冊（上杉憲実寄進記）、宋版禮記正義三五冊（上杉憲実寄進奥書）、宋刊本文選二一冊（永禄三年北条氏政寄進記並びに九華識語）、宋版周易註疏一三冊（端平元年陸子遹奥書並びに上杉憲忠寄進記）。宋刊本附釈音毛詩註疏三〇冊、足利学校記録「翻刻植物学」など。史跡——足利学校跡（聖廟及び附属建物を含む）。彫刻——孔子坐像、小野篁坐像。考古資料——「足利学校事蹟考」の版木、渾天儀など。天然記念物——ナンバンハゼ。

○行基平《ぎょうきだいら》遺跡（本城三丁目）——先に（和銅六年〈七一三〉）、行道山（月谷）に入った僧行基が、天平三年（七三一）には「行基平」（徳正寺の裏山）で草庵を結んだという。——その遺址には礎石が、大正末年実践女学校（後に月見丘学園、現・足利短期大学）の造営時まで残っていたという。——行基は、奈良時代、民間の僧として諸国を巡《めぐ》り、橋を架《か》け、池堤を築くなど、政府の弾圧をうけながらも社会事業に尽くし〝行基菩薩《ぼさつ》〟と敬われた。後年は聖武天皇に乞《こ》われ、奈良（当時の都）東大寺の大仏造営に当たった。

城館址は、足利城址（平安時代築城）、足利源氏居館址、助戸中妻館址（以上鎌倉時代）、尻無山城址、東山城址（以上室町時代の戦国期）等が知られる。

○足利城（両崖山《りょうがいさん》城址）（本城一丁目）——『下野国誌』に「足利城、足利大夫成行始めて築く、天喜年間なり」とあり、藤原秀郷から七代成行が天喜二年（一〇五四）、上野国渕名庄《ふちなのしょう》から移り築城したという。以後足利氏を称し（足利藤原氏）、以後、成綱、家綱、俊綱と続き、その子忠綱は源平合戦に敗れ、足利源氏に追われて皆沢《かいざわ》（安蘇郡北部山地）で自害、足利城はおよそ一三〇年で廃城となる。その後、室町時代、足利庄の代官（領主）となった長尾景人《ながおかげんど》の子景長が、改めて両崖山城主となる。『下野国足利飯塚山（或いは小屋《こや》山）城主長尾景長《かげなが》』（「狩野系図」）とある。飯塚山とは両崖山の主峰（本丸）に接する高峰で、この二つの峰から両崖山の名が生じたであろうか。また両崖山の東麓部が児屋《こや》（古屋）と呼ばれていた。現在、本丸址（最高所）の直下に武者走《むしゃばし》りと腰郭《くるわ》と帯郭を構え、それは四方の峰々にも及び、物見櫓《ものみやぐら》なども設けられ、稜線には塹壕《ざんごう》を設け、東尾根を下った本城富士の南、北の斜面には山裾まで段々状に郭址がのこる。更に西方、鞍部を隔てて屹立する天狗山《てんぐやま》（二五九ｍ）にも塁《るい》郭《かく》の跡がのこる。天正年間（一五七三〜九一）の古図（鑁阿寺蔵）には、両崖山の屹立した山頂に三層の天守、その直下から白壁の塀に囲まれた多くの高殿や本城富士の麓まで続く三重の白壁塀を構えた城門、また西側の谷間にも同様の塀と門、その先の西宮には、南、北の城門を白壁塀が囲み、南門の前面には橋が架かり城下（現在の通七〜五丁目、緑町、栄町など）が画かれている。

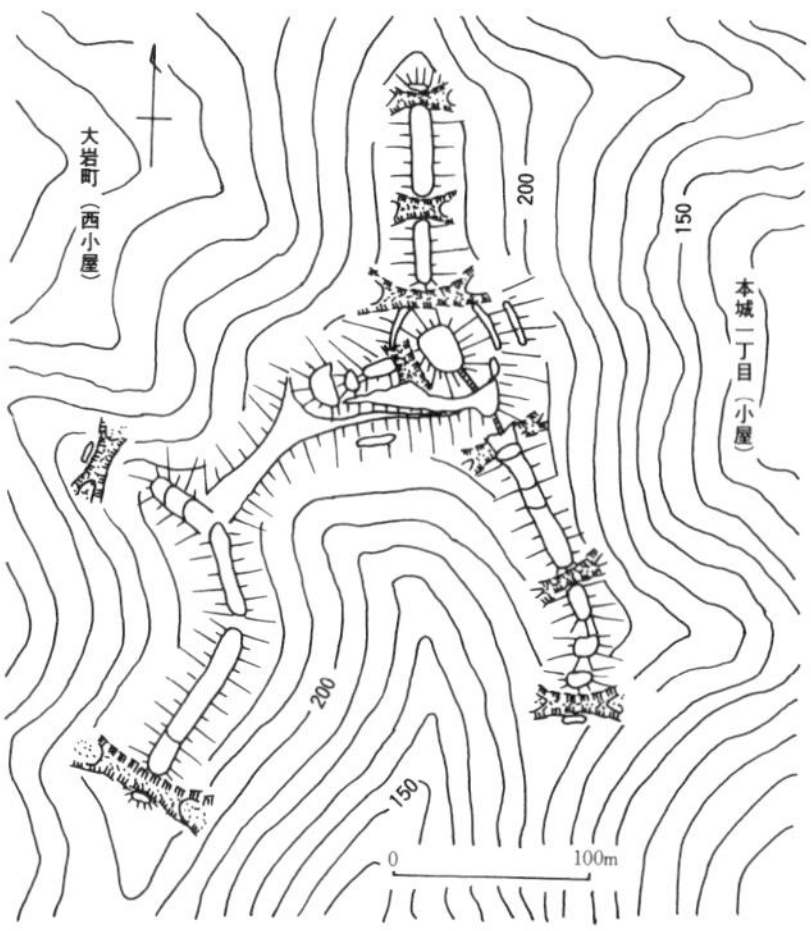

足利城の遺構分布図

足利城古絵図

○史跡足利氏宅址（足利源氏居館址）（家冨町）――文治元年

（一一八五）、壇《だん》の浦《うら》の合戦で平氏を滅した源頼朝は、鎌倉に幕府を開いたが、頼朝と同じ清和源氏で、義妹時子を妻とした足利源氏の棟梁義兼も源氏軍の将とし

足利源氏居館址外郭の四至（推定）と史跡足利学校址

て、九州の豊後（大分県）、奥州の平泉（岩手県）まで従軍し武功をたてる。そして義兼は新たな時代の領主として、父祖の「源氏屋敷」（借宿町）から現在の「足利源氏居館址」（史跡足利氏宅址）に居を構えた。——文治から建久初年（一一八五〜九〇）の頃であったろう。居館址の現状は不整方形（一辺一七五〜二二三m）の土塁と、外側に水濠と土揚げ場（湮滅）をもつが、現存のおよそ二町四方の内郭の外側に、およそ五町四方（約九万坪）の外郭を設けたと推定される。——その後、内郭の内部は「鑁阿寺《ばんあ(な)じ》」境内として本堂はじめ諸堂宇が建ち、外郭には、足利義氏による「十二坊」（塔頭《たっちゅう》寺院）が設けられ、やがて南東隅には長尾景人により「足利学校」が移建された。

近世の遺跡——二重坂記念碑、日清《にっしん》・日露《にちろ》戦役《せんえき》記念

碑、田崎草雲旧宅、旧木村輸出織物工場、下馬橋古址の碑。

○二重坂記念碑（緑町一丁目）――旧市内から三重、山前を経て桐生市（群馬県）に通じる旧県道（切通し）入口に建つ。明治十一年九月の記念碑（高さ七尺余、約二・二m）で、「二重坂」を切り開いた由来を記す。そして碑には太政大臣従一位勲一等三条実美《さんじょうさねとみ》の「足利開鑿二重坂路之碑」の篆額《てんがく》と、一等編修官従五位川田剛の撰文が刻《きざ》まれている。

○日清・日露戦役記念碑（緑町一丁目）――足利公園丘陵の頂部に建つ。足利郡内（当時は一町一六村）の寄附金により明治四十年六月竣工。工費は三九〇〇余円。方形礎石の上に、八角三重の台を重ね、魚雷形の青銅の塔を建て、金鵄《きんし》が翼を拡げた優美なもの――その八角台の上二段に日清戦役の戦病没軍人三名と日露戦役の戦病没軍人二八名と従軍将校らの官職氏名、下段には日清戦役の従軍下士卒一八名、日清・日露両戦役の従軍下士卒四七名、日露戦役の従軍下士卒三二七名の官職氏名が刻まれている。

○田崎草雲旧宅（緑町二丁目）――幕末から明治時代にかけて活躍した文人画家田崎草雲の宅址。足利公園南端の蓮岱寺《れんだいじ》址（古代）に、明治十一年、旧足利藩士田崎草雲（一八一五～九八）が六四歳の時に建てた家で、二階を画室とする。晩年は新たに東側に南面する広い庭をもつ平家を建て画室とした。いま一隅に草雲の顕頌碑（旧友小野湖山の書、門人小室翠雲の梅の図）が建つ。

近代足利織物の歴史を示す事務所棟（左）と土蔵造り工場棟（旧木村織物工場棟）

○旧木村輸出織物工場棟（助戸仲町）――旧市内の東部にある木村浅七輸出織物工場は、江戸時代後期後葉から昭和初期における〝足利織物〟発展の代表的存在であり、日本最大規模の輸出織物工場であった。明治十七年造の母屋と庭園、その後造られた工場等は当時の盛業を如実に示す。現存する明治二十四年造の土蔵造りの工場棟は瓦屋根、煉《れん》瓦《が》積みの基礎に、吹抜け天井の小屋組は洋風、二段窓。明治四十四年造の事務所棟（二階は社長室）は、木骨石造りスレート葺のルネッサンス風装飾の洋館——現在、「足利織物記念館」として活用。

○下馬橋古址《げばばしこし》の碑（緑町一丁目）——「御幣合《ごへいあ》わせ」神事は、七月二十二日、上の宮（緑町八雲神社）の神《み》輿《こし》と下の宮（通五丁目八雲神社）の神輿が、下馬橋で会し、両社宮司の奉持する御幣を上の宮のものを上にして重ね「国家安泰、五穀豊穣」を祈念する。「五箇村本町牛頭天王《もとまちごずてんのう》は、足利郡六拾六郷之惣鎮守、男体女体上下二社御座候事」（本島彦五郎家古文書）との記録（「室町時代、長享年中に神主が紛失」）があり、古代からの神事と推考される。なお「下馬橋石標」（高一二九cm、幅二五〜三〇cm）は常念寺（通七丁目）に保存。

③ 神 社

八雲神社（天王さま、総社八雲神社・緑町一—三七七六）主祭神は素《す》戔《さ》嗚《の》男命《うのみこと》。旧社格は指定村社。日本武尊《やまとたけるのみこと》が東征の途中、出雲大社《いずもたいしゃ》の祭神を勧請《かんじょう》という。貞観十一年（八六九・平安時代）清和天皇の御代、京都、津島、当社が勅願所とされ、寛仁三年〜治承三年（一〇二〇〜一一七九）まで、天王神事には例幣使が下向、下野天王の惣社となる。藤原秀郷が平将門追討祈願、源頼義、義家が前九年・後三年の役に戦勝祈願、義家の子義国も応徳元年（一〇八四）太刀を寄進し、足利、梁田両郡の総鎮守と定めた。元禄八年（一六九五）一七貫余の古銭が出土、領主本庄宗資は五面の鏡とし、伊勢神宮などに奉献した。現存する神鏡は、柄鏡で元禄九年、津田薩摩守家重作と陽鋳する。

　そもそも当社は愛宕山（現・丘陵）の東、渡良瀬川畔にあったが、度々の水難のため、明治十年に移建された。

八雲神社（通五—二八一六）主祭神は素戔嗚男命。

旧郷社。藤原村雄《ふじわらむらお》（秀郷の父）が貞観年中（八五九〜八七七）、尾張国牛頭天王社津島神を勧請という。古くは緑町八雲神社の男神の牛頭天王上社に対し、当社を女神を祀る牛頭天王下社と称した。――神輿《みこし》（元文二年〈一七三七〉）、獅子頭《ししがしら》（安政四年〈一八五七〉）、薙《なぎ》刀《なた》（能登国住兼綱作、文亀三年〈一五〇三〉）、吊灯籠《つりとうろう》一対（香取秀真作、大正四年）等を蔵する。

愛宕《あたご》神社（緑町二―三七五三）　主祭神は火軻具突智《ほのかぐつちの》命《みこと》。平安時代末期に火伏《ひぶせ》の神が祀られた。宝永六年（一七〇九）、煙硝倉を設けて社殿を改築。寛保二年（一七四二）に水死者を追悼した入水碑がある。

飯成《いいなり》神社（伊勢町四―一四―六）　主祭神は稲倉魂《うかのみたま》命。古来、五社大神、国府野《こうの》大社と呼ばれた。大宝元年（七〇一・奈良時代）には孔子の尊像も祀られていたという。同所にあった学校（足利学校）は渡良瀬川の氾濫で、現在の地（史跡足利学校址）に移され、跡地に明治二十一年と同二十九年、度々の洪水による倒壊後、再建される。昭和六十二年、区画整理で社殿を西向きに改めた。

伊勢神社（伊勢町二―三―一）　主祭神は天照大神。旧村社。仁平元年（一一五一・平安時代）、足利庄伊勢宮として創立したといわれ、足利源氏の尊崇も篤かった。足利貞氏（尊氏の父）の書状に「御堀之辰巳伊勢宮之勧請者、祈当家之武運者也、任先規、不可怠慢」（鑁阿寺文書）。天正年間（一五七三〜九二）に社殿が焼失、再建した。明治三十九年、官許をえて再び伊勢宮を奉称したが、昭和十七年また伊勢神社と社名を変え、村社となる。

雷電神社（本城一―一五六二）　主祭神は天祖大神《あまつみおやのおおかみ》（天照皇大神）。旧村社。天喜二年（一〇五四）の創立で、社殿傍らの神鳴石を神奈備《かんなび》として原初の祭祀を行ったのが起源という。関東管領の信仰厚く、長尾氏は小谷城（両崖山城）の鎮守神として崇めるが、氏滅亡後は家臣木村作右エ門が寿楽院を建て奉祀。江戸時代には領主戸田氏が尊崇した。大和流神楽と神鳴石に関わる風習がある。

御嶽神社（蔵王《ざおう》さま・旭町五七七―一）　主祭神は国《くに》常立《とこたち》命。建久七年（一一九六）、足利義兼が創立。古河公方《くぼう》足利成氏の祈願文（享徳四年〈一四五五〉）には「足利庄蔵王権現」とある。社殿西の義兼手植えの菩提樹も昭和年代に枯れた。

厳島神社（大町四八五） 主祭神は市杵島姫命《いちきしまひめのみこと》。永正年間（一五〇四～二一）の創立。史跡足利学校址の北東に鎮座。地名から大野の弁天さまといわれる。

厳島神社（明石《あけし》の弁天さま・本城二―一八六〇） 主祭神は市杵島姫命。永正十年（一五一三）、安芸国厳島神社の大神を勧請。本殿は寛政五年（一七九三）の建立。

厳島神社（通六―三一七七） 主祭神は市杵島姫命、建御雷男命。戦国時代、足利城主長尾氏が領内に祀った七社の一社で、もとは西宮長林寺の池畔にあったという。

示現《じげん》稲荷神社（栄町一―三三六四） 主祭神は稲倉魂命《うかのみたまのみこと》。寛仁三年（一〇一九）以前の創立。境内には霊狐が出現したという示現塚があり、信仰を集めた。享保二十年（一七三五）、正一位稲荷大明神とされる。

西宮神社（恵比寿さま・西宮町三八七七） 主祭神は事代主命《ことしろぬしのみこと》、蛭子命《ひるめ》。慶長八年（一六〇三）、摂津国西宮大神を勧請。代官笠原七郎兵衛が商売繁昌のため社地を奉納、元文四年（一七三九）、社殿を再建する。

八雲神社（大門通り二三七九） 主祭神は素盞嗚男命、奇稲田姫命。宝永二年（一七〇五）、戸田氏が足利領主になった時、領民が創立。文久三年（一八六三）に社殿が焼失、元治元年（一八六四）に再建。明治十三年、通四丁目の八雲神社を合祀、昭和四十二年大通り拡張の時、創立以来の通二丁目から社殿を移す。

織姫《おりひめ》神社（機神《はたがみ》さま・西宮町三八八九） 主祭神は八《や》千々姫命《ちちひめのみこと》、天御鉾命《あめのみほこ》。伊勢国渡会郡井出郷の御織殿遥拝のために勧請。古くから機神山の中腹（およそ現在地）に、「機神さま」と呼ばれた小祠があったが、昭和三年、足利織姫神社奉賛会が組織され、社殿を改築、同十二年に遷座し、現在に至っている。

④寺院

徳正寺《とくしょうじ》（行基山、浄土宗、本城三―二〇九〇）承安五年（一一七五・平安時代）の創建という。本尊は来迎阿弥陀如来坐像（木造、総高一一五㎝）。彫眼、藤原末か鎌倉初期。脇侍は観音、勢至両菩薩立像。虚空《こくう》蔵《ぞう》堂虚空蔵三尊像が安置。堂前には石灯籠二対（正徳元年〈一一七一〉と宝暦四年〈一七五四〉銘）と石造方形鉢（元禄八年〈一六九五〉銘）が立つ。東面する本堂の後背の東腹斜面に行基堂があり、大正末年、実践女学校（現足利短期大学付属高校）建設までは天平三年（七三一）または七年（七三五）草創の堂の礎石があったという。

足利織物の隆盛を願い建てられた織姫神社（巴町・西宮町）

常念寺《じょうねんじ》（称名山、時宗、通七―三〇九四）康治二年（一一四三・平安時代）の創建という。開山は尊空（宗祖一遍上人の法孫）、本尊は木造阿弥陀如来。延命地蔵半迦《はんか》像、薬師如来立像（宝永六年〈一七〇九〉）、毘沙門天像、神像（須佐之男命像、稲田姫像）等を保存。

法玄寺（帝釈山、浄土宗、巴町二五四五）承安年中（一一七一～四・平安時代）の創建という。開山は寂蓮社照誉芳陽、本尊は阿弥陀如来立像（木造、像高六一cm）、足利義兼の長男義純（のち畠山姓）が母時子菩提のため建立したという。開基義純の法名は法玄。

法玄寺　阿弥陀如来立像

境内に足利時子の墓塔なる古様の五輪塔が立つ。墓地には江戸時代初期の代官、小林十郎左衛門尉と小林彦五郎父子の墓塔と石灯籠が立ち、父は承応四年（一六五五）、子は万治元年（一六五八）と陰刻する。鐘楼上の梵鐘は元禄四年（一六九一）の天命作であり、本堂の西側には石造普賢菩薩坐像（元禄九年）が西面する。

福厳寺《ふくごんじ》（多宝山、臨済宗、緑町一―三二七〇）　そもそも藤原俊綱が家臣桐生六郎に殺害されたため、嫡子忠綱が父の供養のため、真言僧理真《りしん》上人を開山として寿永元年（一一八二）、創建したという。――過去帳によれば、康永二年（一三四二）南北朝時代、祖師大覚禅師三世の法孫実堂和尚が開山。江戸時代、天保年中（一八三〇～四三）東嶽和尚の再建という。

本尊は釈迦如来坐像（木造、総高一四二cm）。享保二十一年（一七三六）、当寺の山中から出土した白銀製の小児を抱く優美な子安観音像（像高一三cm）は、鉄厨子の扉の陰刻銘に、足利義兼が妻時子のために、家臣に命じ四明道人に作らせ、建久元年（一一九〇）に奉納したと記す。

坂の観音堂（通七丁目）　念誦坂観音。建久元年（一一九〇）、足利義兼の本願（開基）、開山は理真上人。本尊は子安観音像（前記、福厳寺蔵）。准胝観音像と両脇侍像、柄鏡（天下一藤原政重銘）、鰐口（天明作）、扁額（安永二年）、石灯籠一対（寛政九年〈一七九〇〉）、石碑（文化十三年〈一八一六〉）等がある。

三宝院《さんぼういん》（供養山、浄土宗、通七―三〇九四）　そもそも「正善庵」と称した。――墓地の一隅に「大治元年、正善院殿足利五郎太藤原行国」と地輪に銘記した開基の五輪塔（水輪は凝灰岩製）が立つ。大治元年（一一二六）は平安時代。栗崎といわれた往時、堂宇は東方前面にあったという。

延応元年（一二三九・鎌倉時代）、舜智上人が浄土宗として開山。度重なる火災のため寛文二年（一六六二）、現在地に移る。

東面する本堂は文政十～嘉永五年（一八二七～五二）の造。本尊は来迎阿弥陀立像（木造、総高一三二cm）、脇侍は観音、勢至両菩薩立像。地蔵堂、鐘楼、山門、庫裡などを配する。本堂須弥壇裏の板絵に着色の釈迦、十六羅漢図三面と左、右の腰板に障壁画（着色、唐獅子・白牡丹）二面（ともに新井勝重筆）。堂内に白衣観音図（絹本着色、田崎草雲筆）、仏涅槃図（紙本着色）、磬子《きんす》（銅製、文政八年〈一八二五〉）などを存する。

鑁阿寺《ばんあ(な)じ》（金剛山、真言宗、家富町二二二〇）　足利源氏の棟梁・上総介《かずさのすけ》義兼は、妻時子（北条時政の娘、源頼朝の妻政子の妹）が懐妊《かいにん》したので、安産祈祷のため、伊豆国走湯山般若寺《はしりゆさんはんにゃじ》の僧阿闍梨《あじゃり》理真を迎え、居館（史跡足利氏宅址）内に持仏堂を建てる。そして変成男子の秘法で、義氏が誕生したという。

――時に文治五年（一一八九）、義兼は将軍頼朝に従い、奥州・藤原氏を追討中であった。――翌建久元年には奥州・大河兼任の乱を鎮める。建久六年（一一九五）には東大寺で得度《とくど》、出家し高野山で修行、鑁阿と号し、大日如来像を笈《おい》に負って足利に帰ってきたという。これより先、義兼は生母の菩提を弔《とむら》うため、高野山に擬《なぞら》えて、持仏堂を壇上、北郷、樺崎に建てた下御堂法界寺を奥院《おくのいん》と定め、両寺間には卒塔婆《そとうば》を立てて結び一体のものとした。――壇の浦や九州、奥州まで、源平合戦の死闘を生き抜いた義兼は僧鑁阿として、法界寺で念仏三昧《ざんまい》（修行）し、正治元年（一一九九）、奥院で生入定《いきにうじょう》したという。四六歳であった。

持仏堂は義兼の嫡男義氏により天福二年（一二三四）、本堂に改築され、仁治二年（一二四一）には南大門に坊監が造られ、居館の外郭には東側に東光院、普賢院、不動院、六字院、北側に浄光院、宝珠院、威徳院、延命院、西側に金剛乗院、千手院、龍福院、安養院を設け、この鑁阿寺一山十二坊には、僧正一人、学頭職は千手院の僧が決められた。

そして義氏の後、泰氏、頼氏、家時、貞氏、そして高氏（尊氏）が京都で幕府を開き、征夷大将軍に任じられてからは、鑁阿寺は将軍家、関東管領家ら足利源氏一門の氏寺《うじでら》として尊崇を集めた。

主な文化財

本堂（大御堂《おおみどう》）――境内の中央に南面し、方五間、入母屋《いりもや》造《づく》り本瓦葺の大いなる堂宇である。天福二年のものは雷火に遇い、正応五年（一二九二）に手斧始《ちょうな》め、正安元年（一二九九）に完成（向拝《こうはい》は後補）、唐様に禅宗様式が加わり、内陣の厨子も立派。本尊は胎蔵界大日如来坐像（鎌倉時代作）。

国宝　鑁阿寺大御堂（県下現存最古の建造物）

中御堂――大御堂の西側に南面して並ぶ。文禄元年（安土・桃山時代）の再修。

一切経堂《いっさいきょうどう》――中御堂の西方に東面する。応永十四年（一四〇七）、宝永五年（一七〇八）の修理が加えられている。

多宝塔《たほうとう》――一切経堂の南方に東面する。塔内には金剛界大日如来坐像が安置。

鐘楼《しょうろう》――大御堂の南東方に建つ。入母屋造り本瓦葺、袴腰《はかまごし》をつけ、唐様《からよう》をおび美しい。

東、西の四脚門――それぞれ東、西の土塁の中央位に建つ。この素朴な武家造りの門こそ、足利源氏居館当時の剛健な鎌倉武士の気風をいまに示している。

宝庫《ほうこ》――北塁に近く南面する。宝暦二年（一七五二）の棟札がある。数少ない校倉造《あぜくらづく》りとして貴重。

南大門（仁王門）――南塁の中央位に建つ。天正十八年（一五九〇）兵火にかかった直後の建立という。

太鼓《たいこ》橋――南大門の前面に、木製の反橋に屋根をのせたもので安政三年（一八五六）、小俣の木村半兵衛の寄進という。

御霊屋《おたまや》――境内の北西位に南面する。奥の本殿の周囲に瑞垣《みずがき》を廻らし、内部正面の奥に本殿、前に拝殿を配し、一五代に及ぶ歴代足利将軍の木像を安置。

伝源義国、義康の墓塔二基――御霊屋の北裏に並置。ともに凝灰岩製《ぎょうかいがんせい》の層塔とみられる。重厚さをもつが既に半壊し、文様や銘記などは不明――鎌倉時代前期の作と推定。鑁阿寺開基、足利義兼の父（義康）と祖父（義国）のもので、義康塔は菅田・稲荷山から移されたという。

いちょうの巨木――大御堂の南西方に近く樹《た》つ。根本は一つで二本の太い幹が並び立つ。目通り周り八・四七m、高さ三〇m、枝張り二一m。樹齢五〇〇年以上といわれる。

龍泉寺《りゅうせんじ》（福聚山、天台宗、助戸一―六五二）元久二年（一二〇五・鎌倉時代）の創建、開山は地蔵上人。本尊は阿弥陀如来。室町時代、足利将軍家の帰依厚く、一四代将軍義栄は寺録、宝物を寄進。永禄十一年（一五六八）立泉寺と改め、明治維新後に龍泉寺となる。

金剛界大日如来坐像（銅造、総高八二cm、もと三蔵院蔵）、薬師如来坐像（木造、像高一八cm、もと泉蔵院蔵）、十二神将像（木造、総高四五cm、もと浄光寺蔵）、不動明王坐像（木造、像高二〇cm余）、聖観音立像（銅造、総高一四〇cm、享保十一年〈一七二六〉）、聖観音立像（木造、総高二二五cm、もと山前の観音堂蔵）、仁王像（山門の左右に立つ。阿《あ》形、吽《うん》形像とも像高二六〇cm）などを蔵する。

徳蔵寺（乾坤山東曜光院、天台宗、猿田町九―三）創建は鎌倉時代初期か。開山は龍海法印。本尊は阿弥陀如来立像（像高一一三cm）。脇侍は観音、勢至両菩薩立像。地蔵菩薩坐像（木造、像高五七cm、中世作か。愛染明王坐像（木造、像高四〇cm。厨子に寛政九年〈一七九七〉の板書。かな地蔵尊（石造、高さ九二cm、嘉慶二年〈一三八八〉銘、天開和尚の墓塔）。半鐘（銅造、総高六二cm、文政三年〈一八二〇〉銘）。太鼓（木製皮張り、面径四五cm、文政四年〈一八二一〉銘）。羅漢堂（白壁。文化十年〈一八一三〉頃、当地の豪商長四郎三が願主として奉納）。内部に木造の五百羅漢像五一三体（阿弥陀如来三尊像、十六羅漢立像一〇体、羅漢坐像五〇〇体）を安置する。また境内には、千庚申塔（石造、寛政十二年〈一八〇〇〉）が立つ。

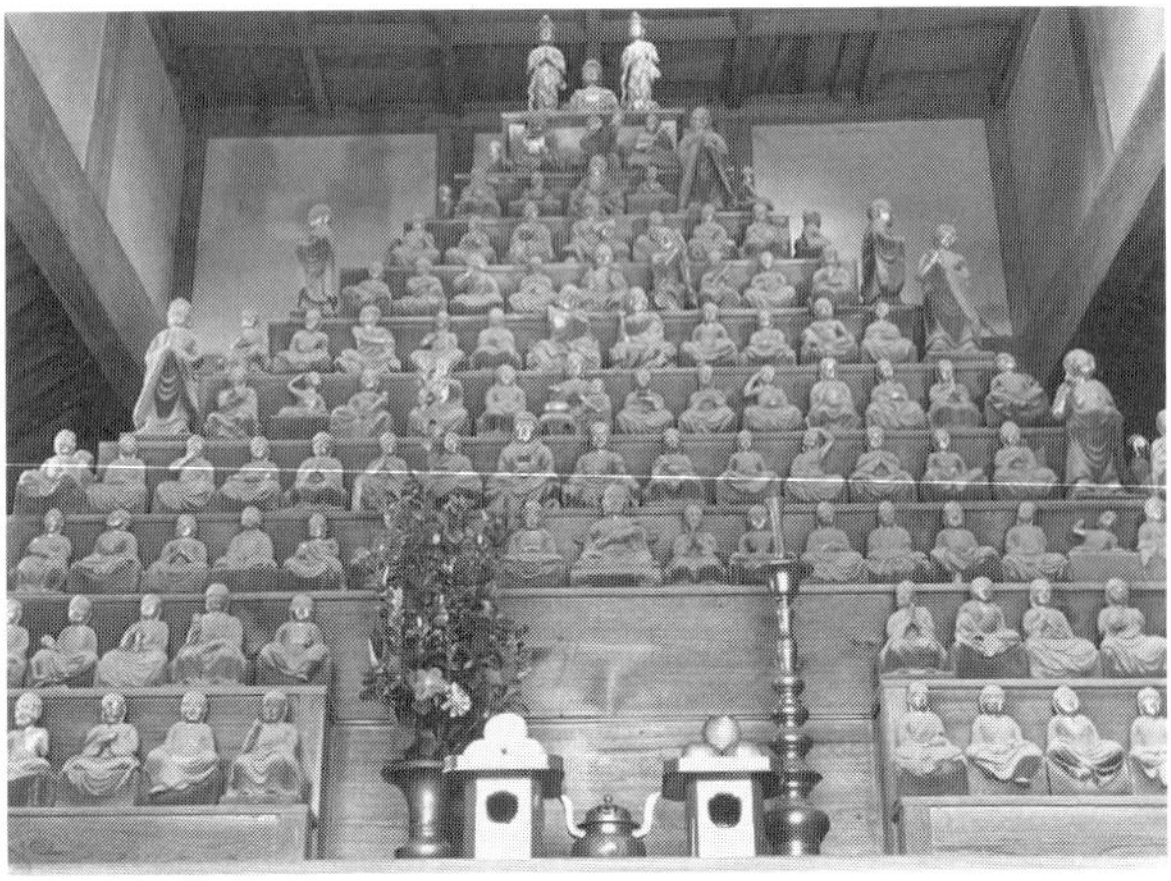
徳蔵寺　五百羅漢像

法楽寺《ほうらくじ》（正義山、曹洞宗、本城三―二〇六七）建長元年（一二四九・鎌倉時代）の創建。開基は足利義氏。中興開山は太岫和尚。本尊は釈迦如来。――義氏は足利義兼の嫡男として鎌倉幕府に出仕し、北条泰時（三代執権）の娘を妻とする。足利源氏の棟梁となり、

左馬頭、正四位下、所領一七か国に及ぶ。〝関東の宿《しゅく》老《ろう》〟（吾妻鏡）といわれた。内乱孤児が巷にあふれる混沌とした世相のなか、義氏は出家し、〝池の館〟と呼ばれた精舎《しょうじゃ》（法楽寺）を造営――時に六一歳。それは――「浮世をば、わたらせ川にみそぎして、弥陀《みだ》の生地に住むぞうれしき」と自作したように、さながら〝阿弥陀浄土〟のような「浄土庭園」であった。――即ち、寺地の東界の中辺に山門を設け、それより西方、境内の中央に「中島」を浮かべた「園池」を、その中心線の先に「阿弥陀堂」を設け、更に背後の鏡岩《かがみいわ》なる山丘東腹に堂宇を設ける。――西方願生、極楽浄土を願う荘厳《しょうごん》（静寂典雅な精舎）であったのであろう。――そして四至《しし》の大きさは、南北六〇〇尺（約一八〇m）、東西一〇〇〇尺（約三〇〇m）以上と推定される。

足利義氏の墓所は、ゆるい斜面に東面する方形状の塋域《えいいき》の正面中央にある。大型五輪塔中の空輪、風輪が灰色の凝灰岩製（他は後補）で、種字《しゅじ》（梵字《ぼんじ》）は鎌倉時代中期を下るものではなく、義氏公の墓石に相応しい。そして左右には鎌倉後期、南北朝、室町中期頃の

五輪塔や宝篋印塔が並ぶ。
宝永二年（一七〇五）、戸田忠利が足利領主となり、二代忠囿《ただその》が、正徳二年（一七一二）より当寺を戸田家の菩提所とした。戸田銕麻呂《てつまろ》の墓――義氏公の墓所より高所にあり、方柱形の墓石に、従五位足利藩事戸田忠行長男、戸田銕麻呂が明治三年六月二十六日、二歳で早世したことを刻む。
心字の池――東面する本堂の背後、山麓の池庭で、古墳（円墳）を築山とし、池には礫《こいし》を敷きつめ、北からの遣水《やりみず》が南に流れ、よく築山泉水の趣を表現している。――江戸末か明治初年に法楽寺の情景を描いた田崎草雲の〝正義山の図〟が「仏池帳」に収められている。

真教寺《しんきょうじ》（助戸山、如法院、時宗、助戸三―四八二）
永仁五年（一二九七・鎌倉時代）の創建。開山は真教上人。本尊は阿弥陀如来。天保十四年（一八四三）とその後の火災で諸堂が焼失した。
本尊、阿弥陀如来立像（阿弥陀三尊像の主尊）総高一七二㎝、恵心（快慶の弟子）作、鎌倉時代。寛文十一年（一六七一）に修復。薬師如来坐像――木造、総高八〇㎝、胎内仏（阿弥陀如来坐像）をもつ。名号石塔――総高一八八㎝、「南無阿弥陀仏」の名号を刻み、天和二年（一六八〇）、助戸村はじめ近郷の村名を記し、朱を注いである。

養念寺《ようねんじ》（八幡山無量院、時宗、寿町）　創建は明らかでないが、僧真教（時宗二祖真教上人）の開山という（推定鎌倉時代）。当初は小字中八幡にあったが、万治二年（一六五九）、洪水のため堂宇が流失、寛延三年（一七五〇）、二四世僧隆専の時、現在地に移建。本尊薬師如来は文和元年（一三五二）、鎌倉光触寺《こうそくじ》から移されたという。

善徳寺《ぜんとくじ》（東光山、臨済宗、大町一―一二）正平二十三年（応安元年〈一三六八〉）の創建。始めは毛野村岩井にあったが、慶長年中（一五九六～一六一四）、現在地に移る。開山は仏満禅師、開基（勧請《かんじょう》開基）は足利尊氏。本尊は薬師如来。天保二年（一八三一）の火災で、殿堂、什宝等の多くを失う。なお仏満禅師は、足利義氏の長子の曽孫に当たる。
本尊の薬師如来坐像（薬師三尊像の主尊）――総高一六四㎝、仏満禅師の実弟今川範国の念持仏で、恵心僧都作（平安時代）と伝う。多聞天像――木造、総高二三〇cm、中世作か。足利尊氏像――木造、総高四八cm、元治元年（一八六四）、京仏師の作。足利尊氏公位牌――木造、総高八九cm、「等持院殿贈大相国一品仁山義公大禅定門」の銘記。本堂――木造、入母屋瓦葺の堂々たる建造物で、元治元年（一八六四）の造。聖観音像――木造、総高一四七cm、元禄五年（一六九二）の朱書銘。頂相《ちんぞう》――木造、仏満禅師（総高九六cm）ほか三人の正装した禅僧（総高八八～八六cm）が曲彔《きょくろく》に坐す。五輪塔――凝灰岩製、平重盛の供養塔（平安末か鎌倉時代初期、もと市内萬徳寺蔵）二基分が重なる。宝篋印陀羅尼経塔――宝暦八年（一七五八）の銘を刻む。

長林寺《ちょうりんじ》（大祥山、曹洞宗、西宮町二八八四）文安五年（一四四八）の創建。開山は大見禅龍禅師、開基は長尾景人。

本尊は聖観世音菩薩。室町時代、足利の領主――三代景長、四代憲長、五代政長の自画像（紙本著色の三幅）。銅鐘一口――総長一〇一cm、口径五四cm、乳は五段四列、応永二十三年（一四一六）の銘刻がある。

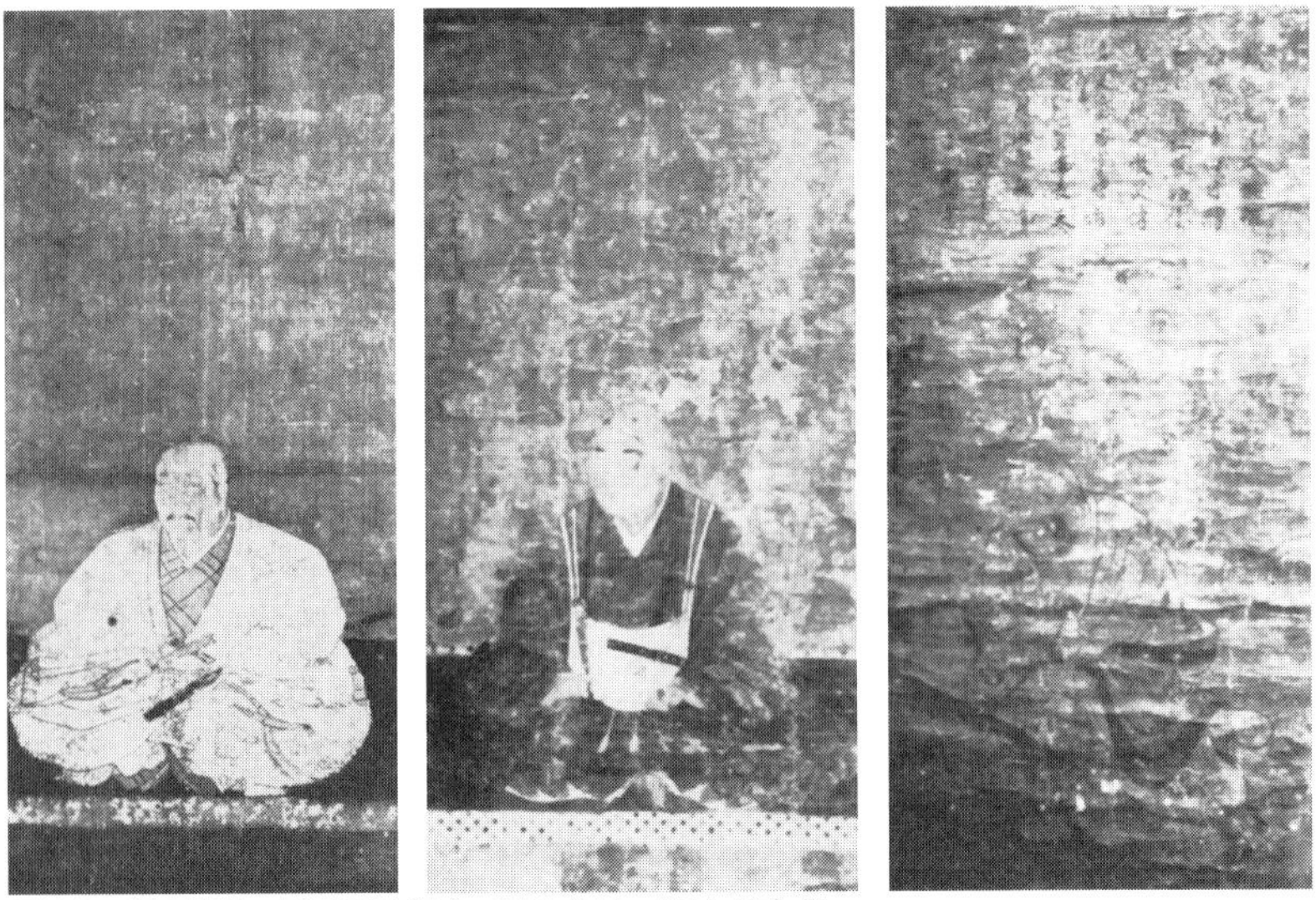

長林寺　紙本著色　長尾景長（右）・憲長（中）・政長（左）像

金剛界大日如来坐像一体（露座）――銅造、像高一〇〇cm、元文二年（一七三七）作、佐野天命鋳物。紺糸威餓鬼朋具足（三ツ巴の九曜紋散）一領――室町時代作。長尾家歴代墓所――本堂の北西方、山麓の南斜面に二段に造営。景人の曽祖父景直から、景人～顕長の足利領主を含め、定次まで（室町～江戸時代）、一九基の墓塔（宝篋印塔一四、五輪塔五基）。田崎草雲の墓碑一基が本堂の西方に建つ。草雲は足利藩士で勤王志士、明治時代は画家、明治三十一年九月一日、八四歳で没。沓《くつ》石上の大形碑石に「遊玄院画仙草雲居士」と刻む。

高福寺《こうふくじ》（祥林山、曹洞宗、家富町二五二三）　創建は明らかでないが、そもそも「古庵」に始まるという。寺伝では万治二年（一六五九）曹洞宗として再興。勧請開山は太岫玄修和尚。本尊は阿弥陀如来立像。地蔵堂には延命地蔵尊と、前立に閻魔大王及び十王像を安置する。浄土教は極楽を説き、欣求《ごんぐ》浄土を勧め、また地獄の苦しみを説き、そこに落ちないことを教える。地獄の主宰者が十王で、その最高者が閻魔大王であれば、「古庵」は浄土信仰の仏寺であったに相違なく、その創建はおよそ中世（鎌倉ないし室町時代）であろう。

本尊・阿弥陀如来立像――総高一〇〇cm、光背銘は天明三年（一七八三）、脇侍は観音、勢至両菩薩像。宝珠錫杖地蔵菩薩立像は文化六年（一八〇九）の銘をもつ。山門の正面に本堂が建ち（東面）、右手に地蔵堂が南面して建つ。什宝――近衛三藐院筆「趙州狗子」の書、田崎草雲筆の龍頭観音の軸物、故司法大臣横田千之助の書など。

定年寺《じょうねんじ》（虎嘯山、曹洞宗、助戸三―一七九四）　大永六年（一五二六・室町時代）、永明庵として、助戸字水深の地に創建された。その後、承応年間（一六五二～四）、曹洞宗として再興、開山は光紹禅師、開基は大野市左衛門定年。本尊は釈迦如来坐像（宝永五年〈一七〇八〉）。達磨《だるま》図――紙本淡彩、縦九三cm、横四〇cm、「守信」（狩野探幽）の朱書がある。仏涅槃図――紙本著色、縦一三二cm、横九六cm、明和七年（一七七〇）の箱書がある。紅葉山御廟香炉――銅造、葵紋（徳川将軍家）を付けた精巧、優美なもの。十八羅漢図――絹本淡彩、新井勝重晩年（明治二十年）の作。

心通院《しんつういん》（大圓山、曹洞宗、本城一―一七四二）永禄九年（一五六六・室町時代）の創建。開山は学英宗益和尚、開基は長尾政長。本尊は釈迦如来坐像――木造、総高八八cm、文久元年（一八六一）作。両脇侍は観音菩薩の小型立像。来迎阿弥陀如来立像――木造、総高八三cm。長尾政長像――紙本著色、室町時代作。花鬘《けまん》四枚――金銅製、高さ二四cm、享保八年（一七二三）作。磬子――銅製、安永九年（一七八〇）作。燭台と花生――銅製。足利城主長尾憲長、同政長と政長夫人の墓塔――本堂の南方の丘上の歴代住職墓地の奥にある。三基とも宝篋印塔で、憲長塔は天文十九年（一五五〇）、その子政長塔は永禄十二年（一五六九）、政長夫人塔は天正六年（一五七八）の紀年銘を刻む。

利性院《りしょういん》（瑠璃《るり》山医王寺、浄土宗、井草町二三八八）数度の火災で記録はなく、明暦年間（一六五五～七・江戸時代）、堪誉善察和尚の再興という。その後も天保二年（一八三一）の大火、明治二十五年の火災をうける。本尊は阿弥陀如来立像――木造、総高六〇cm。脱衣婆《だついば》像――木造、像高四二cm。閻魔《えんま》大王・付官（司令・司録）像――閻魔像は木造、像高一八三cm。付官像は像高各三五cm、左右に五体ずつ並ぶ。石塔群――五輪塔（室町時代前後）六基以上、無縫塔、墓塔、供養塔、六地蔵塔は江戸時代の作。柄鏡は銅製、総高三五cm。

高徳寺《こうとくじ》（慈福山、真言宗、西宮町二八二五）延宝二年（一六七四）の創建。開山は宥真僧都。本尊は不動明王像。

明治十五年から足利尋常小学西校の校舎として本堂を使用。明治三十一年からは当寺にもどり、その後、本堂等を修理、面目を一新した。が、平成十九年失火し、本堂、聖観世音菩薩坐像等を焼失した。

樹覚寺《じゅかくじ》（明石山、浄土真宗、本城三―二〇五五）嘉永六年（一八五三）の創建。開山は宗覚和尚（越後の人）。本尊は阿弥陀如来三尊像――主尊阿弥陀如来立像は木造、総高一一三cm、脇侍の観音、勢至両菩薩立像とも木造、総高四三cm――真宗は主尊だけを本尊とするが、敢えて三尊を祀ると。七高僧図――絹本著色。釋蓮如画像《しゃくれんにょがぞう》――絹本著色。親鸞上人像――木造、像高三二cm（厨子に明治三年以前の墨書銘）。

御影寺《ごえいじ》（円藤山、浄土真宗、丸山町七四八）嘉永六

年（一八五三）の創建。開山は篤《あつし》専量、本尊は阿弥陀如来立像——木造、総高八六㎝。親鸞上人坐像——木造、像高三七㎝。蓮如上人の書——紙本墨書。乗如上人画像——紙本著色、安政三年（一八五六）以前の作。

⑤伝統行事

一月　三日は龍泉寺の初詣《はつもうで》。十三日は徳正寺の繭玉《まゆだま》市《いち》＝商売繁昌を祈願する祭。

二月　三日、節分の日——鎌倉時代、足利源氏棟梁の泰氏が、武者を鑁阿寺に勢揃いさせた故事《こじ》にならい、大正時代から「鎧年越《よろいとしこし》」が復興し、足利市内の有志が、甲冑《かっちゅう》を着て行列を整え、大通りを西から東へ進み大日（鑁阿寺）大御堂まで「武者行列《むしゃぎょうれつ》」をする。

三月　二十七日から三日間、鑁阿寺大日尊の祭典が行われる。

四月　袋川の桜まつり（千歳さくらまつり）。足利に春の訪れを告げる祭。八日は市内の諸仏教寺院で「灌《かん》仏会《ぶつえ》」（お釈迦さまの誕生を祝う法会）を行う。

五月　足利まつり——連休中に催される。

六月　一日、田中・浅間《せんげん》神社（男・女両浅間社）で、初山《はつやま》祭が行われる——「ペタンコ祭」といわれ、幼児の額に朱印を押捺してもらうと、健康と幸運に恵まれるという。三十日に、神社で大祓《おおはらい》の祭事が行われる。氏子《うじこ》は、紙の人形に姓名、年齢を自分で書き、身体を撫《な》で、これを神社に集めて川に流す。

七月　二十日から三日間、五丁目八雲神社の祭典が行われ、明治以前からの神輿《みこし》の渡御《とぎょ》、御幣合《ごへいあ》わせの式が行われる。また社前の「百八献燈」の古例も行われる。

八月　七日に「七夕《たなばた》祭」を行う。足利花火大会が渡良瀬河畔で催され、仕掛花火や尺玉など約二万発が打ち上げられ、来場者で賑わう。十三〜十六日は、「盂蘭《うら》盆会《ぼんえ》」が行われる。

九月　「足利 薪能《たきぎのう》」が、鑁阿寺境内で行われる。

十一月　釈奠《せきてん》（しゃくでん）祭《さい》——史跡足利学校址で、孔子とその高弟を祭る儀式が行われる。また「釈奠」を含めた数日間、史跡足利学校址周辺で、「孔子さま（学校さま）祭《まつり》」が催される。十九日、二十日——西宮神社で、「恵比寿講《えびすこう》」が行われる。十九日は宵《よい》祭《まつり》で夜、二十日は本祭で昼に、商売繁昌を祈願し、お宝《たから》を買い求める人々で賑わう。

庚申信仰《こうしん》　古代から農民の間で行われた作神《さくがみ》信仰など、日本固有の信仰に中国の道教《どうきょう》思想などが入ったもので——奈良、平安時代から鎌倉時代頃に、庚申関係の行事も公家《くげ》や上級武士の間で少しずつ行われ、室町時代には修験道《しゅげんどう》や仏教の方からも説かれるようになり、各地に庚申塔もつくられ、江戸時代には庶民の間にも広がり、延命、除災の祈願から、五穀豊穣、家内の安全から繁昌までの御利益を願う〝守り本尊〟としての信仰が盛んになった。——足利地方の庚申信仰については、①道教の「三尸《さんし》の虫」を封じる、②仏教思想に基づいて現世、来世の安楽を願う、③神道思想による猿田彦神、道の神への信仰、④陰陽思想に基づく、⑤「作神、田の神」など、古代から農民が農業神を祀る習慣と重なる、などが知られる。

旧市内の庚申塔は、鑁阿寺とその付近に二七八基、本城辺から足利公園辺、また助戸山裾部に約六〇基が知られ、総数約三三八基のうち、造立年代の判るものは延宝六年（一六七八）から昭和六十三年までで、鑁阿寺蔵のものでは、万延元年（一八六〇）のものが多くみられる。——なかでも、①本城一丁目、善徳寺墓地にある三基のうち、一基には現在の大町の古名「大野」が刻まれ、他の二基は延宝六年と八年の、市内では初期のもの、②本城一丁目心通院の元文五年（一七四〇）造立塔は、庚申信仰と仏教が結びついたもの、③西宮神社の庚申塔は神道思想と結びついたもの、④助戸大橋町の二基の大型庚申塔は、ともに寛政元年（一七八九）で、同じ講中で造立したものである。

第二章

西部

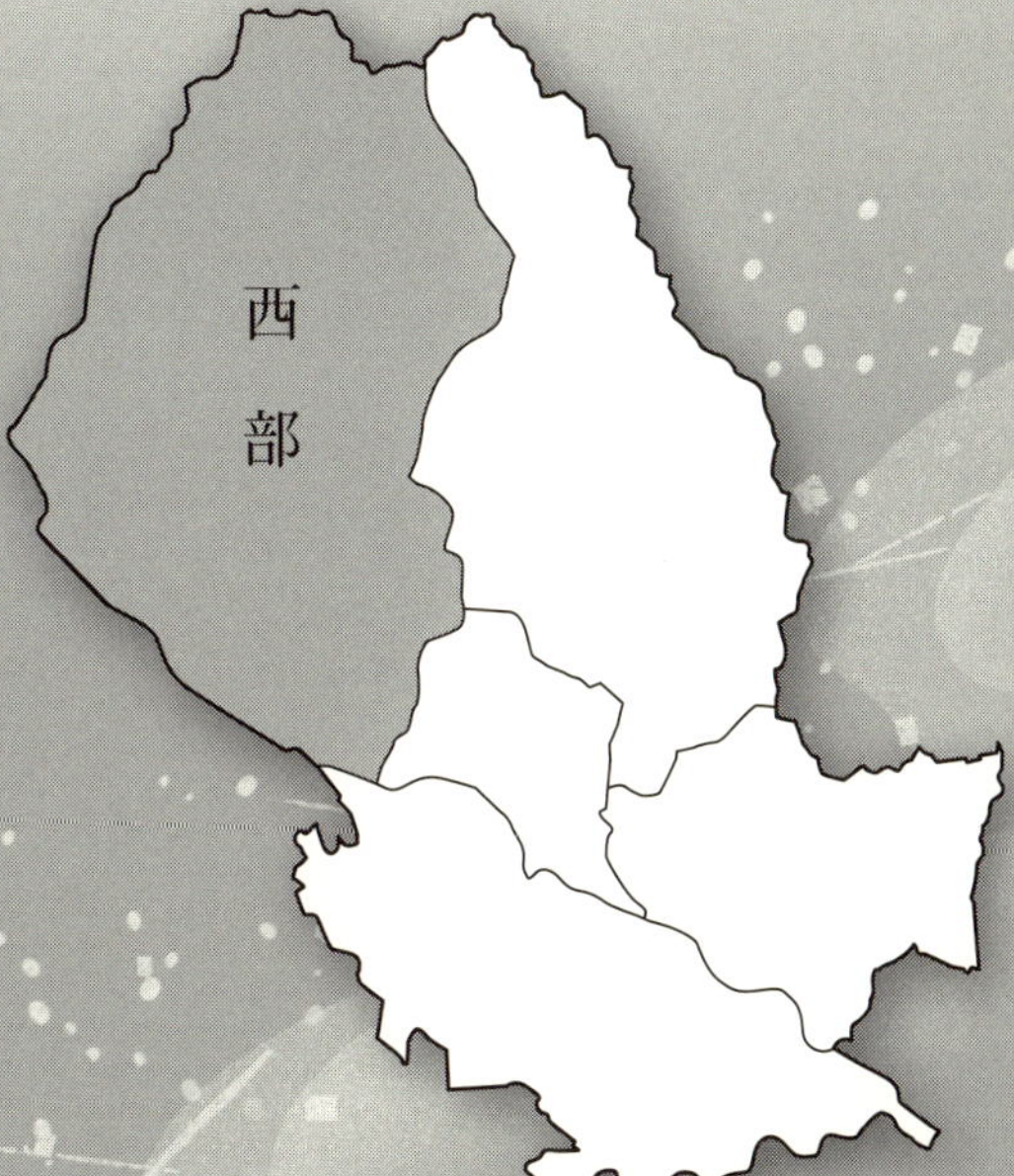

小俣

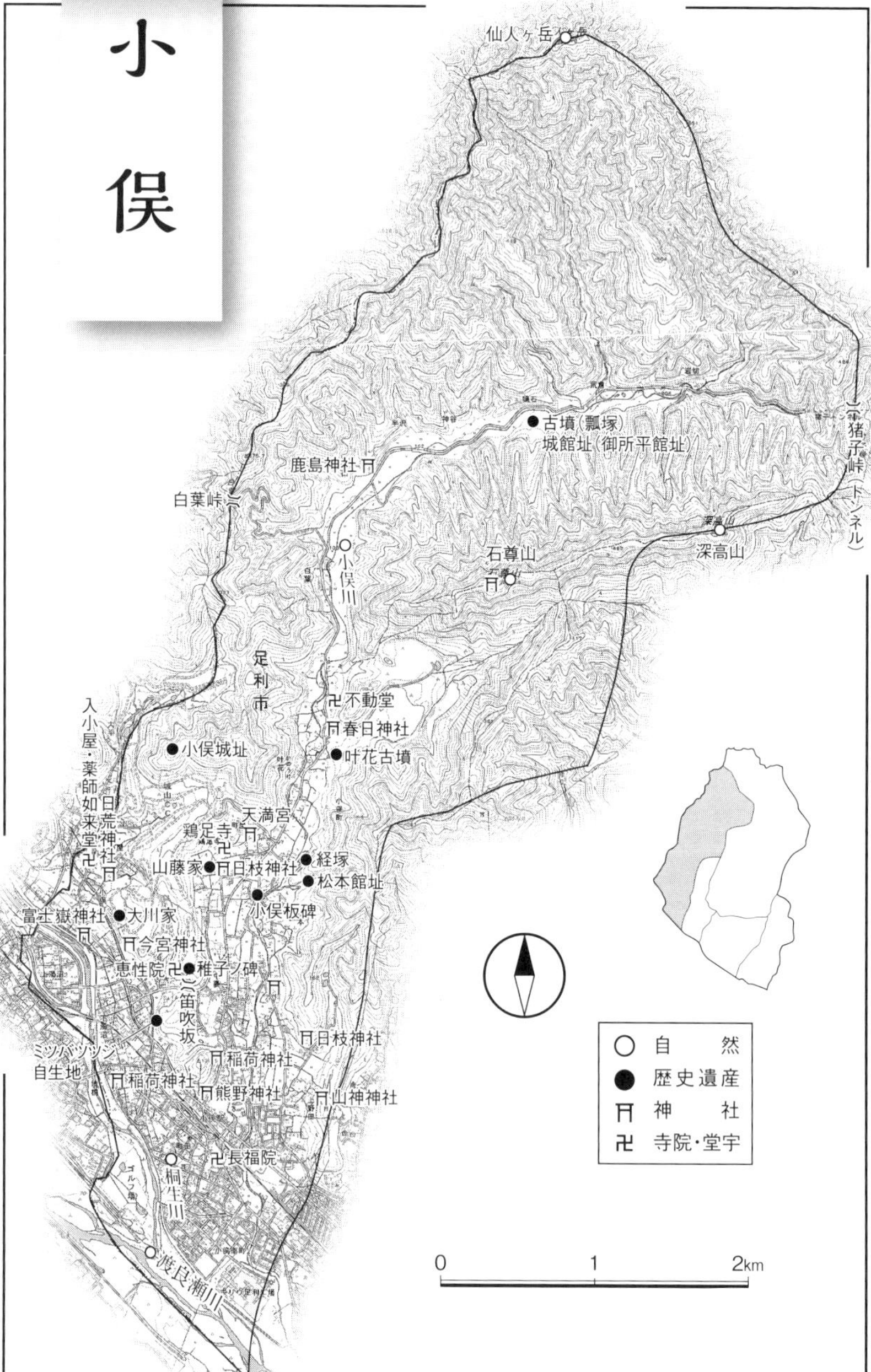

仙人ヶ岳
古墳(瓢塚)
城館址(御所平館址)
鹿島神社
白葉峠
猪子峠(トンネル)
深高山
石尊山
小俣川
足利市
不動堂
春日神社
叶花古墳
小俣城址
入小屋・薬師如来堂
日荒神社
天満宮
鶏足寺
経塚
山藤家
日枝神社
松本館址
小俣板碑
富士嶽神社
大川家
今宮神社
恵性院
稚子ノ碑
笛吹坂
ミツバツツジ自生地
日枝神社
稲荷神社
稲荷神社
熊野神社
山神神社
長福院
桐生川
渡良瀬川
自然
歴史遺産
神社
寺院・堂宇
0
1
2km

小俣《おまた》地域は、旧市内地域の北西隅を占め、その西方は桐生市域（群馬県）、東方は葉鹿、南方は太田市域（群馬県）と桐生市域、北方は三和の各地域と境を接している。

①自　然

山丘　仙人ヶ岳（六六三ｍ）は、小俣地域の最北端を占め、足利市内の最高峰で、石尊山《せきそんさん》（四八六ｍ）から東方の深高山（五〇八ｍ）まで直線状に尾根が延び、南側は崖状で〃岩松《いわまつ》〃が生《は》える。また仙人ヶ岳の南南西に続く山なみの先端は城山（三〇五ｍ）で、鶏足寺の北に当たる。

峠路　猪子峠《いのこ》は、小俣川の上流、入小俣の岩切から松田を結び、白葉峠《しらっぱ》は、入小俣の白葉から菱（桐生市）の上小友を結ぶ。

河川　小俣川は、入小俣の猪子峠西側の山峡を源流とし、岩切、鳴石、神谷、半沢を西に流れ、森出あたりから白葉、叶花《かのおけ》を南流し、更に松本、中妻を下り渡良瀬川に流入する。桐生川《きりゅうがわ》は、菱地域を南南東に流下し、小俣地域の濁沼《にごりぬま》、町田、南町あたりで、渡良瀬川に流入する。

植生　○ミツバツツジ（シャクナゲ科ミツバツツジ）自生地――小俣町一五〇〇、橋本勝吾氏蔵。落葉灌木で、中部日本の西部から関東地方にわたる分布の北限のものといわれる。小丘の西斜面の雑木中に群生し、山麓には成田不動尊を祀り、清浄の地になっている。開花は三月下旬から四月上旬。また、足利地方に多いトウゴクミツバツツジ（紫ツツジ）の花は、雄蕊《おしべ》が普通一〇本であるが、ミツバツツジのそれは五本である。

○山藤家のクロマツ――小俣町二七四、山藤智之氏蔵。目通り二七五㎝、高さ一三ｍ、枝張り一一ｍ、庭園の南東、塀ぎわに樹《た》つ。そもそも平安時代、押領使《おんりょうし》として鶏足寺に来た先祖が、持参した盆栽を植えたもので、表皮が亀甲形に厚く、深く裂け、枝ぶりも見事な名木。家伝では樹齢約一〇〇〇年という。

○大川家の庭園（聴松園）は後記（歴史遺産）。

② 歴史遺産

縄文時代の遺跡（出土遺物は上野田遺跡以外はおよそ表面採集によるもの）

遺跡名	所在地	立地	旧石器時代	縄文時代 草創期	早期	前期	中期	後期	晩期	出土遺物
入小屋	入小屋	山麓斜面			○	○		○		縄文土器、石器
御所平	入小俣	山麓平坦地			?					縄文土器、打石斧
上野田	上野田	舌状斜面				○	○	○	○	縄文土器、石皿、凹石、磨石、土偶、打石斧
岩切	入小俣	山峡平坦地			○	○				縄文土器、打石斧
下濁沼	下濁沼	山麓斜面			○	○		○		縄文土器
町屋（谷）	町屋	山麓平坦地			○	○	○	○		縄文土器
中妻	中妻	山間平坦地					○	○		縄文土器、石棒
荒倉	入小俣	山麓平坦地				○				縄文土器
地獄谷	下濁沼	山麓斜面						○		縄文土器

弥生時代の遺跡

遺跡名	所在地	立地	初期	中期	後期	出土遺物
入小屋	入小屋	山麓斜面	○	○		弥生式土器（須和田式、野沢式）
上野田	上野田	舌状台地	○			弥生式土器

古墳時代の遺跡

遺跡名	所在地	立地	前期	中期	後期	出土遺物
岩切	入小俣	山峡平坦地		○	○	土師器
荒倉	入小俣	山麓平坦地	○	○	○	土師器
御所平	入小俣	山麓平坦地	○	○	○	土師器
叶花	叶花	山麓平坦地	○	○	○	土師器
下濁沼	下濁沼	山麓斜面		○	○	土師器
上野田	上野田	舌状台地	○	○	○	土師器
田町	田町	低台地			○	土師器

古墳　○瓢塚《ひょうづか》古墳（入小俣、久保田寒蔵氏蔵）――小俣川の上流、鳴石《なるいし》の南岸（標高約一八〇m）、深高山の北麓に南面する前方後円墳で、全長約三四m（前方部は長さ約一二m、高さ約二・五m、後円部の径約二二m、高さ七m）で、埴輪片や須恵器片が散在する。

○叶花《かのおけ》古墳（叶花）――南流する小俣川東岸の緩斜面（標高一四〇～一一〇m）に南面する前方後円墳で、全長約二八mと推定される。なお、本墳の周辺から北方約七〇〇ｍにわたって土師器《はじき》片（およそ古墳時代）が散在する。

経塚《きょうづか》　付・五輪塔二基（小俣町町屋）——鶏足寺本堂の東方約四六〇ｍの平坦地にあり、経塚は径九・五ｍ、高さ一・五ｍの低い円丘状の盛土で、頂部に五輪塔二基が立つ。五輪塔は二基とも凝灰岩製で、①は現存高一〇六cm（空輪の上半部を欠く）。②は総高八四cm、ともに刻銘はみられず、鎌倉時代作と推定されるが、火・水・地輪の形状から、①が②よりも古様とみられる。

五輪塔《ごりんとう》　〇五輪塔（小俣町一三七〇、共同墓地内）、凝灰岩製、現存高八六cm（空・風輪を欠く）。推定鎌倉時代。

〇五輪塔（小俣町一八七九、石井家墓地内）①は凝灰岩製、総高一二一cm。②は凝灰岩製、現存高八二cm（空輪と風輪上半部を欠く）。ともに無銘、推定鎌倉時代。

〇五輪塔（小俣町二〇〇、ケージッ坂西側南の墓地内）、凝灰岩製、総高七九cm、無銘、推定鎌倉時代。

〇五輪塔（小俣町七五三、岩脇家の墓地内）、花崗岩製、総高一〇八cm、精美な塔、推定南北朝時代。

板碑　（小俣町中妻）——「小俣板碑」といわれ、鶏足寺の南南東の阿弥陀堂にある。緑泥片岩で碑身一八八cmの大型。阿弥陀三尊と文永十二年（一二七五）銘を陰刻する。

板碑　小俣町　阿弥陀堂

城館址　〇小俣城址（小俣町二七五〇ほか）——鶏足寺の北背、「城山」なる標高三〇五ｍの山頂は、東西に長い本丸址の平坦部と一段下った周囲に武者走りが設けられ、西側と北側の山腹斜面と、東側の尾根に、腰郭《こしぐるわ》や帯郭《おびぐるわ》、堀切《ほりきり》などがのこる。——元亀三年（一五七二）、上杉謙信の麾下《きか》に囲まれたが、城代の石井尊空らは死守し、敵将を敗死させ、赤城山麓の善城《ぜんじょう》を撃《う》ち、城主善宗次らを討ち取る。――小俣城主渋川氏の居館（一辺七五ｍ前後、土塁と壕）は鶏足寺の南東方約二〇〇ｍの平担地にあり、一部が残存する。

○御所平《ごしょだいら》館址（入小俣・小俣町三六九四ほか）――小俣川の上流、鳴石の南岸台地上に土塁が約五〇ｍ残存する。

○松本館址（小俣町二三八二ほか）。鶏足寺の南東方、約五〇〇ｍの山麓に、南北一〇〇ｍほどの直線状のネゴヤ《根小屋》の地内に、主郭、虎口、腰郭、土塁等の遺址が残存し、南側に日枝神社が祀られている。

旧家　○山藤家邸宅（小俣町二七四〇、山藤智之氏）――鶏足寺の南西部の隣地に南面する。母屋《おもや》の南前面に庭園を配し、南東に門を構え、その内側西に名木のクロマツ（前記）が樹つ。庭園池汀の西側には、石造地蔵塔が立つ。母屋の奥座敷の板障子には、狩野春智銘の優雅、枯淡の絵が画かれている。

○大川家邸宅（小俣町五六九、大川邦之氏）――木造、切妻瓦葺二階建の母屋と西側に土蔵二棟。その前面西側に庭園、東側には土蔵家屋、やや東側前方に門を構え、四周に板塀を廻らす。邸外の北裏には「聴松園」なる松籟、閑雅な園池と、小丘の頂に美しいマリア像が立つ。

大川家所蔵の文化財

大川家文書、一二六七点（江戸～明治時代）は、村方史料と大川家経営史料など。

馬具一領（和鞍、鐙、胸掛など）は、徳川一一代家齊から一三代家定将軍時代の例幣使が用いたもの。打掛《うちかけ》二着は縮緬《ちりめん》で、絵柄を刺繍した見事なもので、徳川幕府水野大老の奥方の着用品を、大川家先代が拝領した由。江戸時代中期、染織技術の優秀さを示す。

石造卒塔婆《そとうば》は恵性院の墓地に立つ。凝灰岩製、総高一三四㎝。五輪形の水輪に種子《しゅじ》を、地輪に「延文五」（一三六〇）などの銘を刻む。――都から鶏足寺に来た稚子《ちご》と土地（大川家）の娘との悲恋を記したもので「稚子の碑」といわれる。

③ 神　社

日枝神社（小俣町二〇八二）　主祭神は大山咋命。仁寿元年（八五一）天台宗の円仁（慈覚大師）が世尊寺《せそんじ》

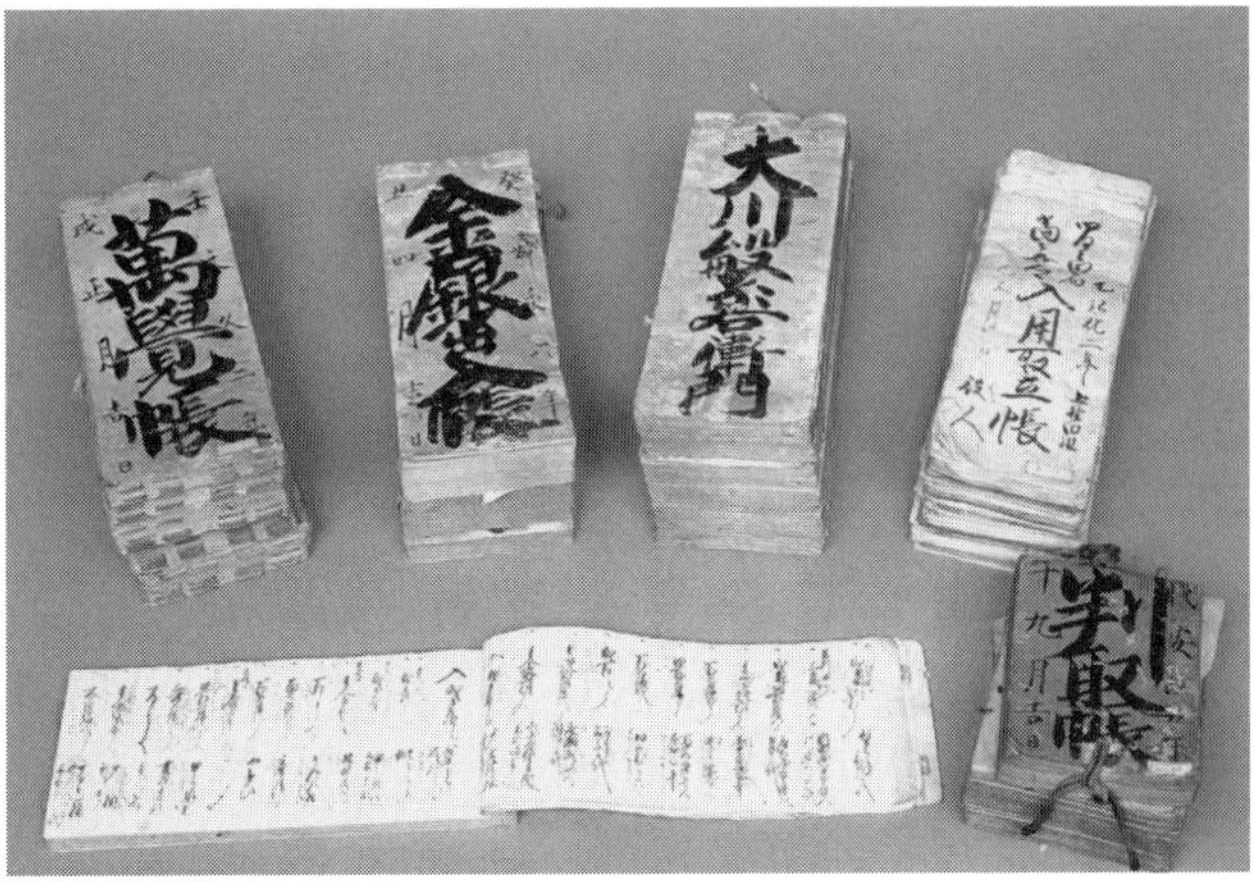

大川家文書　大川邦之氏蔵

（のち鶏足寺）に住持した時、鎮守として山王権現を勧請《かんじょう》、八十八社と称したという。

春日《かすが》神社（小俣町二九三〇）　主祭神は天児屋根命。創立は不詳。江戸時代は奥宮大明神と称した。本殿は一間社流造りの柿葺。向拝の象頭は、桃山期の様相をのこす江戸時代初期の造りか。石燈籠二基は、ともに総高一九二cm、宝暦二年（一七五八）の銘をもつ。手《ちょう》水鉢《ずばち》は、石造、高さ五二cm、宝暦九年（一七五九）の銘をもつ。鳥居は、石造、高さ三五〇cm、「春日鳥居」の様式で、延宝五年（一六七七）の銘をもつ。

熊野《くまの》神社（小俣町六七二）　主祭神は伊弉諾命。旧村社。大永六年（一五二六）、紀伊国牟婁郡熊野神社を奉遷して創立。

天満宮（小俣町二七六四）　主祭神は菅原道真命。創立は不詳。安政二年（一八五五）に類焼、その後再建。柄鏡は銅製、鏡背に鶴、亀などを配し、「天下一藤原義信」を刻む。霊牌は木製で面径二五cm、安政二年（一八五五）作、神仏混淆の信仰がみられる。木版刷りの軸物は紙製、①縦六〇cm、横二四cm、②縦四〇cm、横二四cm、ともに雲座にのる主尊（湯殿山）、左

脇侍（月山）、右脇侍（羽黒山）を表わし、①は下部に偈文を記す。錫杖《しゃくじょう》は、鉄製、総長一七五㎝。上端の環には左右に各小環三個が付く。行者の用いたもの。

山《やま》神社は小俣町に三社あり、全て主祭神は大山祇命。創立は不詳。農神、武神として崇《あが》められている。

④寺　院

鶏足寺《けいそくじ》（仏手山金剛王院、真言宗、小俣二七四八）大同四年（八〇九）の創建という。開山は定恵上人（奈良東大寺の僧）、本尊は釈迦如来。世尊寺一乗坊を建立。仁寿元年（八五一）には円仁上人（比叡山の僧慈覚大師）により山号、院号が定められ、釈迦堂、寺坊、山王社、蓮池など寺域が整えられた。天慶二年（九三九）の平将門《たいらのまさかど》の乱では、下野押領使《しもつけおんりょうし》藤原秀郷の願いで、常祐法印が一〇〇人の僧を従え七日間、将門調伏《ちょうぶく》の修法を続け、将門が討ち取られる。その霊験により、世尊寺は「鶏足寺」に改められ、五大明王像や両界曼荼羅《りょうかいまんだら》などが朝廷から下賜された。寛元元年（一二四三）には後嵯峨天皇から後深草天皇誕生の祈祷を仰せつけられ、五大明王の絵像と太刀《たち》銘力王丸が下賜された。弘長三年（一二六三）には足利泰氏の

鶏足寺本堂

発願で、父義氏菩提のため五大尊堂の梵鐘が作られた。文永六年（一二六九）、下野薬師寺長老慈猛《じゅみょう》上人を迎え真言宗となり、慈猛流の全国総本山として密法専修の道場となる。盛時は、山内に二四院、四八僧房、全国に三六〇余の末寺《まつじ》をもったという。天文二十二年（一五五三）、兵火のため堂舎全てが焼失。現在の本堂は正徳三年（一七一三）、護摩堂《ごまどう》（五大堂）は享保十七年（一七三二）の建立である。

主な文化財

太刀（銘力王）附黒漆太刀拵一、鎌倉時代作か。梵鐘――天慶年間（九三八～四六）造の鐘が破損のため、建保三年（一二一五）に改鋳。更に弘長三年（一二六三）、友長が作り直す。銅印、「鶏足寺印」一（銅製、一辺五・五cm、平安時代）。両界曼荼羅図二（紺紙金泥、南北朝時代）。五大明王像一（絹本著色、鎌倉時代）。本尊、銅造釈迦牟尼仏坐像一（像高一〇〇cm、室町時代――頭部は江戸時代の改鋳）。勅使門一（四脚門、切妻造、柿葺、鎌倉時代〈正和年間〉）。古瓦（鐙瓦、宇瓦、平安時代）。五輪塔一（延文元年〈一三五六〉の逆修塔）。七地蔵石幢一（複製石幢）。倶利《くり》伽羅《から》八大童子（智證大師筆）。ほかに五大明王像、聖観音坐像、真言宗三巻（慈猛上人筆）、紋織物（山藤の錦）、朱雀天皇永宣旨、阿弥陀仏画像（伝恵心僧都筆）、梵鐘、護摩壇、磬子などを蔵する。

薬師堂《やくしどう》（小俣町一三一二）入小屋の地に東面する。鶏足寺の塔頭《たっちゅう》。本尊は薬師如来坐像（木造、総高一三二cm、藤原末期～鎌倉初期の作）。日光、月光両菩薩立像、十二神将像を祀る。手水鉢（石造、長さ七〇cm、幅五三、高さ四〇cm）、古代作か。五輪塔（凝灰岩製、総高九八cm、鎌倉時代作）。

不動堂（小俣町三〇六五）石尊山の西麓に南面する。鶏足寺の塔頭で、本尊は不動明王坐像（木造、総高一六五cm）、脇侍矜迦羅《ごんがら》、制多《せいた》（吒）迦《か》二童子立像を祀る。

恵性院《えしょういん》（笛吹山、不動寺、真言宗、小俣町一四九三）

創建は平安か鎌倉時代。開山は法印吽誉。草創期は明月院と称した。本尊は不動明王立像（一木造、総高八六cm）、脇侍衿迦羅、制多迦二童子立像（ともに一木造、像高三二cm）、文化元年（一八〇四）再彩色。中世作か。薬師如来像（木造、総高四二cm）、中世末

期か近世初期。五輪塔（石造、総高一二一cm）、法印尊光（足利泰氏九男賢宝の四代目、永和三年〈一三七七〉）の墓塔。板石塔婆（大川家の項で記載）。常香盤《じょうこうばん》（木製、総高四三・五cm）、延宝五年（一六七七）作。

長福院《ちょうふくいん》（三嶋山、真言宗、小俣町三九一）創建は平安か鎌倉時代。草創期は上野田台地にあった由。本尊は聖観世音立像（木造、総高三二cm）。阿弥陀如来坐像（木造、総高約一三八cm）、鎌倉時代作か。もと明善堂にあったが、本院観音堂に安置。阿弥陀如来立像（木造、総高一二八cm）、室町か江戸初期の作か。薬師如来三尊像（主尊は木造、総高一〇五cm、胎中仏を持つ）。脇侍の日光、月光両菩薩立像は木造、ともに総高五九cm。江戸時代作。誕生釈迦仏（銅造、総高一四cm）。宝篋印陀羅尼経塔（石造、現存高二七〇cm）、享保十七年（一七三二）の陰刻銘。山号石標（石造、身高一五〇cm）、表面に「高野山弘法大師二十一箇所之内第七番　三嶋山長福院」、裏面に「天保八年」（一八三七）などの陰刻銘がある。

⑤ 伝統行事

一月　十一日は蔵開き。十四日は物作り、灰を撒《ま》く。十五日正月。二十日正月。

二月　八日はこと八日、ヒイラギ、ザルを竿の先に付けて魔除け。初午《はつうま》は風呂禁止。初酉は山に行き、酒、煮しめなどを供える。

三月　節句はヒシモチを作る。彼岸《ひがん》はダンゴ、ボタモチなどを作る。

七月　七日は七夕《たなばた》で竹飾りを行い、ネブタで体を洗い、水浴する。十三日は迎《むか》え盆。十六日は送《おく》り盆。二十日は石尊山の山開き。二十四日は松本地区で土用念仏。

八月　一日はハッサク、カマップタと呼ばれ、ミズヤキ（お好み焼）を食べる。この日は荒れ日ともされている。迎え盆は提灯を持参、飾り棚は竹を用い、色幣束で飾り、送り盆はイモの葉にご馳走《ちそう》を包み、辻に置く。

九月　九日、十九日、二十九日はオクンチと呼ばれ、赤飯を炊き、ご馳走を食べる。

十月　一日、お神のオタチ。早朝神詣りをすると良縁がある。十日はトーカンヤ。藁《わら》鉄砲で地面を叩くと大根が伸《の》びるという。二十日はエビスコ。

十一月　大黒天の祭り。二十三日はサンヤさまでゴモクメシ、オハギを作る。

十二月　冬至《とうじ》にはカボチャを食し、ユズ湯に入る。味噌漬けしたユズを食べると中気にかからない、といわれている。

石尊山の梵天祭り《ぼんてんまつり》　標高四八六mの石尊山に、地元叶花《かのおけ》の住民が、毎年八月十四日の早暁、七月末に作った梵箭《ぼんぜん》と約一五mの杉丸太を下の沢から一気に担《かつ》ぎ上げ、杉丸太に梵箭を結び付けて、日の出とともに山頂にうち立てる。山頂では赤飯と御酒が配られ、近在の老若男女《ろうにゃくなんにょ》が登拝してくる。やがて杉丸太の尖端に付けた梵箭を若者が登り競って名板、帝釈天《たいしゃくてん》、幣串を抜き取り、家内安全、商売繁盛、五穀豊穣《ごこくほうじょう》を願って家に持ち帰る、という祭り。

地蔵流し《じぞうながし》　松本地区鐘の窪にある宝珠山普賢寺址の子育地蔵堂で、毎年五月の日曜日（大東亜戦争前は八月十九日）に、松本講中の人を中心に鶏足寺住職の読経《どっきょう》による法要が行われ、その最中に地蔵尊の小紙片が小俣川に流され、この流れる紙片（地蔵尊）を拾い上げ、子供の成長などを祈る。――この行事は、鶏足寺の住職であった小林正盛大僧正が、日光中禅寺の行事に倣《なら》ったもので、地蔵尊の小紙片は二四枚に切った和紙の小破片に地蔵印を捺《お》したものを一万枚用意する。

庚申信仰　二二六基の庚申塔が山寄せの地に多くみられるが、各集落ごとに満遍《まんべん》なく造立されている。それは入小俣と叶花、入小屋より南の地区に大別されるが、城山の宝珠坊あたりから山間の街道沿いの叶花、森出、半沢、神谷、鳴石、荒倉、岩切の山峡地まで続く。紀年銘のあるものは一〇八基（四八％）で、延宝元年（一六七三）から昭和五十五年に及ぶ。

葉鹿

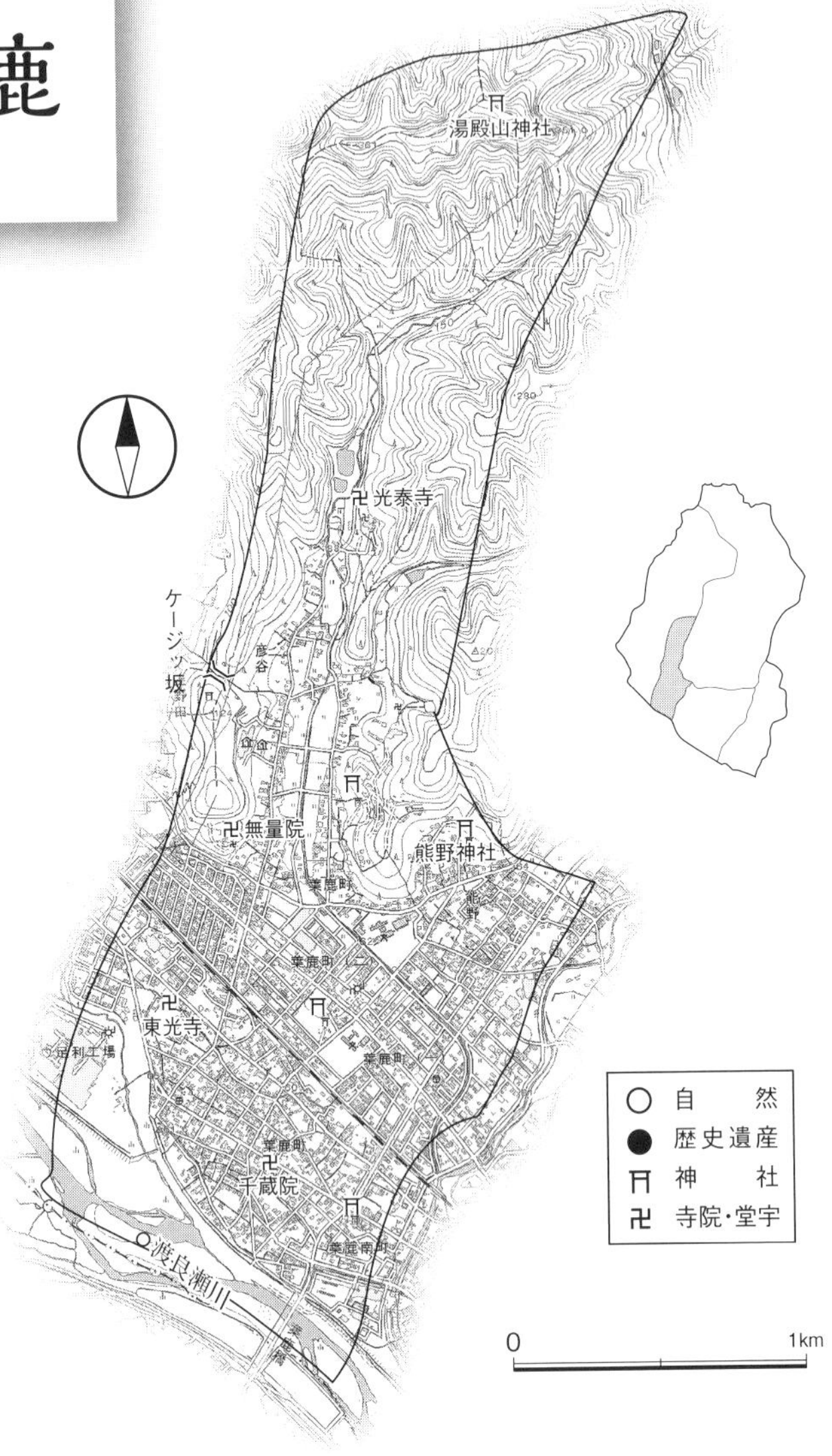
湯殿山神社
光泰寺
ケージッ坂
彦谷
無量院
熊野神社
葉鹿町
熊野
葉鹿町（二）
東光寺
葉鹿町
葉鹿町
千蔵院
葉鹿南町
渡良瀬川
自　然
歴史遺産
神　社
寺院・堂宇
0
1km

葉鹿

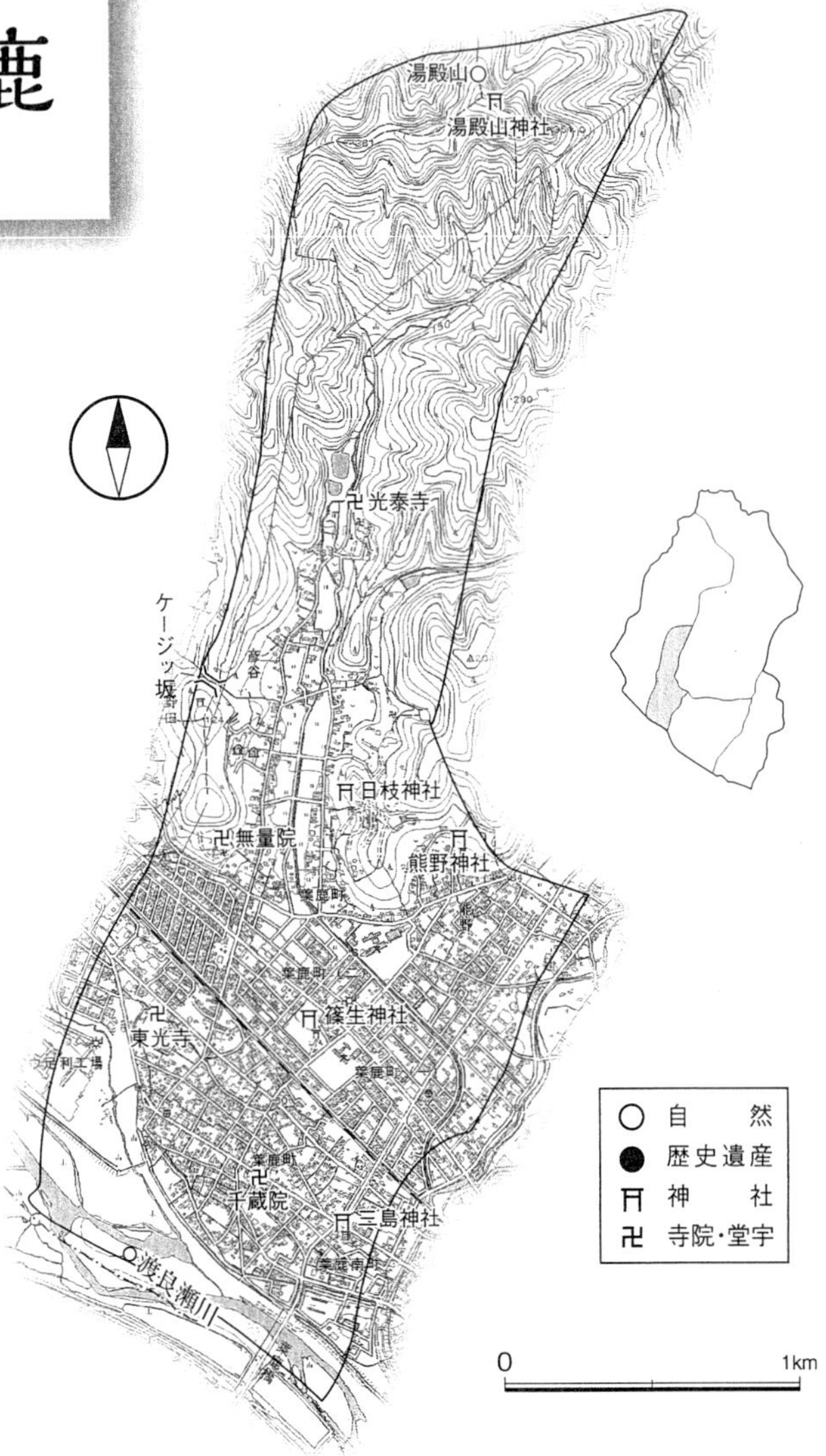
湯殿山
湯殿山神社
光泰寺
ケージッ坂
日枝神社
無量院
熊野神社
葉鹿町
篠生神社
東光寺
千蔵院
三島神社
葉鹿南町
渡良瀬川
自然
歴史遺産
神社
寺院・堂宇
0
1km

葉鹿地域は、およそ南北に長く、北部は湯殿山《ゆどのさん》を主峰として、東西二方に分かれた山なみが南方に走り、南部は南東方に流れ下る渡良瀬川の河畔まで、一面の平坦地である。

① 自　然

山丘　湯殿山（四〇三m）は、葉鹿地域山地の主峰で、山頂に小祠を祀る。尾根づたいに北方の石尊山（四八六m）、更に深高山（五〇八m）と、古くから出《で》羽三山《わさんざん》と同様な「修験道《しゅげんどう》」（山伏行《やまぶしぎょう》）の山である。

峠路　ケージッ坂は、彦谷（葉鹿）と上野田《うえんだ》（小俣）を結ぶ峠道（比高二〇～三〇m）。

河川　彦谷川は、湯殿山南麓、彦谷の山地から南方に流れ、やがて南東方に流れをかえて松田川に合し、渡良瀬川に流れ入る。渡良瀬川は、小俣地域より当地域南端を経て、山前地域へ南東流するが、川の南方には原宿（群馬県太田市）に至る鉄橋（葉鹿橋）が架《か》かる。

植生　葉鹿地域は平坦地が多く、彦谷・湯殿山麓の溜《ため》池《いけ》の周囲には、湿地性の植物が生え、注目すべき水生植物もある。渡良瀬川畔の雑木林も植物の種類が多く、ノウサギやキジも見られ、時にはカッコウの声も聞かれ、葉鹿橋下流の渡良瀬川堤防にはハマエンドウの大群落があり、自然環境が良く保存されている地域として注目されている。

○篠生《ささご》神社の社叢《しゃそう》――神社の境内に五〇本の樹木が生育し、主なものは三三本のケヤキ（最大は目通り三・四五m、高さ二八m）で、ほかにカヤ八本、エノキ、カシ、クヌギ各三本などが混生し、斉明天皇の御代（六五五～六一）の創立以来という古杜の社叢に相応しい。

○無量院のカヤ――目通り三・八九m、高さ二五m、枝張り一四m。山門の前に樹つ。根元がひときわ太く、根張りが発達し、少し反《そ》るように直立し、幹の中ほどから枝が四方に伸びている。雌木でよく結実する。天慶の乱（九三八～四六）の折、鶏足寺で平将門調伏の秘法を為した定海上人のお姿が何故か彷彿《ほうふつ》とする。

○近藤家のハクモクレン――目通り一・六三m、高さ一八m、枝張り八m。三本の幹になって高く伸び、枝ぶりも整い、全体に長丸形で、三月には木全体に花をつけ、美観である。

② 歴史遺産

縄文時代の遺跡

遺跡名	所在地	立地	旧石器時代	縄文時代 草創期	早期	前期	中期	後期	晩期	出土遺物
彦谷西山	彦谷	山麓斜面			○	○	○	○		縄文土器
彦谷	彦谷	山麓斜面				?				縄文土器
宇津木	葉鹿地区	微高地				?				縄文土器、礫器
熊野西	熊野	山麓平坦地				○	○	○		縄文土器

古墳時代の遺跡

遺跡名	所在地	立地	前期	中期	後期	出土遺物
宇津木	葉鹿地区	微高地	○	○	○	土師器、須恵器
熊野古窯址	熊野	山麓台地			○	（埴輪窯址）

古墳（群）　彦谷西山古墳群（円墳二基）――無量院背後の山麓斜面に二基の円墳（径一〇m、高さ三・五mと径一四m、高さ四m）があり、埴輪片も認められる。熊野山古墳群（円墳九基）――彦谷の東側山丘南端部に南面する熊野神社を東、西、北三方から囲むように円墳が占める。三方とも緩斜面に、東方は三基（径九～一五m、高さ二・五～三m）、西方は五基（径八～一四m、高さ二～三m）、北方は一基（径九m、高さ二m）で、東方の一基は南に開口した割石積みの横穴式石室で、西方にも同様の天井石がみられる。彦谷古墳群（円墳五基）――光泰寺北裏の南斜面に一基（径八m、高さ二・五m）、それより東南の山丘尾根の緩斜面に二基（ともに径五～六m、高さ一・五m）、彦谷の東側、小丘南端の緩斜面に二基（径一〇～一五m、高さ二・五～四m）がある。

人物埴輪　葉鹿小学校
現存　高さ31.5cm　古墳時代

③ 神社

篠生《ささご》神社（葉鹿町二―二―二）主祭神は素戔嗚男命、櫛稲田姫命。旧村社。斉明天皇の御代（六五五～六〇）、出雲国杵築社を奉遷したという。百済国王利加志の後裔《こうえい》大舎人《おおとねり》部《べ》の部曲《かきべ》が移住し、百済《くだら》系の人々が氏子であったという。ケヤキの社叢がある（自然遺産の項）。

熊野神社（葉鹿町一三四八）主祭神は伊邪那岐命ほか三柱。創立年は不詳。おくまんさまともいわれる。境内にご神木のスギが樹つ。

篠生神社のケヤキ

日枝神社（葉鹿町二二五六）主祭神は大山祇命。創立年は不詳。

三島神社（葉鹿町三五七）主祭神は事代主神。創立年は不詳。

④ 寺院

東光寺（医王山尊覚院、真言宗、葉鹿町二二一四）仁寿元年（八五一）の創建という。開山は円仁（慈覚大師）、本尊は薬師如来坐像。天慶の乱の時、平将門調伏の護摩を修した功績により、葉鹿の地を賜った由。古来厄除けの祈祷寺として有名。本尊は薬師如来坐像（木造、像高三五cm）。脇侍は日光、月光菩薩立像（ともに像高二七cm）。十二神将像（銅造、像高三一～三五cm）、元禄十四年（一七〇一）銘。弘法大師像（木造、像高四五cm）、天保二年（一八三一）銘。興教大師像（木造、像高四三cm）、天保二年（一八一七）銘。宝篋印陀羅尼経塔（石造、総高二六三cm）、嘉永六年（一八五三）銘。山号石標（身高一七三cm）、天保八年（一八一七）銘。

無量院《むりょういん》（鹿倉山無量院蓮華寺、真言宗、葉鹿町二〇

〇三）天慶三年（九四〇）の創建という。開山は定海上人。本尊は阿弥陀如来坐像。定海上人は天慶の乱の時、平将門調伏の祈祷を鶏足寺（当時は世尊寺）で行った一人。

本尊は阿弥陀如来坐像（木造、総高一〇二cm）。脇侍は観音、勢至両菩薩立像（ともに総高七八cm）、江戸時代作。宝篋印塔（石造、現存高一三三cm）、隅飾は二弧で直角に立ち上がる。鎌倉時代作。五輪塔（石造、凝灰岩製、総高一一六cm）、鎌倉時代作。板碑（石造・緑泥片岩製）七基（長さ七二～八五cm）、弘安十年～文禄二年（一二八七～一五九三）銘。

光泰寺《こうたいじ》（向陽山、曹洞宗、葉鹿町二二六八）慶長元年（一五九六）の創建という。開山は臥竜伊天大和尚、開基は市場長七郎（小俣城主渋川相模守の重臣）。本尊は釈迦如来坐像。

釈迦如来三尊像――本尊は定印釈迦如来坐像（木造、総高一九八cm）。脇侍は文殊、普賢両菩薩坐像（ともに木造、総高一三二cm）、江戸時代作。金光明最勝王経《こんこうみょうさいしょうおうきょう》一〇巻（紙製、折り返し版、各縦三〇cm、横一二cm）。木版刷り、江戸時代作。大般若波羅密多経《だいはんにゃはらみたきょう》六〇〇巻（紙製、折り返し版、各縦二八cm、横八・五cm）、延宝年間の印行、江戸時代作。仏涅槃図《ぶつねはんず》（紙本著色、縦二六五cm、横一七五cm）、江戸時代作。半鐘（銅製、総高六二cm）、安政二年（一八五五）銘。

千蔵院《せんぞういん》（諏訪山、真言宗、葉鹿町三〇八）江戸時代初期の創建か。開山は俊圀僧都（万治二年〈一六五九〉寂）。本尊は千手千眼観世音菩薩。本尊は千手観世音菩薩立像（木造、総高六五cm）、江戸時代作。閻魔王《えんまおう》坐像（木造、総高二〇三cm）、棟札に天保九年（一八三八）銘。宝篋印陀羅尼経塔（石造、総高三二〇cm、宝暦九年（一七五九）銘。曼荼羅（胎蔵界）二幅（紙本著色、縦一〇二cm、横六七cmと縦六〇cm、横五一cm）、後者に文化七年（一八一〇）の墨書銘。

⑤ 伝統行事

一月　三が日は家庭によっては餅を食べないで、雑煮やそばを食べる。注連縄《しめなわ》、門松《かどまつ》、若水、初詣、松の内（正月十四日まで）。七日は七草粥を食べる。十一日は蔵開きで〝しるこ〟を食べる。十四日はモノヅクリ。十五日はアズキ粥を食べる。門付け――戦前までは、三河万歳、獅子舞、猿廻しなどが来た。ほかに講釈師（伊予の松山から）が来て、忠臣蔵、曽我兄弟などを演じた。

二月　一日を次郎のツイタチと呼ぶ。節分は各家庭で豆撒きを済ませてから、氏神さまへ参詣。コト八日、初午。

三月　三日は三月節句といわれ、ヒナマツリと呼ばれる。彼岸《ひがん》はボタモチを作る。墓参。親戚に線香をあげに行く。

四月　八日はお寺では花祭り、甘茶が作られた。

五月　五日は端午《たんご》の節句。各家庭では玄関の軒にショウブとヨモギを挿《さ》して、魔除けとした。

七月　七日はタナバタ（七夕）。若竹を切り竹飾りを作る。短冊等に使う墨は、サトイモの葉に溜った水で摺《す》り、願いごとを書いた。七日の朝にはネブタを持って川で水浴をしながら流した。

八月　一日はハッサク（八朔）と呼び、嫁がみやげに箕《み》をもって日帰りの里帰りをした。お盆は十三日（迎え盆）から十六日（送り盆）までを呼んだ。

九月　オクンチ。九日（上オクンチ）、十九日（中オクンチ）、二十九日（下オクンチ）。サトイモを煮て、ご馳走を作った。十五日は十五夜。

十月　十日はトーカンヤ（十日夜）と呼ばれ、餅をつき、ワラデッポウで子供が「トーカンヤ、トーカンヤ、ユーメシ、クッチャ、ブッタタケ」といって地面を強く叩いて歩いた。――これで大根などが大きくなるといわれた。二十日は恵比須講。足利の西宮神社などに参詣し、お宝を買って家内安全、商売繁盛を祈願した。

十一月　二十三日は二十三夜。鹿島町のサンヤさま（地福院）に参詣した。

十二月　八日はコト八日と呼んだ。冬至はカボチャを食べて、ユズ湯に入る。大晦日《おおみそか》は年越《とし こ》しそばを食べ、夜中に初詣として大岩の毘沙門さまなどに参詣した。

庚申信仰　庚申塔一九五基が知られるが、そのうち一二二基に紀年銘がみられ、延宝八年（一六八〇）から昭和五十五年までの間、寛政十二年（一八〇〇）から万延元年（一八六〇）までの間が特に多い。――現在でも秋の庚申の晩に集会がもたれているところが数か所あり、また明治四十三年の記録では、ゴモク、セキハン、トロロメシ、ボタモチ、モチ、ウドンなどを持ち寄って食べたことなどが知られる。

三和

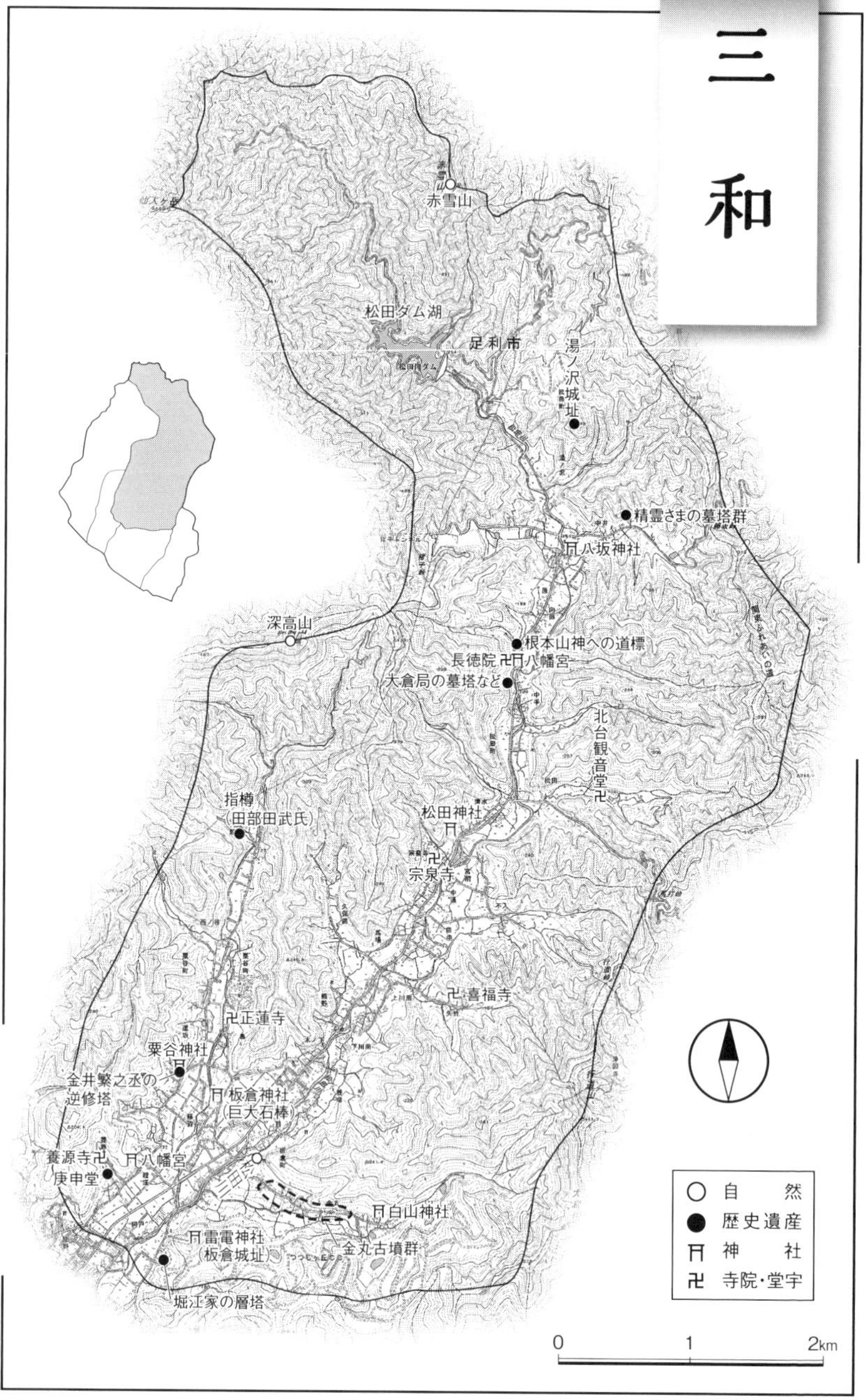

赤雪山
松田ダム湖
足利市
湯ノ沢城址
精霊さまの墓塔群
八坂神社
深高山
根本山神への道標
長徳院
八幡宮
大倉局の墓塔など
北台観音堂
指樽
（田部田武氏）
松田神社
宗泉寺
喜福寺
正蓮寺
粟谷神社
金井繁之丞の
逆修塔
板倉神社
（巨大石棒）
養源寺
八幡宮
庚申堂
白山神社
雷電神社
（板倉城址）
金丸古墳群
堀江家の層塔
自然
歴史遺産
神社
寺院・堂宇
0
1
2km

三和地域は、足利旧市内の北西部を占める。地域はおよそ南北に長く、北部は安蘇郡田沼（いまは佐野市）、東部は名草、西部は小俣、南部は東が北郷、西が葉鹿、南が山前、南東が三重の各地域に接する。

① 自然

山丘　北部は仙人ヶ岳（六六三m）や赤雪山《あかゆきやま》（六二一m）など、足利の最高峰が連なる山なみで、それより東と西に分かれて山嶺が連なり、分水嶺をなし、東側は北から南へ——藤坂峠、馬打峠、行道峠など、西側は猪子《いのこ》峠から深高山（五〇八m）、湯殿山などの山塊が連なり、南部は東側が大岩山から山前の山丘、西側が葉鹿地域の山丘が連なる。赤雪山の山頂（松田四丁目）からの眺望は三六〇度の大パノラマである。そして野山林道渓谷（松田四丁目）は渓流と鳥のさえずり、四季のおりなす山の景観がよい。

河川　北部の仙人ヶ岳、赤雪山の山峡を源とする松田川は、松田ダムを経て、松田から板倉の山間低地を蛇《だ》行《こう》しながら彎曲《わんきょく》状に流下し、山前、葉鹿の境域を経て、渡良瀬川に入り、また深高山南麓を源とする粟《あわの》谷川《やがわ》が粟谷から松田川に平行して流下し、葉鹿の平地で松田川に合流する。

植生　三和地域の大部分が雑木林で、山丘の尾根はアカマツ、谷川沿いはスギ、ヒノキ（植林）が茂る山村の姿相である。旧家の屋敷にはケヤキの大木があったが、第二次世界大戦当時からの伐採などで、いまは乏しい。しかし粟谷町の山神社境内の、幹周り三～四mの大木五本が祠の周りに林立する社叢は見事である。また松田町三丁目の山中のアカシデ（ソデ）の群生は珍しく、また松田、粟谷の山中には山草の群落がみられる。松田神社（松田町）のスギは目通り五・二m、高さ三〇m。石段を上り、本殿の左方に樹つ。永正十八年（一五二一）、現在地に遷座の時、ご神木として植えた由、〆縄が張られている。樹齢約五〇〇年。正蓮寺（粟谷町）のコウヤマキは、目通り三・一五m、高さ二〇m。山門を入り左側に樹つが、幹は空に向かって直立状に伸びている。当寺は紀州高野山竜光院（真言宗）の末寺であり、多数自生する高野山のコウヤマキを植えたものという。正蓮寺のカヤは、目通り五m、高さ二〇m。庫裡《くり》の北西方に樹つ。幹は直立し、根張りが大きく発達し、枝は四方に伸びている。雌木《めぎ》がよく結実し、実も大きい。池森家（松田町）のハリギリは、目通り四・二m、高さ二〇m。松田川左岸の崖上にあり、根元には池森家の守り神が祀られている。葉は掌状に厚く、大きく、枝には針状のとげが無数にある。厚い樹皮は縦に深く裂けて、古木の相を呈している。

② 歴史遺産

縄文時代の遺跡

遺跡名	所在地	立地	草創期	早期	前期	中期	後期	晩期	出土遺物
むじながやと	松田	斜面～裾	○	○	○	○	○		縄文土器など
四代寺	松田	斜面		○	○				縄文土器など
宮前	松田	斜面		○	○				縄文土器、石鏃、短冊形石斧など
中の目	板倉	低台地		○	○	○	○	○	縄文土器、石斧、石皿、叩石、凹石、石棒、耳飾りなど
根古屋	板倉	山裾		○	○	○	○		縄文土器、石斧など
金丸	板倉	斜面～裾		○					縄文土器など
堂入	松田	山裾				○	○	○	縄文土器、蜂の巣石など
中井	松田	山裾				○	○	○	縄文土器など
寺谷《てらや》	板倉	斜面					○		縄文土器など
川原	板倉	平坦地					?		縄文土器など

弥生時代の遺跡

遺跡名	所在地	立地	初期	中期	後期	出土遺物
石上	板倉	山裾	○	○		弥生式土器など
落窪	松田	舌状台地		○		弥生式土器など

古墳時代の遺跡

遺跡名	所在地	立地	前期	中期	後期	出土遺物
落窪	松田	舌状台地	○	○	○	土師器など
中の目	板倉	平坦地	○	○	○	土師器など
金丸	板倉	斜面～裾	○	○	○	土師器など
寺谷	板倉	山裾			○	土師器など
四代寺	松田	山裾			○	土師器など
中井	松田	山裾			○	土師器など
矢竹		山裾			○	土師器など

古墳（群） 板倉町に金丸《かなまり》古墳群（円墳三九基）、養源寺古墳群（円墳四基）、粟谷町に粟谷古墳群（円墳四基）、松田町に天神山古墳群（円墳二基）と清水古墳一基が知られる。――これらは全て古墳時代後、末期の古墳とみられ、墳丘規模は、径一五～二〇mが五基、

径一〇～一五mが一七基、径一〇m弱が二八基ある。

城館址　〇湯沢城《ゆのさわじょう》址《し》（松田町二五七〇ほか）は、松田川上流左岸の山頂（標高約三三〇m、比高一七〇m）を占める山城で、主郭（本丸）は南北に長く、その下方に武者走り、帯郭、更に尾根上に五～六段の腰郭と堀切などがある。そして山麓には、モンノシタ（門の下）、コマツナギ（駒繋ぎ）、ヨリイ（寄居）、ウチデノウエ（打出の上）、ウチデノシタ（打出の下）などの地名がある。――松田邦隆が、文明年間（一四六九～八六）に築城し、天正十八年（一五九〇）まで存続したという。

〇板倉城址（板倉町一五一一ほか）は、独立峰のような要害山（標高一五八m）の山頂と南側の鞍部と、東麓の谷間の三か所に遺構がのこる。即ち、谷間の東側山麓に古代集落址（根古屋遺跡《ねごやいせき》＝縄文早・前・中・後期と奈良・平安時代）があり、中世には山丘（要害山）に城郭と山麓に居館を構え、庭園を造り、近世に建てた仏堂は幕末まで存続した。以上の事実が二度の発掘調査（昭和六十一年十二～六十二年一月と同六十二年三～七月）で確認、一部推定された。――板倉城は鎌倉時代、足利源氏の棟梁泰氏の次男板倉次郎義顕（渋川家の祖）の築城したもので、居館は谷頭《たにがしら》の西側に、濠を設けた主殿と園池と附属建造物を造り、城郭は谷間に腰郭や段状郭を設け、更に登って要害山南側の鞍部には主郭（三段の石垣と石敷や土塁）を構築し、石垣ののこる要害山頂には物見台を築いたと推定される。また谷頭にあった主殿の東南東に庭園を備えた仏寺と鍛冶施設もあった。――仏寺はおよそ中世～近世に及ぶもので、江戸時代前期の霊山寺《りょうぜんじ》址（春日局の夫稲葉正成の創建）と推定される。

中・近世の歴史遺産　〇堀江家の層塔（板倉町一四三八、堀江栄八氏蔵）二基――石造五重塔（安山岩製）で、①は総高二三五cm（相輪の一部欠）、②は総高二二七cm、ともに屋根勾配ゆるく、軒反りもほとんどなく、相輪は九輪を刻出し古様を示す。①の初重軸正面には蓮座にのるア字（胎蔵界大日如来）が刻まれ、鎌倉か南北朝の作と推定。

〇北台観音堂の石塔群（松田町北台）――松田側左岸（東岸）の北台なる谷間の北側に南面する観音堂の東部にある。五輪塔の一〇基は、石造、総高七四～一

三七cm、在銘は元徳元年（一三二九）～寛正元年（一四六〇）。鎌倉末期～室町時代作。宝篋印塔三基は石造、総高六七～九六cm以上、応永十三年（一四〇六）など。供養塔三基は石造、総高六二cm、九〇cm、宝珠欠、現存高四七cm。文化六年（一八〇九）。

〇大倉局《おおくらのつぼね》の墓塔など（松田町字中手一四九八）――石造の五輪塔と宝篋印塔の部分を交互に重ねる。総高八〇cmと八〇cm以上の二基で、ともに推定室町時代作。――松田川上流の右岸の山裾斜面に立つが、元亀・天正（一五七〇～九一）頃の足利城主長尾顕長の室大倉局らの墓塔といわれる。天正十八年（一五九一）、長尾勢が味方した北条方が、豊臣秀吉の大軍に敗れ、大倉局らがこの地に隠棲《いんせい》した末という。

〇精霊《しょうれい》さまの墓塔群（松田町二四三四）――藤坂峠（西は松田、東は名草上町）に至る山間部北側の南斜面の墓地に、上、下二段状に並ぶ。――その上段の一八基が五輪塔で、東端に「天正十二年七月三日」の陰刻銘をもつ宝塔形の石造供養塔（高さ八二cm）が立つ。空、風輪などを欠くものもあるが、高さ四二～八五cm。室町、安土桃山時代の作と推定される。

もと精霊さまの板碑（松田町二三一一―二、小島官三郎氏蔵）――九枚全て緑泥片岩製で、長さはおよそ三〇～六〇cm。頭部は山形で二段切込み。中央上部の蓮華座《れんげざ》上にキリーク（阿弥陀如来）、下方にサ（観音）、サク（勢至）と年号（文保二年〈一三一八〉～永和二年〈一三七六〉の鎌倉～南北朝と文明十一年〈一四七九〉の室町時代）を刻む。

〇指樽《さしだる》（粟谷町八〇〇、田部田武氏蔵）二個――木製、横幅四四cm、縦三二cm、厚み一三cm。田部田氏の祖先（小俣、渋川家の武将田部田内匠之助）が戦国時代に酒樽《さかだる》として用いたものという。

〇紋織物（通称「弥陀の紋織」、松田町四四〇、下山子与一氏蔵）――紺地に金色の糸をもって阿弥陀如来立像を浮彫りしたもの。粟谷に住んでいた金井繁之《しげの》丞《じょう》（文政十二年〈一八二九〉没、七六歳）が、京都の西陣織に工夫を加えたものという。

〇道標（松田町一八九五―一地先）――石造、高さ六四cm、幅一八cmの方柱形。松田神社東側の路傍に立つ。正面に「根本山神　五里二十丁」、右側面に「天保六未年、晩春吉日」、左側面に「おまた道（四人の人名)」の陰刻銘がある。根本山山頂（標高一一二〇m）の根本神社へ向かう道標である。

○金井繁之丞の逆修塔《ぎゃくしゅうとう》（墓塔）（粟谷町一一五〇—二、金井紘一氏）——石造、総高一三〇㎝。紋織の先駆者で、達人であった金井繁之丞が、文政元年（一八一八）、逆修塔として自ら建てたもの。頭部は方錐形、方柱状の塔身に次の陰刻銘がある。

正面「機巧院錦織老翁居士　文政十二年丑五月二十日」

側面「極楽え行きて曼荼羅又織らん　菩薩に蓮の色をとらせて」

「罪科も死せばきゆるに碑をたてて浮世に恥をのこすかなしさ」

文政元年五月旦　逆修自ら建立

錦織　音高

③神社

松田神社（松田町一二七六）主祭神は大己貴命。旧村社。神亀、天平の頃（奈良時代）、松田の宮内に鎮座していたが、永正十八年（一五二一）、現在地に遷座。享保五年（一七二〇）には日光二荒山神社を奉遷する。神鏡（銅製、柄鏡径二四㎝、柄長一〇㎝）、鏡背に「享保五年」などの陽刻銘。

板倉神社（板倉町四三六）主祭神は大己貴命、事代主命、味鉏高彦根命。旧村社。文永年中（一二六四〜七三）の創立という。日光二荒山神社の神を奉遷。毎年神迎《おかえり》祭の神事が住民によって行われている。境内には中の目遺跡出土の巨大な縄文時代の「石棒」が保存されている。

粟谷神社（粟谷町一一四九）主祭神は大己貴命。昔は宇都宮大明神と称した由。創立年代は不詳。慶長十一年（一六〇六）検地縄入の時、除地された。享保九年（一七二四）、宗源宣旨を拝受。

八幡宮（松田町一八七八）主祭神は誉田別命。創立は不詳。御神体——宝剣①は真鍮製、総高六八㎝。宝剣②は鉄

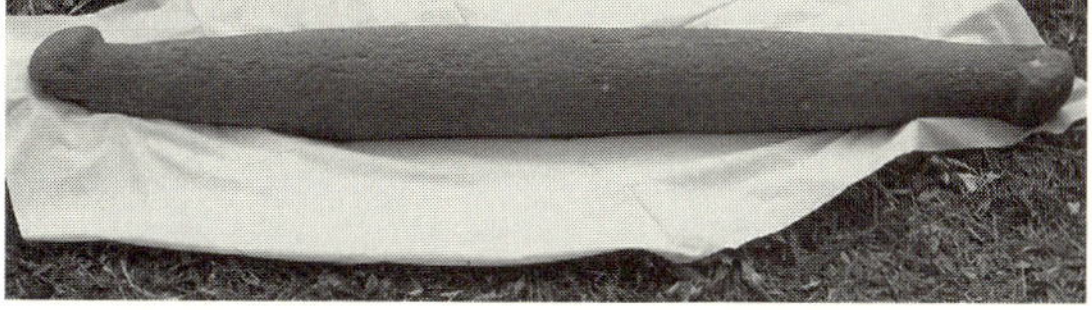
石棒　板倉町　板倉神社　全長 157.0cm　縄文時代

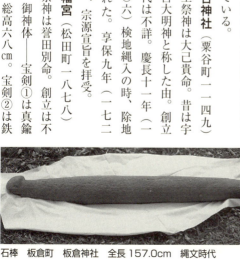

製、総高六二cm。宝剣寄進は宝永四年（一七〇七・江戸時代）。宝幣①は二本で、帛は金属製、柄は木製、総長一一五cm、宝永八年（一七一一）。宝幣②は帛は金属製、柄は木製、総長七二cm、宝永七年（一七一〇）。宝鏡は枠のみ現存。石燈籠二基――①は石造、総高一五三cm、貞享三年（一六八六）。②は石造、総高一五八cm、元禄五年（一六九二）。

八幡宮（栗谷町一一六八）　主祭神は誉田別命。創立は不詳。本殿はなく、拝殿と石宮のみがある。

④寺　院

養源寺《ようげんじ》（白華山、臨済宗、板倉町一五五）　久安四年（一一四八）の創建という。開山は泰亀円了和尚（琉球の人）。開基は源義国。本尊は釈迦如来坐像。そもそも仁和元年（八八五）の創建という。本尊は釈迦如来坐像。釈迦三尊像の主尊で、木造、像高三六cm、定印釈迦像。脇侍、文殊菩薩騎獅像は木造、像高三一cm。「延宝八年……七条大仏師作之　清水大輔」の墨書銘がある。脇侍、普賢菩薩騎象像は木造、像高三三cm。延命地蔵立像は木造、像高九五cm、宝珠地蔵で、貞享五年（一六八八）の墨書銘。十一面観音立像は木造、像高六八cm、室町時代作。脇侍の吉祥天立像、十王立像はともに像高五五cm。――以上の三尊像は同一の岩座上に立つ。開山無縫塔は花崗岩製、総高六〇cmで、塔の上段に開山和尚（仁平二年〈一一五二〉、七六歳寂）の木像が安置されている。五輪塔群は五基分で凝灰岩製、一部安山岩製。主に鎌倉時代、一部室町時代の墓塔で、もとは城主板倉義顕ら板倉城内に安置されていたという。別の五輪塔群は七基、安山岩製、応永十二年（一四〇四）銘など、武将一族の墓塔である。石仏二基は、阿弥陀如来立像と地蔵菩薩立像で、宝永六年（一七〇九）銘。仏涅槃図は紙本著色、縦一八五cm、横一三七・五cm、江戸時代作。茶碗は磁器、高さ八・五cm、口径一二・七cmで、春日局の愛用品を夫の稲葉佐渡守正成が霊仙寺に納めたものという。

正蓮寺《しょうれんじ》（鎮護山、真言宗、栗谷町四七七）　建久年間（一一九〇〜七）の創建という。開山は鎮如法師、開基は新田義重。本尊は胎蔵界大日如来坐像。本尊の胎蔵界大日如来坐像は木造、像高五五・五cm、宝暦八年（一七五八）の再興。金剛界大日如来坐像は木造、像

高四八cm、宝永五年（一七〇八）の開眼。観音菩薩立像は木造、像高五五cm。薬師如来立像は木造、像高三四cm、寛文八年（一六六八）作。

薬師如来三尊像――主尊の薬師如来坐像は木造、像高二五cm、虚空蔵堂に安置。地蔵菩薩立像は木造、像高八八cm、虚空蔵堂安置。逆修塔は石造、総高二七四cmの大形層塔で寛文八年（一六六八）、良範和尚のもの。

宗泉寺《そうせんじ》（端蔵山、曹洞宗、松田町一一三五）正和三年（一三一四）の創建という。開山は南叟周岳大和尚。開基は松田彦五郎頼時。本尊は延命地蔵菩薩半迦像。本尊の延命地蔵菩薩半迦像は木造、総高一六五cm、像高七〇cm、慶安五年（一六五〇）作。不動明王並びに二童子像――不動明王立像は木造、像高五四cm。矜迦羅童子立像は木造、像高二九cm。制多迦童子立像は木造、像高三〇cm。誕生釈迦像三体――①鉄造、総高一四cm、元禄歳、②銅造、現存高九・五cm、③銅造、総高一一cm。三体とも江戸時代作。半鐘は銅製、総高五四cm、口径三〇cm、享保十三年（一七二八）作。本堂は木造、屋根は入母屋《いりもや》、銅板葺。大正十三年以前は、寄棟・草葺屋根で文化七年（一八一〇）造。全体に非対称形で禅宗様式の建造物である。

喜福寺《きふくじ》（松田山、臨済宗、松田町一一一七）明応六年（一四九七）の創建という。開山は正庵禅師。開基は足利成氏（古河公方）。本尊は釈迦如来。主尊は宝冠釈迦如来坐像で木造、総高一一二cm。脇侍は文殊菩薩騎獅像と普賢菩薩騎象像、ともに木造、像高三四cm。半鐘は銅製、総高六六cm、口径四〇・六cm。駒の爪は肥大、江戸時代作。

長徳院《ちょうとくいん》（大蔵山、曹洞宗、松田町一八七四）弘治三年（一五五七）の創建という。開山は学英宗盃大和尚。本尊は延命地蔵菩薩坐像で、木造、像高二七cm。

⑤ 伝統行事

一月　元日に鎮守さまや恵方詣りをする。七日は七日粥を、「七草なずな……」の歌を唄いながら俎《まないた》を叩いて作った。十一日は商家では「蔵開き」、農家では「鏡開き」「田打ち正月」という。十四日はモノヅクリといわれ、マユダマ、モチバナ、ケズリカケ（ケズリ花）、ハラメンボウなどが作られた。十五日はアズキを食べた。

二月　一日は次郎のツイタチと呼ばれる。節分には豆撒きが行われ、年の数だけの豆を食べ、福茶を飲み、冬至に漬けたユズを食べる。八日はコト八日、バク節句ともいい、麦飯でトロロメシが食べられる。初午は仕事を休む。屋敷稲荷には旗が立てられる。また初午の前後は風呂を焚くことを禁じられていた。

三月　三日は節句（ヒナマツリ）。彼岸の中日にはボタモチを作り、ハシリにはダンゴを作って墓参り。松田地区では「天祭《てんまつ》り」といって男子のみ集まり、各自小麦粉を持ちより、うどんを打って食べる風習があった（享保十一年の記録にもあり）。

四月　八日、寺院では花祭り（甘茶祭り）が行われた。

五月　五日は端午《たんご》の節句（ショウブの節句）――各戸ともショウブとヨモギを軒に挿して魔除けとした。

七月　「カマップタツイタチ」「地獄の口あけ」ともいわれる。この日は仏壇を掃除してミズヤキを供える。七日は「タナバタ」と呼ばれ、粟谷地区では、七日の朝、ネムの木の小枝を持って川に行き、水遊びをしながら、それをもって流す「ネブタ流し」を行っていた。盆は十三日が迎え盆、十六日が送り盆（いまは月遅れの八月）。

八月　一日はハッサク（八朔）と呼び、アズキ飯を作り、仕事を休む。板倉では八朔踊りがあり、松田方面から浴衣《ゆかた》を着て見物に行く。――この日を境に、昼寝が終わりで、夜《よ》なべが始まる。

九月　十三夜はヘチマの水を取り、化粧水代わりにしたり、女子はこの夜、月明かりで針に糸を通すと針仕事が上達するといわれた。二十九日はオクンチといって食膳など少し奮発する。

十月　十日はトーカンヤ（十日夜）。餅をつき、ワラデッポウで子供が地面を叩く。神迎え（後記）。二十日は恵比須講。

十一月　十五日、男子はハカマギ、女子はオビトキで、赤飯を炊いて知人に配る。神詣りは、神がオタチになった時は、鳥居をくぐらず、外側を通って参拝。

十二月　一日、正月に餅をつけない家で、カビタリ餅をつき、親戚に配り、正月の時は親戚から貰っていた。八日はコト八日で二月八日と同じ。すす払いは年末二十八日か二十九日頃に行われる。冬至はカボチャ（中気除けのため）を食べ、ユズ湯に入る。この日は早朝に、屋根や家の周りに手桶、柄杓で水をかける。また冬至にとった水を神棚へ上げておき、病気になったら飲む風習もあった。大晦日は年越しそばを食べる。宵のうちから神詣《かみもうで》が行われるところもある。

神迎え　板倉神社で毎年、旧の十一月初午の夜に行われる神事である。――国内の神々は旧十月（神無月《かんなづき》）に出雲大社に集合し、旧十一月に国元へ帰るとされるが、板倉神社は出雲大社と親戚のため、残務整理をしてから一足遅れて、旧十一月初午の夜帰ってくるといわれ、この夜「神迎祭《おかえり》」が行われる。――朝から氏子は大きな注連絹飾りをして準備し、夜になると氏子達は神殿に集合してお祓いを受ける。各自白丁を着て、高張提灯、太鼓、ホラ貝、神主、神輿、高張提灯の順に行列をつくり、前後左右にお賽銭箱を持ち、氏子の老若男女も手に手に家紋の入った提灯を掲げて「ダイショダイショオムカイショ」と唱えながら、村境の大前坂まで行って神を迎える。帰り道は静かな行列となって神社に戻り、奥殿に神霊を還《かえ》して終わる。

御迎祭の行列

庚申信仰　三一二基を数える庚申塔は、満遍なく各集落に造立されている。特に板倉の養源寺参道南側の庚申堂を中心とした一三四基の庚申塔群は、抜群に多く、坂西北（旧三和）小学校西側の五宝院址にも三四基がまとまってある。紀年銘のある一五六基中、最古は寛文九年（一六六九）で天明八年（一七八八）に八基、寛政五年（一七九三）に一〇基、同十一年（一七九九）に一一基、そして同十二年（一八〇〇）の庚申の年の二九基と断然多くなっている。――また寛文九年（一六六九）以後、庚申の年であった延宝八年（一六八〇）は三基、元文五年（一七四〇）は六基、寛政十二年以降は、万延元年（一八六〇）が一五基、大正九年が八基である。

山前

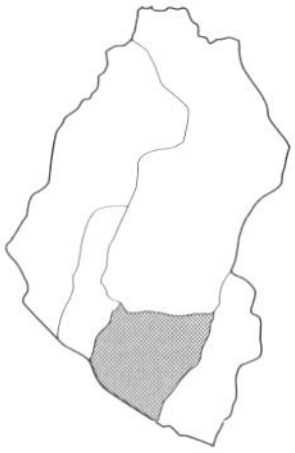

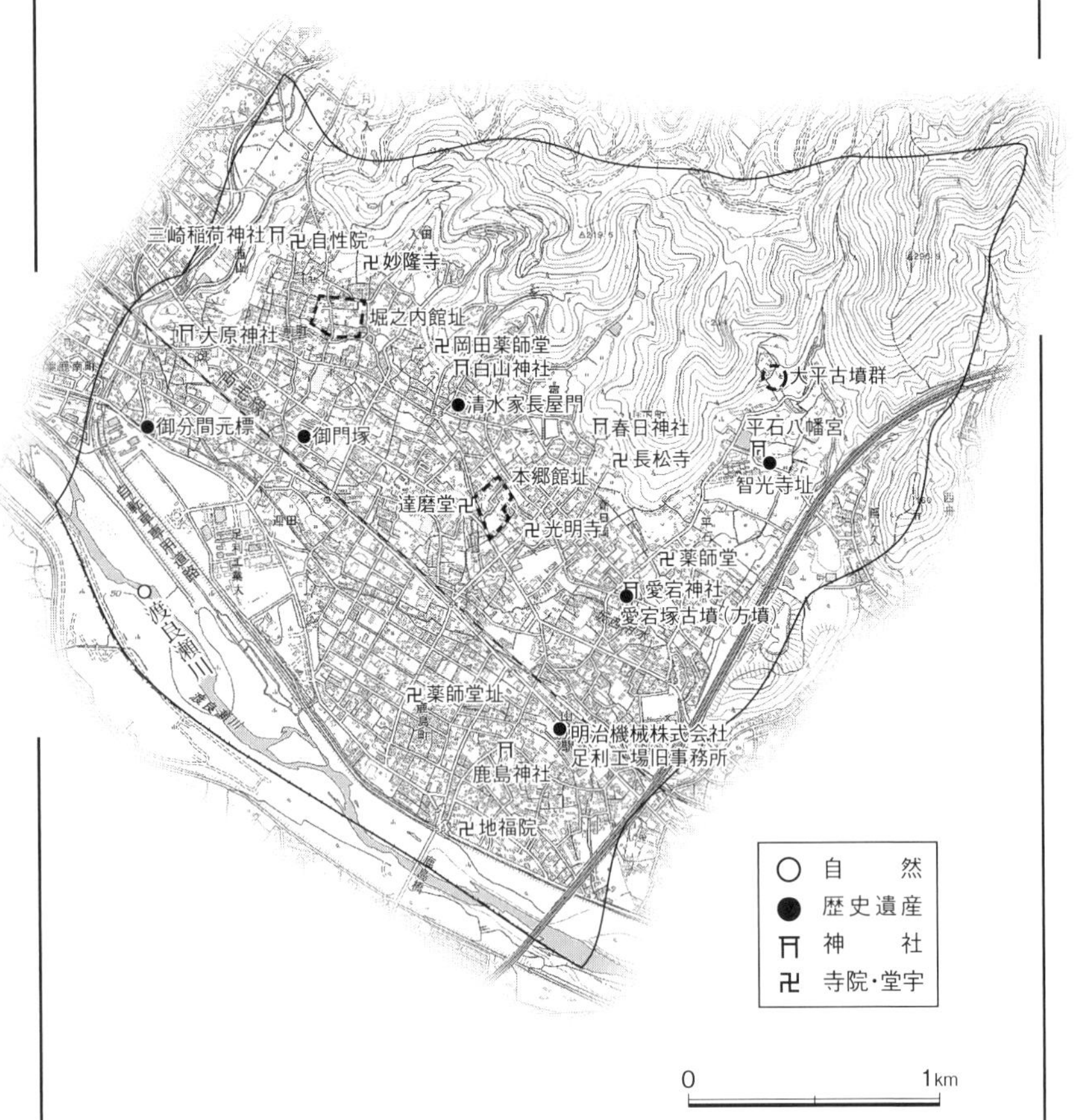
三崎稲荷神社
自性院
妙隆寺
堀之内館址
大原神社
岡田薬師堂
白山神社
大平古墳群
清水家長屋門
御分間元標
御門塚
春日神社
平石八幡宮
長松寺
智光寺址
本郷館址
達磨堂
光明寺
薬師堂
愛宕神社
愛宕塚古墳(方墳)
渡良瀬川
薬師堂址
明治機械株式会社
足利工場旧事務所
鹿島神社
地福院
自　然
歴史遺産
神　社
寺院・堂宇
0
1km

山前地域は、足利旧市内の西方にあり、中央部は平坦地が広がり、北部と北東部は大岩山系が走り、北部は三和地域、東部は三重地域と境を接し、西部は南流する松田川で葉鹿地域と接し、南端部は東南流する渡良瀬川で、群馬県太田市域と境している。

① 自然

山丘　大岩山系西方尾根（標高約二〇〇m〜三二〇m位）。

河川　渡良瀬川。

植生　神社や寺院のほか民家にも、ケヤキなどの大木が多い。これは江戸時代、領主が農民に、屋敷内に木を植えることを勧めた名残りであるという。その主なものを挙げれば――長松寺の参道両側の和ビャクダンは目通り一・三m、高さはともに約一〇m。妙隆寺の参道両側のアカマツは四本ずつ並び、庫裡の前のクロマツは目通り一m、高さ約五mであるが、枝張りは一四m、樹齢は三〇〇年以上といわれる大変立派なもの。墓地入り口のアラカシは目通り二・六m、高さ約一五m。特に根張りが立派。大原神社のエノキは目通り三・九m、高さ約二〇m。ムクノキは目通り二・八m、高さ約二〇m。ケヤキ二本は目通り三・一mと三・五m、高さ約一五mと約二〇m。山下町四丁目、新藤勝一郎氏旧屋敷のケヤキは目通り二・四m、高さ二三m。山下町四丁目、新藤昭夫氏屋敷のケヤキは目通り二・八m、高さ二三m。同氏屋敷門前の植込み中のホウノキは太さ二・一m、高さ一四m。山下四丁目、愛宕神社境内のクロマツは目通り二・九五m、高さ一六m。山下町、平石八幡宮境内のアカマツは目通り二・一m、高さ二〇m。山下町二一八四、久保栄作氏屋敷のケヤキは目通り二・五m、高さ二〇m。山下町二二九七、新藤敬一氏宅裏のケヤキ三本は目通り約二・五m、約二・四m、約二・四mなどである。

② 歴史遺産

旧石器時代の遺跡

遺跡名	所在地	立地	旧石器時代	出土遺物
平石	山下	低丘陵	○	ナイフ形打製石斧

縄文時代の遺跡

遺跡名	所在地	立地	草創期	早期	前期	中期	後期	晩期	出土遺物
平石	山下	低台地	○	○	○				縄文土器、石鏃、石斧、叩石、凹石など
東台	大前	台地	○	○	○	○	○		縄文土器、分銅形石斧
大前坂	大前	緩斜面		○	○				縄文土器
西山	大前	山裾			○				縄文土器
台山	大前	低丘陵					○		縄文土器
春日	山下	低台地					○		縄文土器

弥生時代の遺跡

遺跡名	所在地	立地	初期	中期	後期	出土遺物
平石	山下	低台地	時期不詳			弥生式土器

古墳時代の遺跡

遺跡名	所在地	立地	前期	中期	後期	出土遺物
台	山下	台地	○	○	○	土師器、カワラケ
春日	山下	低台地	○	○	○	土師器、カワラケ
山前駅	山下	台地	○	○		土師器
平石南	山下	台地		○	○	土師器
東台	大前	台地			○	土師器、埴輪
本郷	山下	台地			○	土師器

古墳（群）　山下町に大平古墳群（円墳一七基）、春日岡古墳群（円墳七基、方墳一基）、平石古墳群（円墳三基）、大前町に上山古墳群（円墳三基）が知られる。

——春日岡古墳群中の方墳は一辺約三三m、高さ約五・五mの大型で、墳頂に愛宕神社を祀る。また同古墳群中の円墳に径約二八m、高さ約五mの大型もある。

城館址　本郷館址（山下町一三九三ほか）は、山麓の平坦地に土塁の一部が遺存するが、一二〇〜一五〇mの方形状土塁と濠が推定される。地内は「内手」といわれ、中世の館址。堀の内館址（大前町一一五〇ほか）は、山麓の平坦地に、およそ一七〇mの方形状土塁と濠が推定される。いまは「字堀之内」や「馬場」の地名と一部濠跡がみられ、戦国時代の小此木備中守の居館址と伝えられている。

寺院址　○智光寺址（山下町二〇九七ほか）は、北、東、西の三方を山に囲まれた山麓に南向きに造営された寺院址である。創建は文永二年（一二六五）三月、鎌倉時代、足利源氏の棟梁泰氏（義氏の子、義兼の孫）による。発掘調査（昭和三十九、四十年）の結果——堂山を背にして南面する「阿弥陀堂」址、その前方に、「池中立石」と「中島」を設け、それに橋を架け園池とし、周囲に堂宇を配したと推定。それを復原すれば、寺地は南北三〇〇m、東西一八〇m余とみられ、内部の伽藍配置《がらんはいち》は、南から北に直線状に、園池の中島に橋を架け、その正面に「阿弥陀如来の座《ざ》せる阿弥陀堂」が南面する――まさに極楽浄土の荘厳《しょうごん》を、寺院の境内に表現した「阿弥陀堂前池の浄土庭園」その

智光寺址――平石八幡宮の向かって右側（東方）一帯

ものであったろう。

○薬師堂址（鹿島町五八五ほか）は、渡良瀬川に架かる鹿島橋の北端より、北北西方約五〇〇mの平坦な台地上にある。墓地の中央にある小堂宇の周辺に、古代、中世の瓦や須恵器片、板碑（緑泥片岩製、安山岩製）、古銭などが散在し、中世を主に古代から近世に及ぶ仏堂等の遺址と推定される。

○御門塚《みかどづか》（大前町六八八）は、平坦地に五輪塔四基が並列する。完形のものはないが、凝灰岩製で、水輪にア、アー、アン、アクの種子を薬研彫りしたものもあり、およそ鎌倉時代作とみられる。

○不動明王像と石塔群（大前町二一七）は、石造不

「智光寺文」（永２年…）
智光寺址出土瓦

動明王像（総高一二〇cm、延宝四年〈一六七六〉銘）を中心に、左側に五基、右側に六基の五輪塔（およそ南北朝期か）を並べ、更に板碑（永和五年〈一三七九〉銘）を置く。

○御分間元標《ごぶんげんぴょう》（大前町一二一三）は、天神森なる渡良瀬川北岸、松田川東岸の平坦地に「大前基標・明治四十三年」の石碑とともに、「御分間元標」が立つ。それは高さ六〇cm、最大幅三三cm、厚さ二二cmの自然石に、前記の元標の記事と「明治三午年五月」などが陰刻されている。——まさに明治三年当時の大前、葉鹿、只上（現・群馬県太田市）三か村の境界石である。

○長屋門《ながやもん》（山下町一三五三、清水ミヨ宅）は、明治二十五年、戸主清水小三郎氏の意によって再建された。木造、屋根は寄棟の瓦葺で起《むく》りと反《そ》りをもつ。中央に扉を付け、その両側に小部屋を設けている。

○明治機械株式会社足利工場旧事務所（鹿島町一丁目一一一五）は、都新聞社屋であったものを、同社社長であった福田英助氏（足利出身）が移築したもの。木造二階建、屋根は大部分が瓦葺、一階は約九七㎡、二階は約九三㎡で、明治時代の洋風建築の意匠で表現している。

③ 神　社

大原神社（大原町一四〇二）　主祭神は天児屋根命、経津主命、武甕槌命、比女神。旧郷社。景行天皇四十二年、第三皇子日本武尊《やまとたける》が東征の帰途、当地に立ちより、神社の北背の台山に登られた。そして国家鎮護の

御神楽（大和流渋井派）　大原神社

ため京都大原神社の四柱の大神を勧請したことに始まるという。その後、永承六年（一〇五一）、現在地に遷座し、足利西部六か町村の氏神として崇敬されてきた。また大原神社は腹部の病にご利益があるとされ、安産の神、比女神の祈願には亀甲型の腹掛が用いられている。

柄鏡二面。釣太鼓。太々神楽面二三個（箱に明治八年銘）。石造大黒天群（三体、文久三年〈一八六三〉銘）。手水鉢（石造、弘化二年〈一八四五〉奉納）。石燈籠は総高一三〇cm、嘉永六年（一八五三）銘。

平石八幡宮（山下町二〇九四）　主祭神は誉田別命。創立年代は不詳であるが、足利泰氏が文永二年（一二六五）三月に智光寺を建立した頃であろう。一説には泰氏公の廟所ともいわれる。境内の東側には、泰氏建立の浄土庭園の智光寺址（前記）がある。

鹿島神社（鹿島町三六〇―一）　主祭神は武甕槌命。旧村社。文永年間（一二六四～七五）、足利泰氏常陸《ひたち》国《くに》鹿島大神を現在地の西に奉遷。元禄九年（一六九六）、代官阿部儀左衛門が現在地に再建した由。なお江戸時代の別当寺は地福院（真言宗）であった。

愛宕《あたご》神社（山下町一八五七）　主祭神は軻遇突智命《あぐつちのみこと》。鎌倉時代、山下村の大火を機に、火伏せの神を愛宕塚古墳上に小祠を建て奉遷。もとは愛宕山権現と称し普門院が護持し、明治三年、愛宕神社と改称した。

春日《かすが》神社（山下町一七七八）　主祭神は天津日子番能《はの》邇々芸命《ににぎのみこと》。旧村社。永享二年（一四三〇）杉之坊なる行者が春日大社四柱の分霊を奉遷し、小祠を建てる。後に邇々芸命を勧請し、主祭神とした。寛永七年（一六三〇）に本殿を再建、宝暦九年（一七五九）に幣殿《へいでん》と拝殿《はいでん》を建てる。

三崎稲荷神社（大前町一三六九）　主祭神は宇賀廼御《うかのみ》魂命《たまのみこと》、大宮姫神、猿田彦神。享保七年（一七二二）、寺内昌貞（のち丸山昌貞）が江戸小石川の三崎稲荷大明神を遷座。領主土井氏は開運三崎稲荷大明神と称し、歴代厚く崇敬した。

左、右大臣像（江戸時代作）。神に侍る狐像（牡、牝二体、享保十八年（一七三三）銘。扁額二個、一つは天保七年（一八三六）銘。石燈籠二基（一対）、享保十六年（一七三一）銘。絵馬。

白山《はくさん》神社（山下町一五一七）　主祭神は伊邪那美命。

創立年代は不詳。子授けの神である伊邪那美命を奉斎する。御神木のカシ二本は、ともに推定樹齢約四〇〇年といわれる。

④ 寺 院

自性院《じしょういん》（遍照寺、真言宗、大前町一三四二）天慶二年（九三九）の創建という。開山は円浄僧都。本尊は大日如来（胎蔵界）坐像。円仁が小俣・世尊寺（のち鶏足寺）の住持の当時、建立した八か寺中の一寺。大日如来坐像（金剛界）は木造、総高八五cm。阿弥陀如来三尊像の厨子に「願主丸山昌貞法眼源英春梅軒」の陰刻銘がある。延命地蔵尊両脇侍像。大般若波羅蜜多経六〇〇巻は延宝五年（一六七七）作。仏涅槃図（縦一九六cm、横一四六cm）は宝暦三年（一七五三）作。香《こう》時計は木製、総高三一cm。

長松寺《ちょうしょうじ》（巌渓山、曹洞宗、山下町二六九二）鎌倉時代の創建という。開山は巌渓和尚。開基は足利泰氏。のち天正六年（一五七八）、曹洞宗として再興、開山は永高和尚。本尊は釈迦如来坐像（木造、総高一一〇cm）、元禄六年（一六九三）作。釈迦誕生図、涅槃図（ともに紙本著色）。十六羅漢図二幅（新井勝房、江戸時代の墨書銘）。不動明王立像（石造、総高一四五cm）、正徳二年（一七一二）作。宝篋印塔（石造、現存高一二三cm）、「観應弐」（一三五一）の陰刻銘。石幢（龕部のみ、六地蔵立像を半肉彫）。

妙隆寺《みょうりゅうじ》（本照山、日蓮宗、大前町一二二五）貞和二年（一三四六）の創建という。開山は正和二年（一三〇〇）日導上人。そもそも日朗が鎌倉峰岸ヶ谷に小庵を営み、のち日導の兄大仏陸奥守重時が、足利・明石《あかし》（本城三丁目辺）に移住してきた。

日蓮上人像（木造、像高四〇cm）、明暦二年（一六五六）の墨書銘。鰐口二口（銅製、文化六年〈一八〇九〉、嘉永四年〈一八五一〉）。小此木正信の墓塔（石造、総高一四二cm）、大前城主であった正信の没年、寛永五年（一六二八）の陰刻銘。

地福院《じふくいん》（延命山、真言宗、鹿島町一六八）天正五年（一五七七）の創建という。開山は法印権大僧都朝算。本尊は地蔵菩薩坐像（木造、総高五二cm）、江戸時代作。仏涅槃図（絹本著色縦一八二cm、横一四八cm）、江戸時代作。勢至菩薩像（紙本著色。縦六三cm、横二

六cm）。両界曼荼羅図（絹本著色。金剛界縦八〇cm、横七〇cm。胎蔵界縦七四cm、横六五cm）。大日如来坐像（木造、総高三六cm）。地蔵菩薩坐像（木造、総高六〇cm）、もとは荒金・円性寺本尊と伝う。宝篋印陀羅尼経塔（石造、総高二五五cm）、種子は金剛界四方仏、寛保二年（一七四二）。山号石標（石造、身高一五〇cm）、「高野山、弘法大師、二十一箇所之内、十八番延命山地福院」の陰刻銘。

光明寺（如意山福性院、天台宗、山下町一三〇九）創建の由緒、開山などは不詳。本尊は地蔵菩薩立像（木造、総高七七cm）、両脇侍立像（矜迦羅童子は総高二五cm、制多迦童子像は総高二六cm）。不動明王立像（木造、総高一二二cm）。聖徳太子立像（紙張子製、総高八五cm）、太子一六歳の時、父天皇の病気平癒祈願のお姿を表す「孝養太子像」。広灌塔（石造、総高一一八cm）、宝珠を塔身として台座にのる珍しい石塔。薬師堂（山下町一八一五）――薬師如来立像（木造、像高三六cm）を安置。達磨堂（山下町一三三六）――台地上にあり、堂内に達磨坐像（木造、像高五一cm、彫眼、胎内に黒こげの仏頭を納める）。境内には五輪塔（七基分か、至徳三年〈一三八六〉銘など）。宝篋印塔（三基分か、観応二年〈一三五一〉、至徳三年〈一三八六〉銘）や板碑、古瓦などが散在。

⑤ 伝統行事

正月　三が日は、多くの家では雑煮で祝うが、腫物《はれもの》ができるとしてそば、ウドンを食べるところもある。七日はナナクサ（七草）と呼び、七草粥を食べる。十四日はモノヅクリ（物作り）と呼び、マユダマ（一六個）を作り、ミズの木に飾り、また注連縄《しめなわ》を焼いた灰を水につけて家の周りに撒《ま》き、火災除けや蛇除けとした。十五日はアズキ粥を食べる。

二月　節分には各家庭で豆撒きや害虫除けを行う。八日はコト八日と呼び、魔除けを行う。初午は油揚げ、豆腐などを食べる。

三月　三日は「三月節句」、「ヒナマツリ」、「女の節句」と呼ばれ、雛人形を飾り、草餅を作ってお祝いをした。彼岸は中日《ちゅうにち》にボタモチ、走口《はしりくち》にダンゴを作り、墓参をしたり、親戚に「線香あげ」に出かける。お彼岸の中日に最も近い戊《つちのえ》の日に、大前一丁目では社日講が開かれ、聖徳太子の像の掛軸をかけて祀る。

四月　八日は「花祭り」で、寺院では甘茶を作り、参詣人にふるまう。

五月　五日は「端午《たんご》の節句」で、男の子の家では、鯉のぼりや五色の吹き流しを揚げる。またこの日はショウブを風呂に入れてショウブ湯を沸かした。

六月　夏祭り――六月十四日から三日間「農休み」として、八坂神社で「天王さま」が行われる。天狗の面をつけた者が、村の有力者の家を廻ってお供物の餅（ヒシモチ）を受け取り、神社にお参りに来た人達に「護符餅」として、お賽銭《さいせん》のお礼にあげた。

七月　一日はカマップタツイタチ（釜蓋朔日）と呼び、地獄の釜の蓋が開く日といわれ、仏壇を掃除したり、ミズヤキを六枚焼いて供えた。七日は七夕、七夕節句と呼び、前日、新竹を伐《き》って竹飾りの準備をした。七日朝には松田川、渡良瀬川などに行き、水浴をしながら「ネブタ流し」を行った。お盆は十三日が迎え盆、十六日が送り盆で、十三日の午後にボンダナ（盆棚）が作られる。送り盆はナス、キュウリの馬が作られる。馬は盆棚に使用したヤナギのハシで足を作り、トウモロコシの毛で尾を作り、手綱としてウドンをかける。盆中の食べものとしては、十四日がモチ、ウドン、ご飯、トウナス汁、十五日がボタモチ、ウドン、ご飯、十六日がアベカワモチ、ウドン、五目飯などのご馳走が作られる。二十四日は山下で地蔵流しが行われ、盆踊り（八木節踊り）も行われる。

八月　一日はハッサク（八朔）と呼び、嫁は里帰りする。お土産《みやげ》として、箕《み》を持参した。十五夜はススキ五本、ダンゴ一五個にナシ、クリ、カキなどを供えた。

九月　十三夜はススキ三本、ダンゴ一三個と果物などが供えられた。

十月　十日はトーカンヤ（十日夜）と呼び、ワラデッポウを作り、子供達が地面を叩いて廻って、豊作を願った。二十日は恵比須講で、足利・西宮神社への参詣が多かった。

十一月　二十三日は「二十三夜さま」の行事が、鹿島の地福院で行われる。

十二月　八日はコト八日で、二月八日と同じことが行われた。冬至は早朝に水を屋根や家の周囲にかけたり、神棚に上げる風習があった。中風にかからないためカボチャを食べ、またユズを風呂に入れて沸かした。大晦日は年越しそばを食べ、夜中に大岩の毘沙門さまに参詣する人が多かった。

庚申信仰　山前地域では、二五四基の庚申塔が知られ、そのうち紀年銘塔は四割近くで、延宝八年（一六八〇）から大正九年までの二四〇年間に及ぶ。――このうちいずれも庚申の年が多く、なかでも幕末の万延元年（一八六〇）の二一基は、旧市内の鑁阿寺や葉鹿に次いで多い。北部の山裾地帯に多く点在している。――これは山神さまの信仰と結びついていようか。そして大前町の薬師堂裏山に続く緩斜面には、足利地方最多の一五七基（大前入東《いりあづま》の庚申塔群）が群在し、それは寛政年間（一七八九～一八〇〇）のものを最多に、二〇〇年以上にわたって造立されていた。

三重

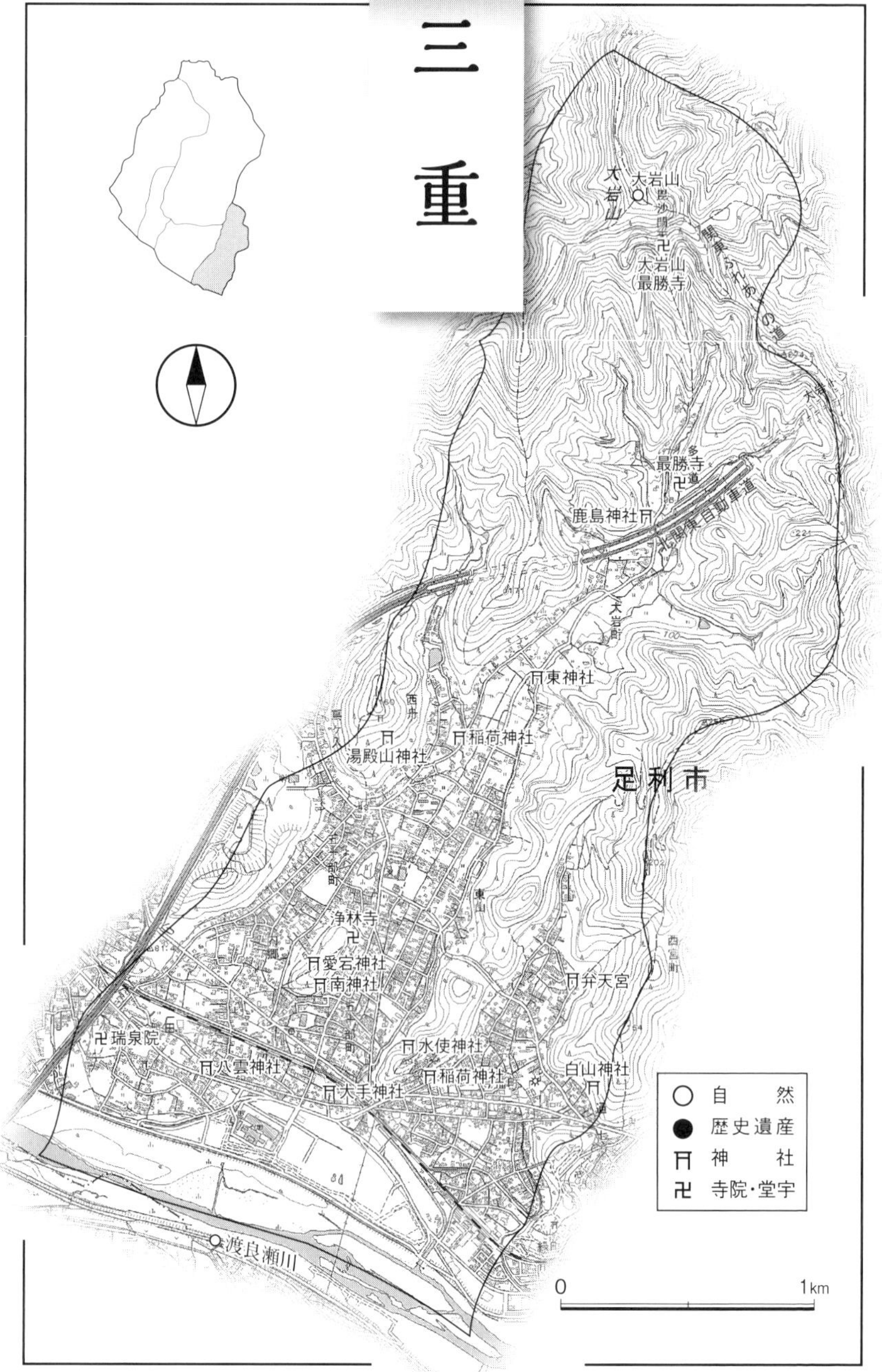

大岩山
大岩山
毘沙門
大岩山
(最勝寺)
関東ふれあいの道
最勝寺
鹿島神社
北関東自動車道
大岩町
東神社
稲荷神社
湯殿山神社
足利市
浄林寺
愛宕神社
南神社
弁天宮
瑞泉院
水使神社
八雲神社
稲荷神社
大手神社
白山神社
渡良瀬川
自然
歴史遺産
神社
寺院・堂宇
0
1km

三重地域は、北北東から南南西に、およそ南北に長く、北東辺は北郷、東側は旧市内、北北西辺は三和、西側の多くは山前に接している。そして当地域の北半分以上は山地、南部は平坦地で、南端部は東南東に流下する渡良瀬川の河原になっている。

① 自　然

山丘　最北部に大岩《おおいわ》山（剣が峰四一〇m）が聳《そび》え、それより南東方と南西方に高度を下げた尾根が連なり、東側は更に二つの小丘に分かれている。が、東、西二股状の山間は狭まる。

河川　大岩山南麓の山峡を源とする大岩川は南流し、山前地域から東流する逆川と東山の南端で合流する。

植生　大岩山が主で、スギがよく育ち、毘沙門堂東側のスギは特に大きく（目通り七m、樹高二九m）市内最大級で、境内にはほかにスギの大木が五本、モミが三本、アカマツが一本などの大木が樹つ。また境内は暖地性植物群落地帯で、モミ、アラカシ、ツバキ、ヒサカキ、シロダモ、マツバウツギなどが茂る。

② 歴史遺産

縄文時代の遺跡

遺跡名	所在地	立地	草創期	早期	前期	中期	後期	晩期	出土遺物
立岩	今福			○	○		○		縄文土器
離山	五十部				○	○	○		縄文土器

古墳（群）　三重地域における弥生時代の遺跡は不明であり、また、古墳時代の集落址なども明らかではない。

古墳（群）の所在については、今福町に物見古墳群（円墳一三基）、立岩古墳群、吾妻古墳群、東山古墳群が各々円墳七基。五十部町に中山古墳群（円墳三基）、西山古墳群と中堀古墳群に各一基（他は湮滅）ずつが知られる。そして以上三九基の円墳の直径は、二〇～二五mが二基、一五m未満～二〇mが四基、一〇m～一五m未満が二〇基、一〇m以下が一三基である。

大岩山遺跡（後記、最勝寺の項）

○丹南藩《たんなみはん》・五十部《よべ》陣屋址（五十部町）――元禄九年（一六九六）、板倉村が高木主水正《もんどのしょう》正棟の領地になって三年後、元禄十二年（一六九九）に、助戸、菅田、五十部の各村が同じく正棟の領地となり、河内国（いまの大阪府）丹南郡におかれた一万石の譜代小藩の陣屋が、幕末まであったという。

③ 神　社

大手神社（五十部町三七五）　主祭神は天手力男《あめのたぢからおの》命《みこと》。天慶三年（九四〇）、平将門の霊を祀ったという。現社名は明治初年の神仏分離による。

絵馬堂には一万六一五三枚の絵馬が保存されている。

鹿島神社（大岩町三四一）　主祭神は武甕槌《たけみかずち》命。旧村社。天喜二年（一〇五四）、足利藤原氏の成行が両崖山に築城のみぎり、西方の守護神として祀ったことに創まるという。戦国時代には、足利城主長尾氏の家臣大岩大助が護持する。

稲荷神社（今福町三二〇）　主祭神は稲倉魂《うかのみたま》命。旧村社。鎌倉時代初期、足利源氏の義兼が創立したという。稲荷山大権現と呼ばれ、今福の鎮守。元禄二年（一六八九）、旗本六角領となり厚く守護された。

湯殿山《ゆどのさん》神社（五十部町一七一六）　主祭神は大山祇命、月読命。鎌倉時代の創立で、山そのものが神体とされ、社殿はなかった。文安四年（一四四七）、五十部、大岩地内の大火で被災し、その後出羽三山別当《でわさんざんべっとう》覚諄によって再建された。明治初年、現社名に変更。

南神社（五十部町一一九九）　主祭神は宇迦御魂命。鎌倉時代、五十部村の鎮守社として稲荷大権現と称した。明治初年に稲荷神社に改称。その後県令の指示で、内郷、中山、町田、新屋敷地区の氏神として南神社と改めた。

厳島神社（五十部町一四四一）　主祭神は市杵島姫命。建武元年（一三三四）の創立といわれる。当地の住人内郷平馬の夫人が出流原磯山弁財天に願をかけ受胎したので、五十部東山町の奥に弁財天を勧請。

水使《みずし》神社（五十部町一二三五、みずっさま）　主祭神は水波能売《みずはのめ》命。観応二年（一三五一）の創立という。影取の渕に入水した五十部小太郎の下女イソの霊を祀った社で、江戸時代には婦人病に霊験があるとされた。山の田へ水を揚げる水揚げの神社といわれたが、明治初年に現社名に改称。性神信仰の形をのこした祭典が行われている。

愛宕神社（五十部町一一九五）　主祭神は軻具突智《かぐつち》命。文安四年（一四四七）の五十部地区の大火を機に、翌五年、火伏せの神、愛宕山大権現を勧請。明治初年に現社名に改称。

東神社（五十部町一四五五）　主祭神は宇迦御魂命。足利小屋（両崖山）城主長尾氏によって保護される。明治初年に星宮神社、その後栃木県令の指示で現社名に改称。

八雲神社（五十部町一三〇、天王さま）　文政十三年（一八三〇）、旧市内緑町の八雲神社の分霊を祀る。

④寺　院

最勝寺《さいしょうじ》（多聞院、大岩毘沙門、真言宗、大岩町二〇七）　天平十七年（七四五）の創建という。開山は僧行基《ぎょうき》。本尊は毘沙門天《びしゃもんてん》。本尊を祀る毘沙門堂は大岩山上にあり、寺の堂宇は山麓にある。文政四年（一四四七）、雷火のため堂宇全てが焼失、天正十九年（一五九一）、朱印五石の寄進を受け、宝暦十二年（一七六二）に堂宇を建立する。『下野国足利大岩山毘沙門縁起』によれば、八幡太郎義家は、前九年の役の時、大岩山に願文を納めた。凱旋の時（天喜四年〈一〇五六〉）金紙金泥の法華経と奥切矢一五手を納めた。義家の家来鎌倉権五郎景政は寛治元年（一〇八七）、後三年の役に従軍の時、大岩山に武運長久の願文を捧げ、帰国の時は具足甲冑を奉納した。更に足利義兼の次男義助は、武運長久祈願のため一条院御宸筆の法華経全巻に願文を添えて奉納した。また足利高氏（尊氏）も大岩山に帰依し、堂塔の修理や宝物の奉納を行っている。

本堂（毘沙門堂）は宝暦十二年（一七六二）、山門は元禄六年（一六九三）の造で、山王社（鎮守堂）は室町時代作か。

行基堂址（堂宇は明治三年、雷火で焼失）は多聞道《たもんどう》山腹に遺址をとどめる。薬師堂（薬師如来を安置）は多聞道山麓に西面し、石段は宝永元年（一七〇四）と享保元年（一七一六）。十二坊址は、大岩山の山頂（剣が峰四一七m）に近く南面する毘沙門堂や山王社のおよそ南方の斜面や谷間、鞍部、山麓などに所在する。それは、大坊《だいぼう》、当皈坊《とうはん》、黒岩坊、正林坊、大日坊、高松坊、長元坊、大光坊、覚性坊、不動坊、大林坊、醍醐坊などの遺址。

毘沙門天立像（木造、総高二三四cm）、脇侍像（木造、吉祥天立像、像高一一三cm・木造、善膩師童子立像、像高九四cm）。以上三像は鎌倉時代作。行基坐像（木造、鉈彫《なたぼ》りの一木造り、伏せ目は彫眼）藤原末期か鎌倉初期の作。不動明王立像（木造、総高一七〇cm）、中世作。矜迦羅《こんがら》童子立像。制多迦《せいたか》童子立像（木造）。仁王像（阿形像、吽形像とも立像、木造、ともに総高三四〇cm、玉眼）。層塔（凝灰岩製、現存高一五〇cm）、初重軸部上に三層を重ねるが、相輪部などを欠く。初重軸部の正面には胎蔵界大日如来坐像が美しく陽刻され、背面には「建長八年……孝子敬白」と陰刻する。建長八年（一二五六）銘は、栃木県内の現存在銘層塔では最古であり、「孝子」とは父足利義氏の冥福を祈願する嫡男泰氏であろう。鎌倉時代作。

最勝寺　毘沙門天及び両脇侍像

大岩山略縁起（縦二九cm、横全長三七〇cm）。墨書で「下野国足利大岩山畧縁起」とし、大岩山の由緒や最勝寺の什物をも列挙している。

紺紙金字大般若経（一巻の残欠部分で、縦二四cm、横全長六五cm）。表紙の見返しは金銀泥で釈迦説法図を描く。経文は「大般若波羅蜜多経巻第五百二十」で、その巻頭部分。平安時代作の金泥経と推定。紺紙金字大般若経一巻（縦二九cm、横全長一一〇二cm）、

最勝寺行基堂　行基上人坐像

平安時代作。

柄鏡（銅製、面径三〇cm、柄の長さ一〇cm）、鏡背銘に「毘沙門天……寛文元年」とある。

毘沙門天本堂の絵馬と奉納額。本堂の外陣に、本堂再建の宝暦十二年（一七六二・江戸時代）以降、寛政、文化、文政、天保、弘化、嘉永、安政、万延、文久、慶応、そして明治に及ぶ――大小四九個の絵馬奉納額が揚げられている。

天然記念物

スギ（毘沙門天のスギ、目通り七〇〇cm、樹高二九m）。枝はほとんど下に曲がり古木の姿相。市内最大級のスギ。

大岩山　石造層塔（建長８年在銘）

浄林寺（仏光山、臨済宗、五十部町一一七二）創建は建長六年（一二五四）という。開山は無之徳詮禅師。開基は五十部小太郎長泉。本尊は釈迦如来坐像（木造、総高六五cm）、定印釈迦像、江戸時代作。薬師如来坐像（木造、総高九〇cm）は江戸時代作で、薬師堂に安置。観音菩薩立像（木造、総高五一cm、江戸時代作）はもと長泉寺の本尊という。不動明王立像（木造、総高七四cm）は江戸時代作。行者像（一木造り、像高三〇cm）は古代か中世作。仏涅槃図（紙本著色、縦一五五cm、横一四一cm）は文政五年（一八二二）作。五輪塔二基（ともに凝灰岩製）は鎌倉時代後期か南北朝時代。そのひとつは五十部小太郎の墓塔といわれる。もうひとつは水輪と地輪を存する。

浄林寺離れ家（木造二階建、通称「からくり屋敷」）は、天保三年（一八三二）頃、一五世住職　蘭《あらこぎ》月磵和尚の隠居所として建てられたが、文人画家で蘭学者の渡辺崋山（天保十二年、四九歳で自決）の隠れ家であったという。

瑞泉院《ずいせんいん》（大巌山、曹洞宗、五十部町一五六）宝徳元年（一四四九）、在室長端大和尚（太田・金山城主横瀬貞国の三男）が、足利郡大岩邑に創建した。が、永正年間（一五〇四～一二〇）、然芝等忻大和尚（金龍寺第四世）が開山となり、足利郡五十部邑一本榎の地に移った。その後慶長三年（一五九八）、火災で堂宇伽藍が全焼し、寛文十年（一六二〇）、現在地に再移転、文政十一年（一八二八）、堂宇を建てる。そして昭和二十七～八年、茅葺の本堂を瓦葺に直した。開基は新田義貞（勧請開基）、本尊は釈迦牟尼仏。西国三十三尊観世音菩薩像――東面する観音堂内の壇上に三三体の観世音菩薩像が安置されている。主尊は聖観世音菩薩立像（木造、像高一一〇㎝）、元禄十年（一六九七）作。

⑤ 伝統行事

正月　一～三日、サンガニチと呼び、松飾り、神詣り、年始回り、お年玉など。七日は七草粥、十一日は蔵開き、十四日はマユ玉を飾る。十五日はアズキ粥を食べる。嫁の里帰りの日とされ、夫と年始に行く。子供達は氏神さまの境内で、ドンド焼きの厄払いをする。二十日は二十日正月。二十五日は針供養をする家もある。

二月　節分は豆撒きを行う。初午《はつうま》はお稲荷《いなり》に旗とダンゴを作って上げる。八日はコト八日。

三月　節句は「オヒナサマ」と呼び、サクラ餅、アラレ、白酒などが作られる。彼岸《ひがん》はクサモチ、ダンゴ、オハギが作られる。

四月　八日はお釈迦さまと呼んで、お寺では甘茶が用意され、子供達が集まる。

五月　五日はお節句と呼ばれ、男の子のいる家では幟《のぼり》が立てられるが、一般にはショウブ、ヨモギを軒に挿《さ》したり、ショウブ湯がたてられる。

七月　七日は七夕でネブタ流しが行われる。この日は茹《ゆ》で饅頭、ウドンなどが作られる。お盆は、迎《むか》え盆は十三日、送《おく》り盆は十六日、一部では十五日の晩にするところもある。二十四日は地蔵縁日で、ダンゴなどが作られる。東山の「首無し地蔵」では釜番が輪番制で、集まってくる子供達の世話をして賑やかな行事をする。

八月　一日は八朔《はっさく》。新しい嫁が実家に里帰りする日ともされている。またカマップタ、カマヒラキといわれ、地獄の釜の蓋が開き、昼に神様が来るので、ミズヤキを作って供える。十五夜（十三夜）は、ダンゴ、ススキ、花、柿、栗、梨、サツマイモ、サトイモ、そのほか煮物などが供えられ、ダンゴでなくご飯を供える家もある。二百十日（二百二十日）は各家でご馳走を作って食べる。

九月　オクンチ（九日）、ナカクンチ（十九日）、シメグンチ（二十九日）と九の日にケンチンなどが作られた。

十月　一日は「神のオタチ」と呼んで、神が出雲《いずも》へ旅立つので赤飯を炊《た》いて祝い、月の末日は「神のオカエリ」で、赤飯を炊き、お宮参りをした。十日夜はトーカンヤで餅がつかれる。子供達は、サトイモのクキを芯《しん》にしたワラデッポウを作り、「トーカンヤのワラデッポ、トカントカンと鳴ーれ」と唱《うた》いながら、家々や畑をワラデッポウで地面を叩きながら廻り歩いた。畑では「大根がタマゲテ抜け出す」といわれている。恵比須講は、お宝を足利（旧市内）の西宮神社などで買ってきて、白米のご飯、ケンチン汁を供えて食した。

十一月　十五日は七五三のお祝いで「帯解《おびと》き」といわれ、七歳で行われるが、金持ちの家は三歳、五歳で祝うこともある。二十三日は三夜《さんや》さまといい、月の出るまで起きていて、月を拝んでから寝ることになっていた。特に女達はケンチン汁や煮物を作り、集まって話をしながら「月待ち」をした。毎月二十三日に行うところもあった。

十二月　八日はコト八日で、竿の先にメケーゴ（竹籠）と鎌を付け軒に立てかけ、ヒイラギを家の周りに挿して歩き、魔除けとしていた。また「水の流さぬコト八日」とも言われ、すす払いや大掃除をした。冬至はこの日、朝のうちに汲んだ水を家にかけると火災、災難除けになるとされ、家の周りや屋根にかけた。この日、かぼちゃを食べると中気が出ないといわれ、家中で食べていた。すす払いを大晦日《おおみそか》目前にし、十五日頃、先達《せんだつ》を頼んでお祓いをしてもらっていた。餅は二十八日についていたが、二十九日、三十一日（一夜餅）は良くないと避けた。大晦日はそばを作る家が多いが、うどんを作る家もあった。風除けとして風の強い日に竿の先に刃物（風切鎌）を付けて高い所（屋根など）に立てて「風を切る」ことがされた。

庚申信仰　三重地域の庚申塔は一五基が知られ、それは江戸時代の正徳元年（一七一一）から万延二年（一八六一）までの一五〇年間に造立されたもので、この間、庚申の年は元文五年（一七四〇）と寛政十二年（一八〇〇）と万延元年（一八六〇）であった。また一五基のうち、村または講中の造立が一〇基、個人によるものが三基、記名のないものが二基で、講中が中心になって造立されていたことが知られる。これらの分布は、旧桐生街道の東端に二基、西端に二基（ともに村境）、北は大岩山の多聞道沿いに二基、また多聞道より南で分かれる二岐《ふたまた》の路傍に各一基ずつ。そして村の南西端の瑞泉院の門前に一基立てられた。

第三章

北部

名草

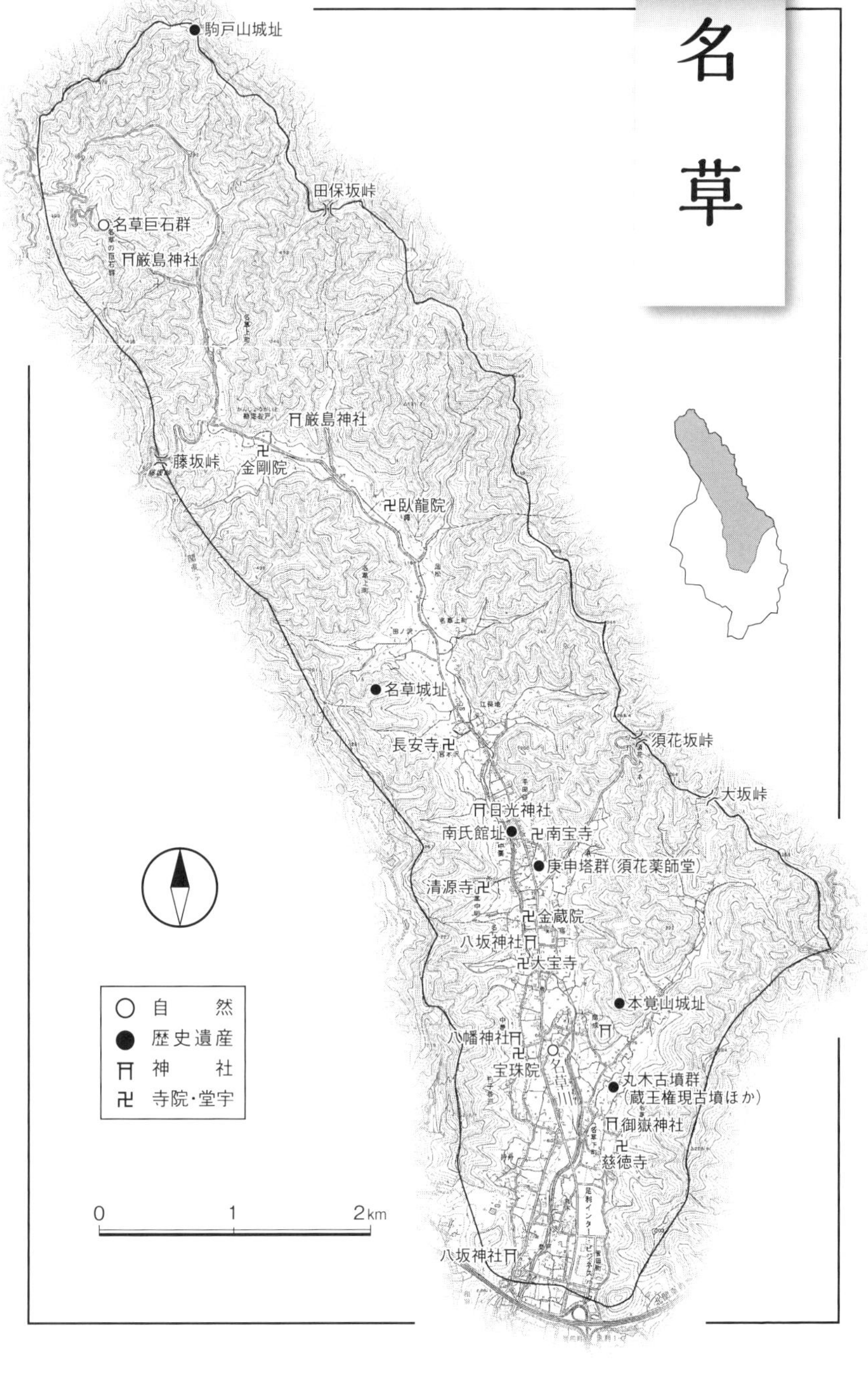

駒戸山城址
田保坂峠
名草巨石群
厳島神社
厳島神社
藤坂峠
金剛院
臥龍院
名草城址
長安寺
須花坂峠
大坂峠
日光神社
南氏館址
南宝寺
庚申塔群(須花薬師堂)
清源寺
金蔵院
八坂神社
大宝寺
本覚山城址
八幡神社
宝珠院
名草川
丸木古墳群
(蔵王権現古墳ほか)
御嶽神社
慈徳寺
八坂神社
自然
歴史遺産
神社
寺院・堂宇
0
1
2km

名草《なぐさ》地域は、足利市域の北部を占め、北から北東部は安蘇《あそ》郡田沼町（現・佐野市）と境を接し、北西部は三和地域に、南部は南東から南西まで北郷地域に、それぞれ接している。

①自　然

山丘　北北西から南南東に及ぶ、細長い名草地域は、北辺に標高五三〇m余の駒戸山を主峰とする五〇〇m以上の高峰が連なり、東西の両山脈が平行して高さを減じて南部に及び、主峰山王山《さんのうさん》（三六〇m余）が屹立《きつりつ》する。そして峠路として、東側の尾根には、上町で田保坂峠《たぼさかとうげ》（安蘇の田保地区へ）、中町で須花坂《すばなさか》峠（安蘇の須花地区へ）、下町で大坂《おおさか》峠（安蘇の矢の沢地区へ）、西側の尾根には、上町で藤坂峠（三和地区中井へ）が、各々通じている。

河川　北辺の山中を源とする名草川が東西の山系の合した裾部を蛇行しながら、両岸の小河川を合わせて南に下り、流域に沖積平地を広げ、南端の丸木《まるき》の地（五六m位）に及ぶ。

植生　名草川沿いの山裾の地は、スギの生育には最適で、民家には大きいケヤキも多い。麦倉家のヒガンザクラは「芋植えザクラ」といわれ、農家の仕事ごよみになっていたという。また名草の山地は、山野草の宝庫で、珍しいものが沢山ある。臥竜院《がりゅういん》のエドヒガン三本（上町二一二〇）は、本堂の西方の一本、南方の低いところの二本で、目通り二・八五m、二・一五m、一・五〇m、高さは三本とも一五m位。枝張りは三本とも一八m位で、春早く三月下旬に花が咲く。それは四方へ張り出した太い枝から細長い糸のような枝が多数垂れ下がり、その枝に花をいっぱいにつけたさまは、優雅であり、壮観である。日光神社のスギ（中町三四三六）は、境内の南端にあり、ご神木として注連縄が張られている。目通り六・六m、高さ三三m。幹は地上約七mあたりから五本に分かれ高く枝を張り、樹勢は旺盛である。塩田家のサザンカ（中町三五三七、塩田喜一氏蔵）は、塩田家の庭木で、目通り一・四m、高さ三・七m、枝張り五m。幹は直立し、枝は四方に張り出し、枝先は密に分かれ、上面は直径五mほどの笠状になっている。

天然記念物

名草の巨石群（上町、折木々）は、厳岳神社境内の奥、弁天沢の中にある。粗粒の花崗岩が節理にそって玉ねぎ状に風化し、やがて水に洗われた結果、節理間の核心部が球状に残留し、巨石の累積した形になったものである。石の上に石祠（元禄六年〈一六九三〉）が祀られている。名草のゲンジボタル（源氏ホタル）――ホタルの幼虫は、水が豊富に流れている環境の良い河川にのみ生息する生物である。名草川とその流域の小河川には、以前は大型で光の強いゲンジボタルが多く飛んでいた。現在は毎年六月、ホタルの発生が予想される地区は、上町の江保地、中町の日光神社や西根まで、およそ六か所が知られ、また上町の大田和と下町の大坂に養殖地がある。平成元年には「名草ホタルの里」が小動物生息保全地域として、環境庁から「ふるさといきものの里」に認定され、名草地域では保護活動に熱心に取り組み、足利市民のみならず、関東各地から観光に来る人も多い。

厳島神社　名草の巨石群

② 歴史遺産

縄文時代の遺跡

遺跡名	所在地	立地	草創期	早期	前期	中期	後期	晩期	出土遺物
勘定谷戸	上町	斜面		○	○				縄文土器、石器、土師器、カワラケ
田中	上町	平坦地		?					縄文土器
中妻	上町	斜面		?					縄文土器、土師器
平田谷戸	中町	斜面		○	○		○		縄文土器
杓子谷戸	中町	尾根斜面			○				縄文土器
上丸木	下町	山麓			○				縄文土器

弥生時代の遺跡

遺跡名	所在地	立地	初期	中期	後期	出土遺物
江保地	上町	平坦地			○	弥生式土器
中妻	中町	低台地			○	弥生式土器（赤井戸式）
上丸木	下町	山麓			○	弥生式土器

古墳時代の遺跡

遺跡名	所在地	立地	前期	中期	後期	出土遺物
箕輪	上町	台地	○	○	○	土師器
江保地	上町	台地	○	○	○	土師器
中妻	中町	山裾			○	土師器
殿入	中町	山裾	○			土師器（五領期）
上丸木	下町	山裾			○	土師器
岡成	下町	山裾			○	土師器、須恵器（大甕）
持舟	下町	台地			○	土師器

古墳（群）　中町に大橋古墳群（円墳二基）、殿入古墳群（円墳一七基）、杓子谷戸古墳群（円墳一〇基）、下町に岡成古墳群（円墳五基）、丸木古墳群（前方後円墳一基、円墳二七基）があり、丸木古墳群中の前方後円墳（蔵王権現古墳）は、全長四四mの二子塚型で、埴輪等からも後期の築造と推定され、名草地域所在の古墳の主墳とみられる。

奈良・平安時代の遺跡

上町に勘定谷戸、箕輪、江保地《えぼじ》の奈良〜平安時代遺跡、中妻の奈良時代遺跡、中町に平田谷戸の奈良〜平安時代遺跡、下町に上丸木の奈良〜平安時代、岡成、持舟の奈良時代遺跡が知られる。

城館址　○名草城址（中町）は、鎌倉時代末期〜南北朝の築城で、標高二八一mの山頂に本丸址、南、北側の山腹に数段の帯郭址（西側は不明）、東側の下る尾根上には、堀切と十数段の階段的な腰郭址を設け——山麓には、築城主南遠江守宗継（足利貞氏、尊氏の重臣）の菩提寺清源寺と墓所がある。

○南氏居館址（中町）は、正平六〜十二年（一三五一〜五七）、南遠江守宗継の居館址で、南流する名草川左岸（東側）台地に、単郭式の土塁と外濠を概ね遺存する（土塁は東西一〇〇m以上、南北一一〇〜一二〇m）。現在居館址内は、南東端（巽《たつみ》）に山門があり、中央東寄りに南面する堂宇と境内と墓地などになっている。

○本覚山《ほんかくさん》城址（下町）は、独立丘の山頂（比高約一〇〇m）に、南北に長く楕円状の主郭址（三段状で土塁無し）があり、その外周に帯郭址、更にその下方に武者走りがめぐり、また山頂の東南側に腰郭址、南西側山腹に腰郭か物見址、そして南側を更に下って堀底道がある。この城址は南宗継居館址の巽の方《かた》の城といわれ、戦国時代には、足利城主長尾顕長の家臣窪田図書も居城したという。

○駒戸山城址（上町）は、足利の北部、名草の山地の北端に近い標高五三〇m余の山頂部に主郭址、それより南東方に下る尾根（高低差約一二〇m）に多くの塁郭の遺址が認められる。北東～東南の眼下に飛駒（現・佐野市）の山里を望む天険の山城址で、戦国時代の築城といわれる。

③神社

厳島神社（名草上町四九九〇）　主祭神は市杵島毘売命。旧村社。弘仁年間（八一〇～二四）弘法大師空海が名草山の奥、観音窟に創立、農耕の守護神として信仰されたという。文禄五年（一五九六）、領主本庄因幡守が現在地に奉遷。明治初年の神仏分離令で弁財天が現社名に改称した。

御嶽神社（名草下町四八五）　主祭神は国常立命。建久七年（一一九六）、足利義兼の勧請という。以来、蔵王権現として足利源氏の尊信が厚かった。明治初年の神仏分離令で現社名に改称。毎年一月七日の大祭・七草祭には、ウツギの弓と篠竹の矢で、赤城山の大蛇に見立てた的を射る弓矢神事が行われる。境内に、蔵王権現古墳（前方後円墳）がある。

日光神社（名草中町三四三六）　主祭神は大己貴命、味鉏高彦根命、田心姫《たごりひめ》命。旧村社。文禄四年（一五九五）、日光二荒山神社の分霊を勧請し、名草村鎮守として崇敬してきた。元禄五年（一六九二）、本殿を改築。ご神木が樹つ。

八幡神社（名草中町三六五七）　主祭神は誉田別命。享保三年（一七一八）、名草村の岩下甚左衛門が創立したという。昭和二十九年、八幡宮が山神社と合併して八幡神社と改称。

八坂神社（名草中町一一八五）　主祭神は素盞嗚命。享和三年（一八〇三）の創立という。

八坂神社（名草下町四六二五）　主祭神は素盞嗚命。文化九年（一八一二）の創立という。

④ 寺院

清源寺《せいげんじ》（南陽山、臨済宗、名草中町三五一三） 延文二年（一三五七）の創建。開山は京都東福寺二八世大道一以大和尚。開基は南遠江守宗継。本尊は観世音菩薩。南宗継は正平七年（一三五二）、足利尊氏から丸木郷を賜り、居館（現・金蔵院境内）を構え、出身地の紀州名草郷の名に変える。そして居館より乾《いぬい》の方《かた》（北西）の勝地に、菩提寺として当寺を建立。のち鎌倉円覚寺の末寺となる。天正十九年（一五九一）、徳川家康より寺領五石を賜る。

本尊は聖観音菩薩坐像（木造、像高六五cm）。足利尊氏より南宗継宛の勲功状一通（正平七年正月二日）。南宗継の画像（出家後）。南宗継以下、五基の五輪塔（宗継塔総高一三八cmは「清源寺殿法名円性　応安四年三月二十九日」）。宝篋印塔（総高一七五cm以上）、鎌倉時代後期か。石燈籠二基（ともに花崗岩製、ひとつは総高一七四cm、六地蔵尊を刻み、寛文十一年〈一六七一〉。他は総高一七五cm、延宝二年〈一六七四〉）。

金蔵院《こんぞういん》（名龍山観音寺龍蔵坊、真言宗、名草中町一一九〇） 永享初年（一四二七）の創建という。開山は真言宗醍醐無量寿院一三世俊海。境内は「堀の内」と称し、一町四方に濠をめぐらし、その水を樋《ひ》を用いて須花川に落としたため「樋口」の地名をのこす。居城の乾《いぬい》（北西）に砦の物見、巽《たつみ》（南東）に本覚山の物見を構える。――南氏は宗継、宗直、詮宗の三代で凋落したため、居館を寺とし、俊海を請じて当院を建立した。

本尊は聖観世音菩薩立像（木造、像高七四cm）。南宗氏の墓塔・五輪塔（石造、総高一一〇cm）。――宗氏は宗継の没後五年で没した宗継の孫で、「永興寺殿法名性雨　永和元年十二月二十三日」と刻む。聖天像（銅製、像高一三cm）。板碑（緑泥片岩製、長さ四六cm以上）、キリーク（阿弥陀如来）の種子、南北朝の作か。毘沙門天像（銅製、像高二六cm、江戸時代）。鎧地蔵（石造、像高三五cm。天正十二年〈一五八四〉）。須花坂で散った佐野宗綱の菩提を弔うために、享保十二年（一七二七）、須花坂上に祀られたもの。不動明王と二童子像（木造、不動明王立像は像高一六cm）。

実相《じっそう》院（中町、大日如来像）、不動院（中町、不動明王像）、能満寺（中町、虚空蔵菩薩像）、千蔵院（中町、地蔵菩薩像）など、明治、大正年間に金蔵院に合併する。

慈徳寺《じとくじ》（南秀山、臨済宗、名草上町四五九）創建は不明であるが、境内には鎌倉時代造立と推定される五輪塔（凝灰岩製）が複数ある。清源寺六世梅居和尚の開山（室町時代）という（改修か）。本尊は聖観世音菩薩（木造、像高二六cm、元禄八年〈一六九五〉）。

臥龍院《がりゅういん》（南明山、臨済宗、名草上町二一二〇）天授年中（一三七五～八一）の創建という。開山は法徳禅師（その師は園田光定〈光氏の子〉）。本尊は釈迦如来坐像（木造、像高三五cm、江戸時代）。聖観世音菩薩（木造、像高四七cm、江戸時代）。地蔵菩薩坐像及び両脇侍像（木造、地蔵像の像高四六cm、寛保四年〈一七四四〉）。仏画板絵（木製、彩色、縦八五cm、横八〇cm）。左に寛政三年（一七九一）、右に享和元年（一八〇一）の墨書。大般若波羅蜜多経六〇〇巻（各巻とも縦二七・五cm、横五七cm、安永十年〈一七八〇〉）。

長安寺《ちょうあんじ》（東光山、臨済宗、名草上町三三二五）創建は不詳。開山は曇雲和尚（清源寺二世）。開基は芳賀禅可入道（長安寺殿芳山宗賀居士）。本尊は釈迦如来三尊像――宝冠釈迦如来坐像（木造、像高三五cm、宝永年間〈一七〇四～一一〉）。脇侍は文殊菩薩騎獅像（木造、像高二〇cm）、普賢菩薩騎象像（木造、像高一八cm）。誕生釈迦像（銅製、像高一三cm、江戸時代）。五輪塔（安山岩製、総高六〇cm、南北朝か室町盛期、墓地内の数基分）。

南宝寺《なんぽうじ》（清龍山、真言宗、名草中町一五六〇）南北朝時代の創建か。開山は義照上人、開基は南宗直。本尊は、延命地蔵菩薩坐像（木造、像高三七cm、江戸時代）。不動明王立像（木造、像高三一cm）。東・降三世、南・軍荼利、西・大威徳、北・金剛夜叉の各明王像（各、木造、像高三〇cm）を配する、江戸時代。宝塔（石造、現存高二二五cm）。基礎と宝珠の一部を欠くが、概ね原形を保ち、塔身の光明真言や銘記や亀形の反花座など優れている。寛延三年（一七五〇）の銘。

宝珠院《ほうじゅいん》（薬王山、真言宗、名草下町四〇一七）慶長、元和の頃の創建という。開山は宥清。本尊は薬師如来坐像（木造、像高二九cm、江戸時代）。脇侍は日光菩薩、月光菩薩両立像（ともに木造、像高三二cm、江戸時代）。聖天・双身像（銅製、像高四・一cm、人身象頭の二天が抱擁する、いわゆる大聖歓喜天像。

大宝寺《だいほうじ》（天王山三品院、浄土宗、名草中町三六一九）

寛永十五年（一六三八）の創建という。開山は生忍和尚。本尊は阿弥陀如来。

お堂を以下に記してみよう。

○薬師堂――南重根、勘定谷戸、江保地（以上、上町所在）。須花（中町所在）。岡成、大坂（以上、下町所在）。

○須花の薬師堂（中町五三五五―一）――主尊は薬師如来立像（木造、総高三五cm）。脇侍は日光菩薩立像（木造、像高三三cm）、月光菩薩立像（木造、像高三二cm）。十二神将像（木造、像高およそ二五cm）は全て武装し武器を執り、岩座上に立つ。以上、紀年銘など不明であるが、江戸時代の薬師如来関係の諸像が完備している。なお、堂内に絵馬（千匹猿）が掲げられている。縦、横ともに約九〇cm、享和元年（一八〇一）作。野本氏が納めたもので、何種類かに着色された無数の猿が見事に描かれ、「奉納請願成就所」と書かれている。

○大日堂――下町西根所在。

○地蔵堂――上町二四〇一、南重根所在。地蔵菩薩立像（木造、像高三五cm）。中町下宿所在。下町持舟所在。

○十三堂――上町足松所在。

○産泰堂――中町延分所在。

○観音堂――下町杓子谷戸所在。

⑤伝統行事

一月　三《さん》が日《にち》は、朝食はそばを打って神々に供えて食べる家、ゾウニを作る家、ご飯を炊く家、などがある。神詣りは、元旦に屋敷稲荷さま、村の鎮守さまに参詣する。また三か月さま（祠）にお詣りするまでは「餅精進」といって客には餅を出すが、家人は三か月餅を食べない。四日はタナサガシで、三か日、神さまに上げた食物を下げて雑煮にして食べる。この日は僧侶が年始に来る。六日は「山入り正月」といい、山から木を伐ってきて、生木《なまき》で湯を沸かし、お茶を淹れて神さまに上げる。それからオサゴ、オミキ、オカシラズキをおヒネリして山に行き、山仕事で怪我のないように祈願して山の神に供える。七日は七草で、朝食に「七草粥」を作る。また上丸木の蔵王権現（御嶽神社）で「七草粥」が行われる。またこの折、「蛇除けの餅」が配られ、皆家に持ち帰り、焼いて食べる――それで蛇に遭ったり、噛まれたりしない、といわれている。十一日は、商家では「蔵開き」、農家では「鏡開き」や「鍬入れ正月」という。十四日はモノヅクリといい、正月の門松、注連縄《しめなわ》飾りを取り、片付ける。――小正月ともいい、餅の入った粥を朝食に作り、正月に供えた餅を下げて、新しい餅（若餅）をついて上げる。十五日は小豆《あづき》粥を炊く。――食べる時に熱くても吹いて食べると、五月の田植の時に風が吹いて田植えができなくなるというので、口で吹いて食べることは禁じられている。十六日は「閻魔《えんま》の面汚《つらよご》し」といって、夕食に五目飯または醤油飯を炊いた。二十日は二十日《はつか》恵比須で、エビスダイコクを神棚から座敷に下して、ご馳走を供えてお祀《まつ》りする。二十日はシルコを作って食べた。

二月　一日は「次郎のツイタチ」と呼び、できたものを神さまに上げる。節分「福は内、鬼は外」と言う、豆撒《ま》きを行う。――石川家一族（下町）では、屋敷内の守り神の「星の宮」が鬼瓦を用いているので、節分の晩は家々から追い出された鬼が「星の宮」に集まってくるため、鬼を保護するため豆撒きはやらず、静かに茶を飲んで過ごすという。八日はコト八日、魔除けや針供養などをする。初午《はつうま》は家ごとに屋敷稲荷に五色紙の旗を二本作り、「正一位稲荷大明神」と墨書して立てる。初酉は山の神さまを祀る。十五日は寝釈迦で、寺では釈迦の涅槃図を掛けて法要を行った。

三月　三日は「節句」、「雛祭《ひなまつ》り」で、女の子のいる家は雛さまを飾る。十六日は、「天狗さまの山遊び」といって人々は山仕事を休む。――この日、山に入って仕事をすると不幸が起こる、という。お彼岸《ひがん》の中日《ちゅうにち》には、ボタモチ（牡丹餅《ぼたもち》）を作って仏さまに供える。七日目を彼岸の「ハシリクチ」（走り口）といい、ダンゴを作って墓参りをする。二十六日は大坂入り口の浅間神社の祭りで、講をつくって参詣した。

四月　八日は花祭り、各寺院で甘茶を作って参詣人にふるまう。

五月　初己は弁天さまの祭り。五日は端午《たんご》の節句。鯉幟りを庭先に立て、五色の吹き流しを飾り、男の子の成育を祝う。

六月　天王《てんのう》さまと農休み。天王さまは十五日前後の三日間。農休みは村役場で日を決めた。八坂神社の祭りを天王さまともいう。

七月　一日はカマップタ（釜蓋）といい、この日は地獄の釜の蓋が開いて仏さまがお盆にお客として出かけて来る日といわれる。七日はタナバタ（七夕）さまといったり、タナバタゼック（七夕節句）ともいっていた。お盆の行事は、まず盆花を用意し、七日頃に墓の掃除、十三日午後には盆棚が作られる。夕刻に「迎え盆」、十四日は昼にウドン、餅をついてご馳走。十五日は先祖さまにタミセ（田見せ）をする。「送り盆」は十六日が一般的。朝食にアベカワ餅、夕食には五目飯のご馳走を作る。十七日はボンガラで、女達の休みの日。なお盆中、新盆の家には、親戚や組合の人々が「盆棚詣り」をする。また十四日、十五日の夜には、寺の境内などで盆踊りなどが催される。なお、盆中はウドン、モチ、ボタモチ、アベカワモチ、ゴモクメシ、シンコモチ、トウナス汁、コメノメシなどの最高級のものが作られる。

八月　一日はハッサク（八朔）。嫁が里帰りする時の土産に葉《は》ショウガを持たせる。またショウガゼック（生姜節句）といい、ハッサクショウガの販売も開始する。二百十日（二百二十日）は嵐除《あらしよ》けとして、山神さまに五目飯を供える。十五夜はお月さまにススキ、果物、ダンゴ（オーマルという丸いもの）を供える。

九月　九日はオクンチ（ハッグンチ）、十九日はナカグンチ、二十九日はシメグンチ。十三夜、十五夜に準じて、ススキは三本、ダンゴは一三個を供える。

十月　一日はお神のオタチで、鎮守さまに参詣する。十日はトーカンヤ（十日夜）で、子供達が「モーチを食ってブッパタケ」「ムーギもコムギもよくできろ」「モーチが出るまで叩くベー」などと言いながら、大根畑の周りを、大根が太くなるように地面を叩いて回った。二十日はエビスコ（恵比須講）。二十六日は、オカマのダンゴといって、オカマさま（お勝手の神さま）に釜の蓋を逆さにして、小さなダンゴを上げる。

オカマさまは三六人の子持ちで、出雲の国に旅立ちができず、留守居をしているためという。

十一月　十五日は「アブラ祝い」「七五三」「帯解《おびと》き」などといわれ、七歳になった男女が、正装して氏神さま（鎮守さま）にお参りする。二十三日は三夜祭り。サンヤ待ちといって、月の昇るのを若い女性が集まって待つ。

十二月　一日は師走《しわす》ツイタチで、カビタリ（川浸り）餅、または師走餅をついて水神宮《すいじんぐう》さまに供える。八日はコトヨウカ（二月八日と同じ）で、山へ入って仕事などしてはいけない、とされている。二十三日頃にスス払いを行う。冬至はトウナスを食べ、柚子湯《ゆずゆ》に入る。この日の朝はヒブセ（火伏せ）の行事として、屋根や稲荷さまに、手桶《ておけ》の水を柄杓でかけることが行われる。二十三～三十日に正月餅をつき、門松を立て、注連縄を飾る。三十一日は「一夜餅」「一夜飾り」として、餅をついたり、飾りつけはしない。大晦日《おおみそか》はミソカそばを食べる。全てのものの整理をして新年を迎える。

名草のショウガ（生姜）について　南北朝時代、南遠江守宗継が、紀州名草の地から移った時、家臣がショウガ栽培を伝来したという。――収穫は、戦前は田植え前で、特に鰹《かつお》の出回る時期には、ツマに添えられるので、この時期を目安にした。販売は全て行商という形で、各家の二〇～五〇歳前後の男子が出かけた。商品は、早出しショウガ、葉ショウガ、切りショウガ、根ショウガ、種ショウガ、粉ショウガなど。行商圏は、大正から昭和初期には桐生から大間々方面、太田、伊勢崎、前橋、高崎、渋川方面まで、泊まりがけで出かけた。戦後、昭和二十七年頃から三十三年頃には、仙台、盛岡、新潟、富山方面などまで、販路を拡げた。近年は病害などが出て、次第に減産している。――名草の自然、風土はショウガに最適であった。

庚申信仰　名草地域の庚申塔は二〇八基。そのうち紀年銘のあるものは八二基で、最古は延宝二年（一六七四）、最新は明治十四年で、庚申の年については、天文五年（一七四〇）が九基、寛政十二年（一八〇〇）が一四基、万延元年（一八六〇）が八基。分布については、須花坂の入り口にあたる中町の須花薬師堂周辺に一四〇基が群在し、他の六八基は、ほとんどの谷戸《かいと》にあり、各集落に行き渡っていたことが知られる。なお、須花薬師堂の堂内には「千匹猿」の絵馬（前記）が掲げられてあるが、薬師堂周辺の庚申塔群の中心に

須花の庚申塔群　須花講中

立つ庚申塔（寛政七年〈一七九五〉、高さ一九二cm、幅九二cm、厚み四〇cm）は、「タラーク」（虚空蔵菩薩の種子）と「庚申」の漢字を陰刻する。足利を代表するほどの大形の文字塔である。

北郷

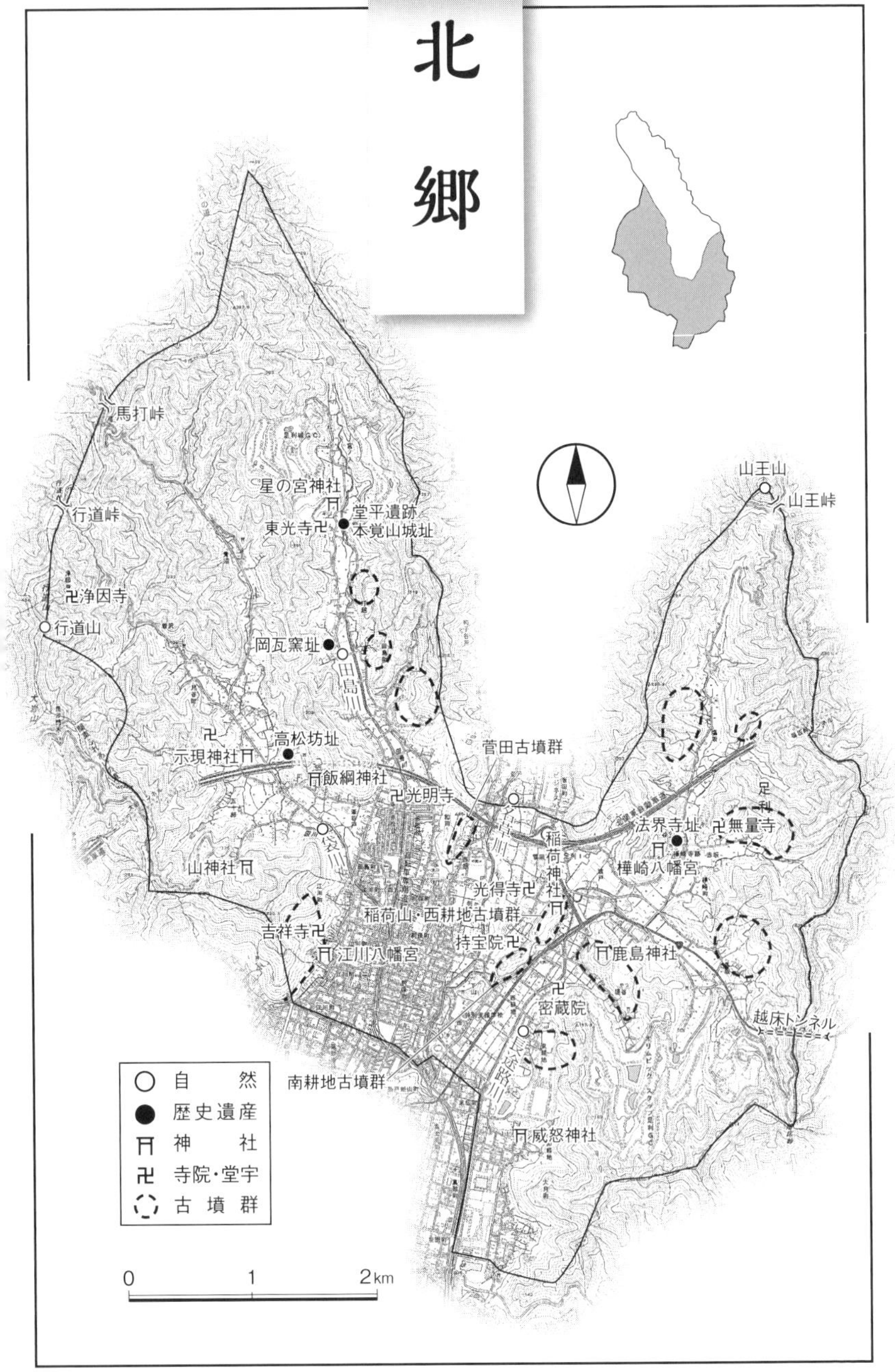
馬打峠
行道峠
卍浄因寺
行道山
星の宮神社
堂平遺跡
東光寺卍
本覚山城址
岡瓦窯址
田島川
卍
示現神社
高松坊址
飯綱神社
卍光明寺
袋川
山神社
吉祥寺卍
江川八幡宮
稲荷山・西耕地古墳群
持宝院卍
光得寺卍
稲荷神社
菅田古墳群
山王山
山王峠
法界寺址
足利
卍無量寺
樺崎八幡宮
鹿島神社
卍
密蔵院
越床トンネル
長途路川
南耕地古墳群
威怒神社
自然
歴史遺産
神社
寺院・堂宇
古墳群
0
1
2km

北郷地域は、旧市内の北部と接し、当地域の北方は名草、東方は佐野市赤見（旧安蘇郡赤見町）、南東方は毛野、そして西方は三和、南西方は三重の各地域に接している。

①自　然

山丘　北、東、西の三方はおよそ山地で、北西部は行道山《ぎょうどうさん》（四四二ｍ）から大岩山《おおいわさん》（四一七ｍ）の山嶺。東側は赤見と分水嶺《ぶんすいれい》をつくる山なみで、北東端には山《さん》王山《のうさん》（三七〇ｍ）が聳え、その肩には彦間へ抜ける山王峠。分水嶺の南端には赤見への越床《こしどこ》峠、そして北西端には松田（三和地域）へ通じる馬打《うまうち》峠、行道峠。西方には月谷から大岩（三重地域）への峠路がある。

河川　およそ北部の山地から流れ出る河川は――北西部の月谷から袋川、北部の田島からは田島川、また北部山地の名草からは名草川、北東部の樺崎からは長途《ながと》路《ろ》川が、各々南へ下り、田島川は袋川に合流し、更に名草川も、ついで長途路川も袋川に合し、南流して毛野地域へ及ぶ。

植生　北郷地域は、神社にスギの大木が多い。――樺崎八幡宮のスギは、目通り五・一五ｍ、樹高三〇ｍ。ご神木であり、樹勢はなお旺盛である。星の宮神社には大木が二本、菅田の稲荷神社にも五本の大木がある。増沢家のケヤキ（大月町）は目通り四・三ｍ、樹高三〇ｍ。幹は直立し、地上七ｍで二本に分かれ、その上は更に枝分かれし、四方に大きく伸び広がっている。そして行道山一帯には山野草が多い。なお菅田の稲荷神社（前記）には、モミの大木一〇本以上が混って広い林叢となっている。

天然記念物

行道山（月谷町、前記）の断崖絶壁の下には浄因寺が立ち（行基開山は後記）、奇岩上には清心亭があり、大岩壁と浄因寺の景はまさに偉観である。巌《いわお》は硅岩で、海底から隆起した岩石の硬い部分がのこったものといわれ、谷間にはスギやヒノキが茂る。

② 歴史遺産

縄文時代の遺跡

遺跡名	所在地	立地	草創期	早期	前期	中期	後期	晩期	出土遺物
菅田西根	菅田町	微高地	○		○				縄文土器
北郷小学校裏山	菅田町田島町	山麓斜面		○	○		○		縄文土器
西耕地	菅田町	山麓斜面		○	○		○		縄文土器、石匙、凹石
菅田神畑	菅田町	微高地			○				縄文土器
宮前	大月町	山麓斜面					○		縄文土器
月谷	月谷町	山麓斜面			?				縄文土器、石鏃

弥生時代の遺跡

遺跡名	所在地	立地	初期	中期	後期	出土遺物	備考
菅田西根	菅田町	微高地		○	○	弥生式土器（須和田式）	集落址 水田址
赤松台	赤松台町（田島）	微高地			○	弥生式土器（赤井戸式）	
利保南	利保町	微高地			○	弥生式土器（赤井戸式）	
西耕地	大月町	山麓斜面			○	弥生式土器	
田島持舟	田島町	山裾		?		弥生式土器	
南耕地	大月町	山裾平坦地		?		弥生式土器	
渡戸	樺崎町	山麓斜面		?		弥生式土器	

古墳時代の遺跡

遺跡名	所在地	立地	前期	中期	後期	出土遺物	備考
辻		舌状台地			○	土師器、須恵器	
月谷五十部	月谷町	山裾			○	土師器、須恵器	
和田	月谷町	山裾	○	○	○	土師器、須恵器	
和田南	月谷町	山裾	○	○	○	土師器、須恵器	
岩花東	月谷町	台地			○	土師器、須恵器	
田島宮入	田島町	山麓斜面	○	○	○	土師器、須恵器	
田島宮前	田島町	山麓斜面			○	土師器、須恵器	
田島持舟	田島町	山裾	○	○	○	土師器、須恵器	
江川	江川町	低台地	○	○	○	土師器、須恵器	
西根	菅田町	低台地	○	○	○	土師器、須恵器	集落址、水田址、方形周溝墓など
神畑	菅田町	低台地	○	○	○	土師器、須恵器	
樺崎入谷	樺崎町	山裾	○	○	○	土師器、須恵器	
塩坂	樺崎町	山裾			○	土師器、須恵器	
樺崎中妻	樺崎町	山裾	○	○	○	土師器、須恵器	
樺崎八幡宮北	樺崎町	山裾			○	土師器、須恵器	
渡戸	樺崎町	山裾	○	○	○	土師器、須恵器	
利保南	利保町	低台地	○	○	○	土師器、須恵器	
南耕地	大月町	山麓斜面	○	○	○	土師器、須恵器	

菅田西根遺跡（昭和五十六年、昭和六十一年度発掘調査）は、住居址、墓址、水田址など縄文時代以来、古

代から中世に及ぶ集落址であり、特に弥生時代から始まったと推定される水田址——六世紀後半以前の、畦畔を伴う水田址は、当地方（栃木県下）最初の調査例であり、当地方における古代農耕集落の実態をみることができる。なおその水田址は、市立北中学校格技場階下に保存されている（足利市遺跡調査団・足利市教育委員会『栃木県足利市菅田西根遺跡——古代水田址、方形周溝墓群、一九八七』昭和六十二年）。

古墳（群）　墳形記号（◎前方後円　○円　△不明　☒前方後方　□方）菅田古墳群五〇基（◎一〈二八m〉、○四八、△一）、稲荷山・西耕地古墳群四八基（◎二〈四九m〉〈三六m〉、☒一〈四〇m〉、□一、○四四）、南耕地古墳群六九基（○六八、△一）、田島古墳群（○四一）、江川古墳群二五基（○二四、△一）、赤坂古墳群（○一〇）、入谷古墳群（○一〇）、堤谷古墳群（○九）、和田耕地古墳群（○九）、坊山古墳群（○五）、渡戸古墳群（○四）、馬坂古墳群（○三）、東耕地古墳群（○一）

堂宇址と瓦窯址

堂平堂宇址（田島町）　いわゆる「丈六仏」の螺髪《らほつ》（塑《そ》像《ぞう》）や複弁蓮華文《れんげもん》瓦（八世代か）が出土。奈良時代の堂宇址と推定される。

大日坊址（月谷町）　大岩山系の東峰御林山《ごりんざん》の東麓で、月谷の角欠《すみかき》なる山間《やまあい》にあり、山腹の斜面に礎石（割石）と板碑（鎌倉末期）、宝篋印塔（明徳四年〈一三九三〉銘）などが遺存する。

高松坊址（月谷町）　大日坊址より東方の、南北に走る和田山の西斜面を、方形状に削平した遺址に、中世の五輪塔と宝篋印塔が一〇基余り並ぶ。それらには「観応元年四月九日　法印浄雲」、「応安己酉」（一三六三）などの陰刻銘がみられ、南北朝頃の地辺に起居した修行僧達の墓塔である。

これら大日坊址、高松坊址は大岩山最勝寺十二坊中の遺址である。

岡瓦窯址《おかがようし》（田島町）　南流する田島川右岸（西岸）の緩斜面にある。昭和四十年六月の発掘調査で、およそ八〜十世紀（奈良〜平安時代）の平窯址が出土——旧市内、国府野遺跡（推定下野国府、足利郡衙址）の出土瓦を焼成した瓦窯址と確認される。

法界寺址（樺崎町）　昭和五十八年に測量、同五十九

～平成元年まで六次にわたる発掘調査で――池中立石、橋脚などを伴った中島址、汀で柿経《こけらぎょう》出土。鶴池、亀池址の西方山麓で塔址や建造物址と鎌倉時代の瓦、赤御堂に北接して割石の石段、以上の遺址周辺から金銅製鋲金具、鋲釘、古銭、青白磁片、古瀬戸、板碑などが出土。また北境界の大溝址や御坊址、鶴池址北側に遣水《やりみず》遺構や堂宇址、人骨を納めた青白磁壺、鶴池址東から北東にかけて複数の建造物址、亀池址南端から池尻遺構や南境界址などが出土。――以上のことから浄土庭園による伽藍配置で、寺域はおよそ三町四方に及ぶと推定される。

　そして奥州平泉の毛越寺《もうつうじ》や鎌倉の永福寺《ようふくじ》が、浄土庭園内の中心堂宇の名を一山の名称としているように、わが法界寺も中心堂宇の「下御堂《しもみどう》法界寺」をもって一山の寺名（法界寺）としたと解せられる。

　そもそも足利義兼は、真言密教の総本山である――かの高野山金剛峰寺で修行して鑁阿《ばんあ(な)》と号し、足利に帰り居館の傍らの持仏堂（後の鑁阿寺）を「壇上」、樺崎の下御堂法界寺を「奥院」とし、方位も艮《うしとら》（北東方）で、両寺の間も四八町、三七本の卒塔婆で結び、壇上の学頭職が下御堂の別当を兼ねた。――鑁阿上人は下御堂で生入定《いきにゅうじょう》し（四六歳）、以後壇上は足利源氏の氏寺、下御堂（奥院）はその廟所とされた。

　明治初年、神仏分離令のため、法界寺の尊像や五輪塔群は、牛車《うしぐるま》にのせて、近くの光得寺《こうとくじ》境内に避難したという。

法界寺址の園地・堂塔址等位置図
1 赤御堂址　2 塔址　3 阿弥陀堂址か　4 大型堂宇址　5 中島址　6 橋脚址
7 遣水址か　8 池尻　9 神宮寺址　10 大溝址　11 北界線　12 本坊址か
13 溝址　14 火葬骨壺（2）出土地　15 礎石建造物址　16 建造物址
17 薬師堂伝承地　18 柿経出土地　19 坂本家（足利源氏直系）墓地
20（スクリーントーン）園池推定地域　21 軸線

金剛界大日如来坐像は木造、総高六三cm、像高三〇cm、膝張二二cm、光背径三八cm、台座高二九cm。宝髻高く、白毫をつけ、臂釧、腕釧をつけ、左手は智拳印を結び、蓮華座に趺坐する。光背は円光、尊像、台座は金色、光背は白色を呈する。厨子は木造、高さ八二cm、径五七cm、厚み四七cmの円筒形で、左右の扉が開閉し、筒身内には雲にのる飛天の像が上～中部に、下部の前方には金色の獅子像が立ち並ぶ。そして厨子全体は漆黒を呈するが、扉の向かって右上部にバン（金剛界大日如来）、左上部にア（胎蔵界大日如来）の種子を各月輪内に金色で表す。

もと法界寺（現光得寺蔵）　大日如来坐像

五輪塔群（凝灰岩製、高さ一～一・六m）は総数一九基、およそ原形を存し、種子や陰刻銘も認められ、南遠江守宗継（足利貞氏、尊氏の重臣）や高武蔵寺師直（足利尊氏の重臣）などの銘記が認められ、鎌倉時代後期から南北朝時代にかけての足利源氏譜代の武将達の供養塔とみられる。

③ 神社

示現《じげん》神社（月谷町一七〇三）　主祭神は大己貴命。旧村社。元慶四年（八八〇）の創立。天正年間（一五七三～九二）、示現大明神と改称。慶長年間（一五九五～一六一五）に再建。春秋の例祭には神代神楽が奉納される。社殿には左、右大臣像（文政十三年〈一八三〇〉と慶応元年〈一八六五〉）があり、社殿に至る石塁（天明六年〈一七八六〉）が敷かれている。

示現神社（田島町一七〇三）　主祭神は豊城入彦命。安土桃山時代、足利庄代官長尾顕長の家臣が当地の防備や領民の安泰を願って、二荒山大明神を勧請。田島の山里を見下ろす山腹にある。

柄鏡（江戸時代作）、幣束（寛保二年〈一七四二〉

銘）、神饌狸像（木製、牡牡立像）。

飯綱神社（月谷一三四二）　主祭神は国常立命《くにとこたちのみこと》。貞観十八年（八七六）の創立。信濃国（長野県）飯縄山を本源とする飯綱大権現を高尾山薬王院有喜寺より勧請。両崖山、行道山、石尊山、仙人ヶ岳などの山嶺に連なる山岳信仰の霊場である。

天満宮（菅沢天満宮、月谷町七一三）　主祭神は菅原道真公。醍醐天皇の御代（延喜十四年〈九一四〉）、村人の一翁が京都に上り、三条通り菱屋町に宿泊した時、振動（地震か）と雷雨に遭い火災が起きた。これは〝菅原道真公の祟《たた》り〟との噂話を聞いた翁は、庭先の築山の小石を菅公の霊と見立て、一心に祈ったところ災害が鎮まったという。そのためこの小石を持ち帰り、菅公を祀ったのが当社であると。

山神社（月谷町一七四三）　主祭神は大山祇命。正慶年中（一三三二〜四）、新田義貞が挙兵した当時祀られたとも、或いは足利城主長尾顕長（安土桃山時代）が、城中の城山神社に安置したことに関わるともいう。

樺崎八幡宮（赤土山八幡宮、樺崎町一七二三）　主祭神は誉田別命。旧郷社。承和五年（八三八）、長六郎兵衛平為俊が郷内の守護神として赤土命を祀り赤土社と号した。康平六年（一〇六三）、源義家が奥州安信氏討伐の報謝として八幡社を合祀して赤土山八幡神社と改称。文治五年（一一八九）、足利義兼は奥州出陣に際し、戦勝祈願と寄進を行った。その後、義兼は当地に法界寺を建立し、正治元年（一一九九）、生入定したという。義兼の嫡子義氏は父の遺命にしたがい、義兼の神号義称命を相殿に祀り、神事を執行。この頃八幡宮と称し、その後、足利源氏の聖地として足利将軍家、鎌倉公方家が篤く崇敬し、諸堂も建てられた。元亀・天正の兵乱で衰頽したが、天正十九年（一五九一）、徳川家康が社領一〇石、除地数十町の朱印を付し、面目を回復。それ以後、足利源氏の末裔喜連川氏や吉良氏の崇拝を受け栄えた。大正七年、郷社となり、神饌幣帛料供進社に指定された。

稲荷神社（菅東山稲荷神社、菅田町九五六、出世稲荷）
主祭神は稲倉魂命《うかのみたまのみこと》。旧村社。正治元年（一一九九）足利義兼の創立。以来菅田の鎮守として尊崇される。明治四十一年、神饌幣帛料供進社に指定される。

大正五年、八剣神社も合祀。養蚕、火防の神としても篤く信仰される。――「三十六歌仙図」、「稲荷大明神御絵像」（元禄十四年〈一七〇一〉）、「石燈籠」（元文五年〈一七四〇〉・延享四年〈一七四七〉）二基等がある。

江川八幡宮（三寄八幡宮、江川町二三二一）主祭神は誉田別命。旧村社。足利頼氏が山城国男山八幡宮を勧請。その後、上杉家家臣斎藤新左衛門重直が斎藤家の氏神として再建。主祭神の左殿に長尾景長、景春、右殿に斎藤重光を合祀して三寄八幡という。江戸時代には江川八幡宮として信仰される。柄鏡（藤原政重、江戸時代）や石燈籠（宝永八年〈一七一一〉）などがある。

星ノ宮神社（田島町一一八九）主祭神は磐裂神。旧村社。建久年間（一一九〇～九八）、足利義兼が法界寺を建立し、当社は田島郷の鎮守として虚空蔵菩薩を奉祀。明治十年に再建された。左、右大臣像（江戸時代）、金幣、石燈籠（元禄十一年〈一六九八〉、正徳三年〈一七一三〉）、石燈籠（宝永三年〈一七〇六〉、文久四年〈一八六四〉）を存する。

鹿島神社（大月町一一二九）主祭神は武甕槌命。旧村社。天正二年（一五七四）、常陸国（茨城県）の鹿島大明神を勧請。明治以前は密蔵院の別当寺であったが、神仏分離令で鹿島大明神から現社名になり、神饌幣帛料供進社に指定された。武勇、家運繁盛の神として信仰されている。

威《い》怒《ぬ》神社（大月町四一二）主祭神は武甕槌命。天正四年（一五七六）、上大月に鎮座する鹿島大明神を勧請。当社の傍らには悪疫除けの子育て地蔵尊がある。

④ 寺院

浄因寺《じょういんじ》（行道山、臨済宗、月谷町一五七九）和銅六年（七一三）、行基の創建といわれ、大岩壁の突兀《とっこつ》たる頂上には「寝釈迦《ねじゃか》」（石仏、享保四年〈一七一九〉）を中心とする四九仏の石塔群（文和四年〈一三五五〉）銘の宝篋印塔など）があり、〝行基菩薩分身入定〟の聖地であり、真言僧阿闍梨理真（鎌倉時代初期）も入山したといわれる。――中興の開山は法徳禅師（藤原秀郷一四世、結城〈小山〉光氏〈小山政光七世〉の子息〈園田太郎貞光〉）である。

本尊は阿弥陀如来。永和二年（天授二年〈一三七六〉、南北朝時代）、将軍足利義満によって七堂伽藍が

行道山　浄因寺

建てられ、臨済禅寺として多くの学僧が集い、関東四道場の一つとされ、また深山幽谷の中にある当寺は「関東の高野山」ともいわれた。——元和九年（一六二三）には雷火で堂塔が焼失、江戸幕府から寺領二〇石の朱印を受けた。浮世絵師の葛飾北斎《かつしかほくさい》も当山に詣で、画材とした「清心亭」は大岩壁の前方の巨岩上に現存し、静寂閑雅なこの山の風情を賞《め》でた多くの文人《ぶんじん》墨客《ぼっきゃく》が来遊したという。——明治十八年にまた失火し、山門を残して、本堂をはじめ、諸堂宇、清心亭までも焼失した。現在、その後の本堂、庫裡、清心亭と、大岩壁直下に方丈址の礎石が残り、山腹に熊野さまを祀る堂宇がある。

光得寺《こうとくじ》（菅田山、臨済宗、菅田町八九二）建長六年（一二五四）創建。開山は鑁阿上人（勧請開山か）、開基は足利義氏、または玉淵了珍尼（結城光氏の室で法徳禅師〈結城貞光〉の母）とも。本尊は阿弥陀如来。——明治初年、神仏分離令によって、樺崎八幡宮本殿（もと法界寺赤御堂）に安置されていた金剛界大日如来坐像と五輪塔群（一九基）が、当寺に移された。（概要は「法界寺址」に前記）

来迎阿弥陀三尊像（鉄製）。主尊は阿弥陀如来立像（総高五二cm、像高三三cm。脇侍の観音菩薩立像は像高二六cm、勢至菩薩立像は像高二四cm）。主尊の光背銘は元禄六年（一六九三）、厨子銘は寛政十二年（一八〇〇）。大黒天（安山岩製、高さ二八cm、袍衣姿の福神）を刻出している。

吉祥寺《きちしょうじ》（義任山観音院、天台宗、江川町二四五）弘長年間（一二六一～三）の創建。開山は覚恵和尚。開基は足利頼氏。本尊は十一面観音。安政六年（一八五九）、無住の時、再度の失火のため堂塔が焼失。明治四年に再建される。現在の本堂は旧市内、寛宥寺の建造物を移す。東面する本堂の前には小池があり、池中に弁財天を祀る。本堂に南接する観音堂には聖観世音菩薩坐像（木造、像高五七cm、室町時代）を安置。そしてこれら堂宇や池の西背の〝観音平〟なる山麓の平坦地には、礎石（割石）が遺存し、方三間の堂址がある。また当寺には足利頼氏公位牌（木製、総高五八cm、「足利治部大輔頼氏当山開基　吉祥寺殿晃山義仙大居士　弘長二年四月二十四日」）、十一面観音立像（木造、像高三七cm、江戸時代）がある。

蜜蔵院《みつぞういん》（松龍山、曹洞宗、大月町六六六）　天文元年（一五三二）の創建という。開山は大総慧撮大和尚。開基は川田伯耆守重親。本尊は釈迦如来坐像（木造、像高二八cm、施無畏《せむい》・与願印《よがんいん》）。地蔵菩薩坐像（木造、像高二五cm、天和三年〈一六八三〉銘）。鉦鼓（銅製、径四・一cm、弘化三年〈一八四八〉銘）、鉦架（木製、高さ六六cm、最大幅七〇cm）がある。

無量寺（福聚山、曹洞宗、樺崎町一二九五）元和元年（一六一五）の創建。開山は雲樵祖養大和尚。開基は長四郎信勝。文化六年（一八〇九）、火災で堂宇を焼失。文化九年（一八一二）、本堂を再建。昭和四十五年、本堂を鉄筋コンクリート造に建て替える。本尊は釈迦如来坐像（木造、像高三三cm、定印釈迦の像容で、台座は反花座以下を切り落とす。寛延二年〈一七四九〉銘）。鎮翁良大和尚の墓塔（開山塔、石造、総高九八cm。無縫塔で、塔身の表に「当寺前住開山鎮翁長大和尚」、裏面に「文禄元壬辰正月二十七日」の陰刻銘）。無量寺開基塔（石造、現存高約一一〇cm）。宝篋印塔で、基礎に「開山信勝　元和四年一月十八日」の陰刻銘。宝篋印陀羅尼経塔（石造、現存高二六八

cm。塔身に金剛界四仏を刻み、下部塔身に奉納の経典名などを陰刻。明和三年〈一七六六〉の銘を記す）。

光明寺《こうみょうじ》（万寿山、臨済宗、田島町一七一七） 応安年中（一三六八～七〇）の創建という。開山は大喜法忻禅師。天保六年（一八三五）、雷火で本堂など焼失。安政三年（一八五六）に再建。本尊は阿弥陀如来坐像（木造、像高三〇cm、胎内仏を保存）。天女立像（木造、像高三四cm、唐服の貴女で吉祥天女であろうか。蒔絵も美しく、厨子に享保十年〈一七二五〉の墨書銘）。層塔と宝篋印塔――墓地の入り口に西面して立つ。層塔は一基で、現存高九三cm、基壇、基礎の上に初重軸部をのせ、笠を三層重ね、その上に宝珠をのせる。初重軸は後補とみられ、室町時代作と推定。宝篋印塔は三基、承応三年（一六五四）銘で総高一二五cm。明暦元年（一六五五）銘で塔身を欠く。寛文七年（一六六七）銘で現存高一一〇cm。宝篋印陀羅尼経塔（石造、総高一五二cm。塔身に妙法蓮華経の経文。下部塔身に施主による造塔の由来が陰刻、宝暦十二年〈一七六二〉銘）。

持宝院《じほういん》（医王山、真言宗、利保町一七一二） 創建年次は不詳であるが、四世住職（心海）の時、寛保二年（一七四二）の火災で古記録を焼失した由、近世初期か中世末期の創建かと。開山、開基は不詳。本尊は薬師如来坐像（木造、像高三〇cm、延享二年〈一七四五〉の墨書銘）。地蔵菩薩立像（木造、総高一三五cm）。右手に錫杖、左手に宝珠を持ち、蓮華座上に立つ。厨子の両扉には、蓮茎を持ち岩座上に立つ童女像（左）、棒を持ち岩座上に立つ力士像（右）を各々彩色で画く。江戸時代作とみられる大形の地蔵尊像である。

東光寺《とうこうじ》（医王山瑠璃光院、真言宗、田島町一一九五）

中世、宗覚法印の開山といわれるが、安永九年（一七八〇）の火災で全焼。世祐法印（田島出身）によって再建され、東隣の星の宮神社（本尊は虚空蔵菩薩）の別当として、「田島虚空蔵尊」の信仰を集めてきた。本尊は延命地蔵半跏像（木造、像高三九cm、江戸時代）。虚空蔵菩薩立像（木造、像高四六cm、江戸時代）はもと星の宮神社に祀られていた由。薬師如来三尊像（主尊は薬師如来立像、木造、像高七八cm。脇侍は、日光、月光両菩薩立像。木造、像高四二cmと四五cm。三尊とも台座の裏を切り落とす。江戸時代）。十二神将像（木造、円光を背にした大将達が三体ずつ同一の岩座上に立つ）。真言八祖図二幅（紙本着色、縦九〇cm、横三七cm）。金剛界、胎蔵界の両曼荼羅の下方に、四組ずつ真言密教に貢献のあった八人の大徳を、彩色で画いている。

なお東方の堂平遺跡からは、古代の丈六仏の螺髪や複弁蓮華文瓦などが出土（前記）。

⑤ 伝統行事

一月　元日、二日、三日の三箇日《さんがにち》は、そば、イモ、白米、野菜を食べる。四日はタナサガシ。六日は山入り正月。七日は七草粥を作る。十一日は「蔵開き」「作入れ」を行う。十四日は物作り。十五日はアズキ粥を炊《た》き、灰を撒《ま》く。十六日は嫁ごの正月。二十日はシルコを作って食べる。また恵比須講で、エビス、ダイコクを神棚から座敷に下ろし、ご馳走を供えてお祀りする。

二月　一日は「次郎のツイタチ」と呼び、できたものを神さまに上げる。ニゴワメシ、アズキメシを食べる。節分は虫除けを行い、福茶、ユズの味噌漬けを食べる。八日はコト八日、魔除けや針供養などを行う。初午《はつうま》はダンゴを作り、家ごとに屋敷稲荷に五色紙の旗を作り、墨書して立てる。

三月　三日は「雛祭り《ひなまつ》」で、草餅を食べる。彼岸の中日にはボタモチを作って仏《ほとけ》さまに供える。ハシリクチにはダンゴを作って墓参りをする。

四月　八日はお釈迦さまの日で、花祭り。

五月　五日は端午《たんご》の節句。カシワ餅、菖蒲《しょうぶ》、ヨモギなどを作って、男子の成育を祝う。

六月　一日は初山。

七月　一日はカマップタ（釜蓋）で、ユデマンジュウを作る。七日はタナバタさまで、ネブト流しを行う。十三日は迎え盆。十四日は餅やユデマンジュウを作る。十五日は施餓鬼《せがき》、野廻りをし、ボタモチ、ウドン、トウナス汁を作る。十六日は送り盆。また十日は観音さま、十七日はボンガラ、二十日は地蔵のアシの日。

八月　一日はハッサク（八朔）。十五日は十五夜。

九月　九日はハツグンチ、十九日はナカグンチ、二十九日はシマイグンチ。十三日は十三夜。

十月　一日はお神のオタチ（出発）。十日はトーカンヤ（十日夜）。十九日は宵エビス。二十日はエビスさま（恵比須さま）。二十六日はオカマさま（お釜さま）で、留守のダンゴを上げる。

十一月　一日はお神のオカエリ（帰還）、アズキメシ。十五日はオビトキ（帯解き）、アブラ祝い――七歳になった男女が正装して氏神さま、鎮守さまにお参りする。十九日は十九夜さま。二十三日は別火。――この月「庚申さま」もある。

十二月　一日はカビタリ餅をついて水神宮さまにお供えする。八日はコト八日で二月八日と同じで、魔除けなどをする。冬至《とうじ》はトウナスやユズの味噌漬けを食べ、屋根に手桶の水を柄杓《ひしゃく》でかける。二十八日は正月餅をつく。三十一日はミソカそばを食べる。

示現神社の神代神楽《じんだいかぐら》（月谷町）　流儀は大和流神代神楽。安政六年（一八五九）銘の神楽殿用の張幕もあり、当時はすでに演能されていたことが知られる。舞の種目は、岩戸之舞、古屋根命、大黒之命、恵比須命など一三種にのぼり、神話、農、漁、手工業などに関わるものが含まれている。面は二一面、衣装は二〇着。道具は太刀はじめ一一種。囃子《はやし》楽器は笛、太鼓、大太鼓、囃子の種類は三つ調子はじめ六調子と数え歌などがある。そして舞の始めと終わりは、神楽殿に設《しつら》えた神前に拝礼し、四周を鎮める四方固め、八方固め、順逆の三方式を基礎に舞が展開する。

庚申信仰　北郷地域の庚申塔はおよそ四三一基。そのうち紀年銘をもつものが一八三基で、最古は延宝四年（一六七六）、最新は大正九年、その間二四〇年にわたる。うち元文五年（一七四〇）が一四基、寛政十二年（一八〇〇）が二六基、万延元年（一八六〇）が四二基と、庚申の年の造立が抜群に多く、また江戸時代後期が庚申信仰の大衆化したことを示している。庚申塔の造立が全体的に春の農繁期前や秋の収穫後に集中しており、豊作の喜びや祈願を、集落の人々が一堂に会し、飲食をともにしながら徹夜したことを想うと、〝庚申信仰〟は怖《おそ》れとともに歓《よろこ》び（娯楽）の面もあったのであろう。

以下に特徴的な庚申塔を挙《あ》げてみよう。

吉祥寺（江川町）の墓地入り口の庚申塔群中の天保十四年（一八四三）造の庚申塔は、カタカナの青面金剛真言と、その下に篆書体《てんしょ》の「千庚申」の文字を刻んでいる。

東光寺本堂（田島町）左側の庚申塔群中の一五基に、青面金剛、日天、月天や、大日如来、月光菩薩、聖観音など、多種の種子が刻まれている。

月谷町角欠《すみかき》の琴平神社裏の「庚申常夜燈」銘の庚申塔は、大岩山、毘沙門天堂に通う山道のそばで、夜通には常夜燈の役割をもったものである。

月谷町青沼から馬打峠への旧道にある、安永九年（一七八〇）造立の庚申塔には、「庚申塔奉納三百六十六ケ所大願成就所」の願文が刻まれており、庚申信仰の強さが、数の多さで示されている。

馬打峠の月谷側の登り口に、寛政元年（一七八九）に講中で建てた巨大な庚申塔（足利地方最大の容積――高さ一九〇㎝、幅八七㎝、厚み九四㎝）は、当地の人々の強い庚申信仰のさまを示している。

佐野市に通じる、樺崎町馬坂の越床《こしどこ》トンネル手前の旧道に、通称「百庚申」と呼ばれる九五基の庚申塔群があり、その中の「ウーン」の種子を刻んだ塔には「滅三尸罪」の願文がある。〝庚申の夜に、人が寝ている間に体から抜け出て天帝に人の罪悪を告げる〟という三尸《さんし》の虫の行為は〝罪〟であり、これを滅ぼして長生を願うという〝積極的な庚申信仰〟の観念がみられる、足利地方では唯一のものである。

北郷地域には数の力でより多くの庚申の功徳を願ったものが多く、「百庚申」四基、「千庚申」一九基、「二千庚申」二基、そして「一万庚申」一基も樺崎、馬坂に立つ。

第四章 東部

毛野

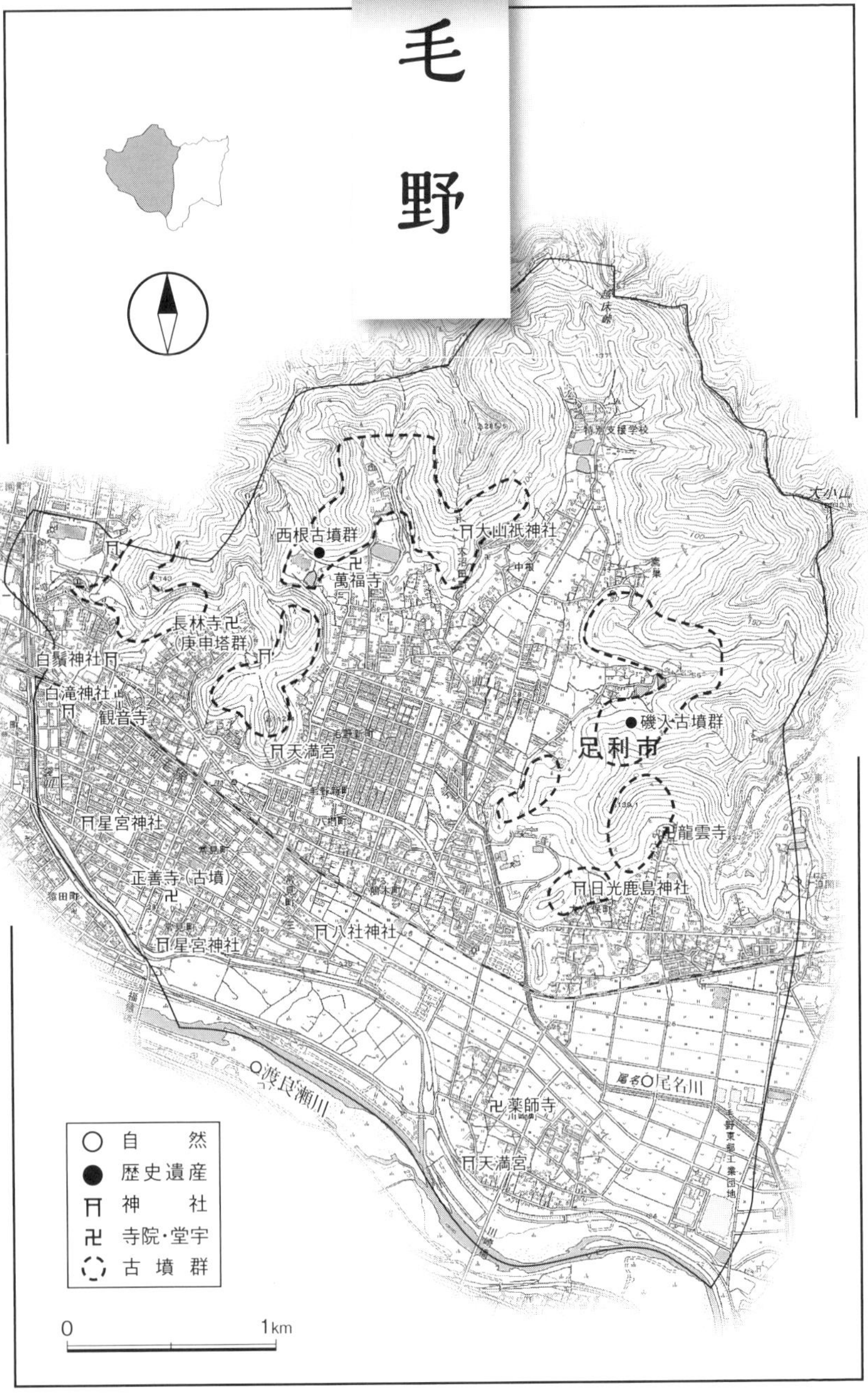
西根古墳群
大山祇神社
萬福寺
長林寺
（庚申塔群）
白髭神社
白滝神社
観音寺
天満宮
磯入古墳群
足利市
龍雲寺
星宮神社
正善寺（古墳）
日光鹿島神社
八社神社
星宮神社
渡良瀬川
尾名川
薬師寺
天満宮
大小山
特別支援学校
自然
歴史遺産
神社
寺院・堂宇
古墳群
0
1km

当地域は旧市内地域の東部に位置し、それは南流する袋川で境し、北部は山地で北郷地域と境し、東部は北東隅の大小山《だいしょうやま》から南走する山地と平坦地で富田地域と接し、南部は東南東方に流れを変える袋川と、更に南部を同方向に流下する渡良瀬川によって、梁田地域と境している。

①自然

山丘　北部山地の中央に大坊山《だいぼうさん》（二八五ｍ）が屹立《きつりつ》し、東側は大小山（三一四ｍ）からの山丘が大久保地区へ、起伏しながら南走、西側は北部の山丘が、山川から八椚《やつくぬぎ》地区まで、南走する。

河川　西端の旧市内との境を南流する袋川が大きく迂回し、南部を蛇行しながら東南東方に流れ下り、更に南には、合流する渡良瀬川が、およそ同方向に流下している。また東南の山裾に沿って南東流する尾名《おな》川は山裾端で流れを変え、南方の渡良瀬川に流入する。

植生　当地域には、クロマツ、カヤ、スギ、松並木など、針葉樹の多いのが目立つ。大沼田町や天神町のクロマツは、往時の道しるべのような風情をのこし、大沼田町のクロマツは、道の中央の一段高いところに立ち、その下には庚申塔やお地蔵さまが並んでいる。長林寺の参道の松並木は、アカマツ、クロマツが混じり、大小三〇本ほどが、良く並木の状態を保ち、往昔の寺の参道のさまが偲ばれる。渡良瀬川北岸に近い鵤木《いかるぎ》の一本杉は、例幣使街道沿いに立ち、その存在は貴重である。目通り五・九ｍ、高さ二三ｍ、枝張り二三ｍで、三本の幹に分かれている。度々《たびたび》の落雷のため、縦裂の痕がみられるが、樹齢は六〇〇年余と推定されている。

鵤木の一本杉

②歴史遺産

旧石器～縄文時代の遺跡

遺跡名	所在地	立地	旧石器	草創期	早期	前期	中期	後期	晩期	出土遺物
大久保	大久保町	斜面	○		○	○				旧石器、縄文土器
大久保伊勢山	大久保町	山裾	○							旧石器
大沼田東	大沼田町	斜面	○		○					旧石器、縄文土器
山小路		斜面			○	○		○		縄文土器、石斧、礫器、剝片石器、石鏃、黒曜石など
毛野中・裏山	大沼田町	丘陵鞍部				○		○		縄文土器
大久保岡山	大久保町	斜面				○				縄文土器、礫器
毛野新町西山前	毛野新町	平坦地					○	○		縄文土器
山川長林寺	山川町	斜面					○	○	○	縄文土器、独鈷石
八椚山	八椚町	斜面					○			縄文土器
常見	常見町	微高地						○	○	縄文土器、石鏃、石斧、石匙、土偶、耳飾、黒曜石など
大沼田西根	大沼田町	丘陵上				?				縄文土器、石斧、礫器
大沼田島	大沼田町	微高地				?				縄文土器、石鏃、石斧、凹石、黒曜石など

弥生時代の遺跡

遺跡名	所在地	立地	初期	中期	後期	出土遺物
常見	常見町	低台地			○	弥生式土器

古墳時代～奈良・平安時代の遺跡

遺跡名	所在地	立地	古墳時代 前期	古墳時代 中期	古墳時代 後期	奈良時代	平安時代	出土遺物
毛野中裏山	大沼田町	丘陵鞍部			○	○		土師器、須恵器
岡山	大久保町	斜面山裾			○	○		土師器、須恵器
伊勢山	大久保町	低台地			○	○		土師器、須恵器
常見	常見町	低台地				○	○	土師器、須恵器

古墳（群）　○勧農《かんのう》車塚古墳（宮北町・旧勧農）――渡良瀬川北岸の低台地を占める。現状は墳丘が大きく削られ、残丘も大半が墓地化している。が、直径約七三m、三段築成の円丘と幅一六m以上の周湟が確認され、黒斑をもつ円筒埴輪や朝顔形埴輪片、二重口縁の土師器片、須恵器甕片や縄文土器片なども出土。また近年墓地造成中に石製模造品（鎌型と刀子型）と管玉《くだだま》も出土。更に墳丘上のFP火山灰も認められた。以上の事実から、築造年代はおよそ五世紀代、埋葬主体部は竪穴構造で、三段築成の墳丘を南か南東方に向けた

前方後円墳――墳丘全長はおよそ一四〇m前後に及ぶ大墳と推定される。

○常見《つねみ》古墳群（常見町）――袋川（名草川）左岸（東岸）の低台地（東西約七〇〇m、南北五〇〇m）の前方後円墳を主とした群集墳。

○田島古墳（湮滅《いんめつ》）――「切絵図」によれば、ほぼ東面する前方後円墳で、前方部は後円部より若干小さい古式の様相を示す。全長約七〇mの裾に周湟が推定される。

○海老塚古墳（湮滅）――田島古墳の東方約三〇〇mにあったが、道路工事のため昭和五十五年、残丘の発掘調査を行う。――直径五〇m余、高さ約六mの二段に葺石と埴輪列をもった造出し付大型円墳と推定され、南に開口する全長約九mの巨大な横穴式石室（割石、持送り積み、胴張型）内に、以下の副葬遺物があった。玉類、釧、鈴などの装身具、小札、石突、鏃などの武器や武具、雲珠《うず》、辻金具、喰《はみ》をもつ馬具など。また須恵器の追納や後世の寛永通宝も出土。墳頂に土師器の納置も知られ、埴輪は多くが円筒形で、人物、盾、靭などの器財形片も出土。本墳は六世紀代に築造、七世紀前半頃追葬があったと考えられる。

○正善寺《しょうぜんじ》古墳（常見車塚、常見町）――田島古墳の南南東方約四〇〇mの低台地に西南西面する前方後円墳で、全長一〇五～一一〇mと推定。昭和六十三年の墳丘調査では二段築成で、墳丘斜面に葺石、埴輪（円筒朝顔形、V式など）をめぐらし、墳裾はテラス状に広く、周湟を盾形にめぐらす。――現在くびれ部に正善寺本堂が立ち、後円頂部と前方部の大半は墓地化している。後円部中央位には横穴式石室が南向きに開口し、内部の遺骸、副葬品等は不明であるが、「観世音菩薩像」があったという。石室は両袖型で全長七・五m、硅岩《けいがん》質の割石を持送り積みし、玄室の床面は羨道より低く、天井石は玄室より、羨道部は段差をつけて低い。墳丘下に榛名山二ッ岳爆裂による火山灰（FAかFP）が認められ、周湟の底に八世紀代の土師器坏があったことから、六世紀後半以降の築造で、また石室天井石が羨道部で一段下げた構造など、本墳はおよそ六世紀末ないし七世紀前半頃の築造と推定される。なお石室より出土の観世音菩薩像は、渡来人がもたらした小金銅仏ではなかったろうか。

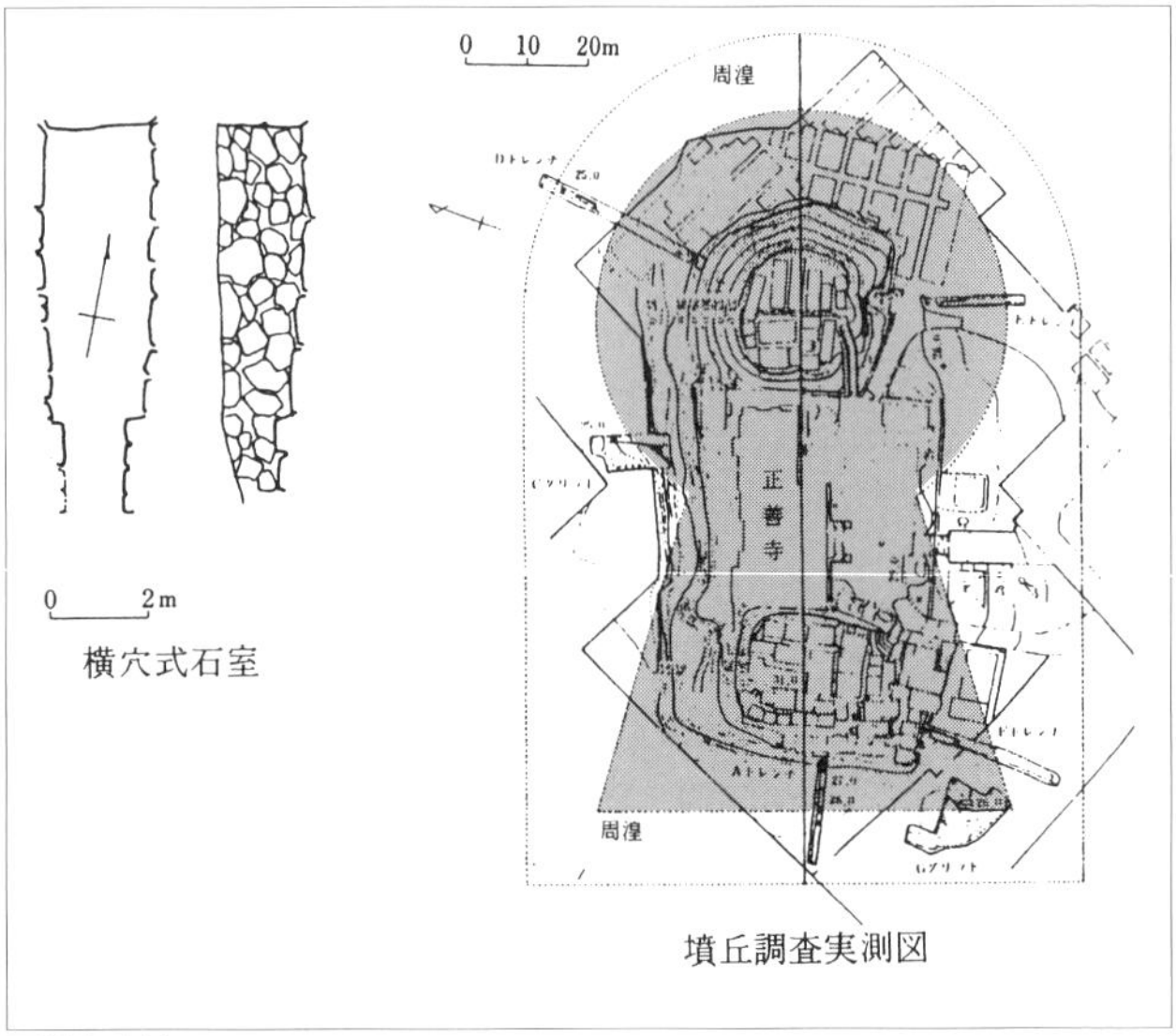

正善寺古墳

また田島古墳の西方約一〇〇mの口明塚古墳（墳形不明、横穴式石室開口）、更に西方約一〇〇〇mの星の宮神社古墳（五〇m以上の前方後円墳か）、そして田島古墳の南西方約三三〇mの金吾塚古墳は周湟をもつ小型前方後円墳で横穴式石室が開口し、後期古墳とみられる。

次に大沼田《おんた》の平坦地を囲むような里山の山頂から山裾を占める古墳群の概要をのべれば——東方では、伊勢山古墳群（円墳一五基）、磯山古墳群（円墳八七基）、北方では中根古墳群（円墳二基）、西根古墳群（円墳一二〇基）、西方では八椚《やつくぬぎ》古墳群（円墳二三基）更に西方の高寂寺古墳群（円墳一四基）、宮先古墳群（前方後円墳一基、円墳一〇基）などが知られる。

城館址　勧農城址、八椚館址（鎌倉～室町時代、大半湮滅）、小野寺館址（鎌倉～戦国時代、湮滅）。

勧農（岩井《いわい》）城址（勧農町）は、旧市街地の南東方、岩井山なる独立小丘（比高約二〇m、東西約一六〇m、南北約二〇〇m）のおよそ全てを占める。——丘頂は平坦で、周りを土塁で囲む本丸址、その南から東の緩斜面に、段階状に二の丸址、三の丸址、本丸址北東隅の最高所に物見台址、本丸の直下に大手口を設け、帯郭址が連なる。北の尾根も一段下って郭址、その西方も段階状の帯郭址が連なる。——西から南方の下方には、西方から東南流する渡良瀬川がめぐり、崖上に築かれたような当城址からの見晴らしは絶好で、まさに天険の城塞《じょうさい》である。――文正元年（一四六六）、長尾景人が足利庄の代官として初めて入城し、足利を統治した歴史的な城址である。

③ 神社

大山祇神社《おおやまつみじんじゃ》（大沼田町二二六八）　主祭神は大山祇命。旧村社。久安元年（一一四五）大坊山頂に神社を創立。駒形、大山祇両大明神を祀り、国家安全と五穀成就を祈願した。昭和四十年、落雷で社殿を全焼、新たな社殿は大坊山中腹に造営する。

春秋の例祭には、太々神楽を奉納――「鹿島・香取」ほか一四座が上演されている。

天満宮（川崎町一九三四）　主祭神は菅原道真公。旧郷社。建久元年（一一九〇）小野寺道綱が源頼朝より河崎郷を安堵《あんど》され、その養子秀通の時、当郷の田島、河崎、奥戸が開発され、その総鎮守として創立された。江戸時代には、毎年、朝廷より日光例幣使の参宮があり、勅使《ちょくし》参向の際は必ず当社に拝礼する慣わしになっており、奉納品もあった。

勅使の短冊（天保十一年〈一八四〇〉、鷲尾前大納言隆純卿。天保十三年〈一八四二〉、中山宰相中将忠能卿。天保十四年〈一八四三〉、綾小路宰相有長卿）が奉納されている。

上之宮神社（猿田町三七七）　主祭神は伊邪那岐命ほか四柱。旧村社。鎌倉時代初期、足利義兼が猿田郷を設けた時、創立。その後、文正年間（一四六六～七）、長尾氏が創立した下之宮神社を明治初年に合祀。

白鬚神社《しらひげ》（山川町一〇七六）　主祭神は伊邪那岐命、伊邪那美命。旧村社。古代、朝鮮からの渡来人が創立したといわれる。中世には足利庄山川郷の鎮守。正徳四年（一七一四）、白川神祇伯より正一位の神階を授かる。

赤城神社《あかぎ》（岩井町七五二）　主祭神は磐筒男命、磐筒女命。旧村社。鎌倉時代初期、足利庄の成立後、勧農郷ができ当社が創立された。文正元年（一四六六）には足利庄代官の長尾景人が勧農城に入部。天保十年（一八三九）、渡良瀬川の洪水で現在地に遷座する。

日光鹿島神社（大久保町一三一七）　主祭神は事代主命、建御雷男命。旧村社。鎌倉時代初期に大窪郷《おおくぼごう》が開

発され、鎮守として日光大権現が勧請された。文正元年（一四六六）、長尾景人が足利庄代官として勧農城に入部以来、大窪郷は長尾氏が支配、永禄四年（一五六一）には小野寺景綱が長尾景長の配下として大窪郷を拝領、当社に鹿島大明神と天神菅原道真公を奉祀した。本殿の天井板絵は嘉永二年（一八四九）、騎西安貞が画く。七月土用前の日曜日には「神送り」が行われる。

星宮神社（常見町一―二五―六） 主祭神は瓊瓊杵命。鎌倉時代初期、恒見小次郎が恒見郷を開発し、虚空蔵菩薩を奉祀。文政五年（一八二二）、神祇伯雅寿王より星宮大明神の神号を受ける。昭和三十七年全焼、同四十三年社殿を再建。区画整理で現在地に移転した。

八社神社（鵤木町） 主祭神は事代主命ほか七柱。鵤木郷の鎮守として日光大権現が祀られ、隣接地に応仁二年（一四六八）、白山神社を勧請。寛延二年（一七四九）、神祇伯家の教えで日光大権現を八社大明神と改祀する。

天満宮（八椚町） 主祭神は菅原道真公。旧村社。鎌倉時代初期、八椚郷が開発され、福徳山麓に権現が奉祀された。室町時代、佐野師綱の技官八椚弾正正忠が築城の時、梅が森に天神を奉祀。延享二年（一七四五）ついで嘉永三年（一八五〇）に再建。明治四十二年に星の宮神社を合祀。

星の宮神社（山川町） 主祭神は瓊瓊杵命。室町時代初期、鎌倉公方足利基氏が、橋本郷を山河郷から分村して虚空蔵菩薩を奉祀したことに始まる。天保年間（一八三〇～四四）、神祇管領の布教を受け、瓊瓊杵命を祭神とする星の宮神社に改称、大正三年には神明宮を合祀する。

白瀧神社（山川町） 主祭神は天棚機姫神。江戸時代後期、機織りの神を祀る神社として創立する。

④ 寺 院

観音寺（川流山、天台宗、山川五―一三） 寿永元年（一一八二）の創建という。開山は僧宝永。本尊は観世音菩薩立像（木造、像高二七cm）。

観音堂内――馬頭観音像（銅造、河内国生駒より招来）。天部立像（木造、像高四八cm）。不動明王立像

（木造、像高四一cm、三面六臂）。以上の尊像は江戸時代作か。

板碑一基（緑泥片岩製、長さ六六cm）、永仁六年（一二九八）銘。鈴釧一個（銅製、外径七・五cm、鈴の径一・五cm、古墳時代作）。

萬福寺（大沼山、時宗、大沼田町一四三六）　元暦元年（一一八四）、開山は他行上人。本尊は阿弥陀如来立像。閻魔堂がある。

正善寺（明星山神楽院、天台宗、常見町一―一二―一五）　創建は鎌倉時代初期か。開山は僧覚永。西南西面する前方後円墳（前記参照）の〝くびれ部〟（中央位）を削平して南面する本堂が建ち、前方、後円の両丘がおよそ墓地化している。

本尊は阿弥陀如来坐像（木造、像高九七cm、鎌倉時代）。

龍雲寺（明鏡山、曹洞宗、大久保町一一八三）　草創は天台宗、薬師寺（畠山家の菩提所）で、その後臨済宗、建長寺の大拙和尚により、明鏡山般若寺と称した。天正年間（一五七三～九一）、的翁和尚の時、伽藍を造営、曹洞宗として龍雲寺と改称した。

本尊は釈迦如来坐像（木造、像高四四cm、江戸時代）。地蔵菩薩坐像（木造、像高二二cm、正徳四年〈一七一四〉）。如意輪観音思惟像（木造、像高三六cm）。勝軍地蔵像（木造、総高三八cm、正徳三年〈一七一三〉）。以上地蔵、観音、勝軍の三体は地蔵堂に安置。

格天井《ごうてんじょう》の彩色画（格天井は中央一間《ま》、周囲は六八間で、中央間に「龍」を墨画、その四辺に「十二支」、その周囲に各様の「花、鳥」を彩色で画く。

五輪塔二基（凝灰岩製、総高一三一cmと一三三cm、ともに鎌倉時代中～後期）、歴代墓地の入り口に立つ。宝篋印陀羅尼経塔（石造、総高三六六cm、宝暦二年〈一七五二〉銘）。

長林寺（福聚山、曹洞宗、山川町一一四二）　明応八年（一四九九）、常陸国小茎郷（現・稲敷町茎崎町）に東林寺として創建。中興の源室永高和尚の代、兵火で伽藍を焼失。天正（一五七三～）に入り、上杉謙信の寄進で、現在地に再建、長林寺と改称。徳川歴代将軍より御朱印地二〇石が下賜。宝暦三年（一七五三）、文化十一年（一八一四）の火災で諸堂が焼失のため、弘化四年（一八四七）より堂宇を造営する。

本尊は釈迦如来。阿弥陀如来立像（木造、像高二六cm）、釈尊花蝶三幅対（開山禅師に帰依した室町幕府一三代将軍足利義輝寄付、天文十九年〈一五五〇〉）。

薬師寺（瑠璃光山、医王院、真言宗、川崎町二―六―二）

創建は建久元年（一一九〇）。開山は円審法印。開基は小野寺禅司太郎義寛。本尊は延命地蔵菩薩半跏像（木造、像高四五cm、江戸時代）。薬師如来坐像、日光、月光両菩薩立像。十二神将像が厨子入りで、木箱に納置。木箱の底面に「天明五乙巳冬十月　京建仁寺町仏師福円宗慶再興　薬師寺現住慶雅奉修補者也　尊阿」の墨書銘。厨子（高さ九・五cm）の内側は金箔、外側は梨地塗。更に大型長方形状の容器（総高四〇cm、身高三〇cm、幅一五cm）。身は桐、蓋は金属製。宝形造りの屋根は法輪を打ち出し、四隅を飾り、四辺は天蓋と同様の重金具を付け、宝珠は環を付ける。

不動明王立像（木造、像高六八cm、玉眼、台座など欠、中世作か）。薬師如来坐像（木造、像高四九cm、膝張四〇cm）。衣文は定朝様、肉髻《にくけい》高く彫眼《ちょうがん》、膝高も低い。像底の形状など――藤原末～鎌倉初期の作か。薬師堂正面の壇上に安置。

清雲寺（大林山、曹洞宗、大沼田町七―二―三）創建は天正二年（一五七四）。開山は歳巌門芸和尚。初め清水庵と号し、寛永二年（一六二五）に再建、現寺名となる。本尊は千手観世音菩薩、大般若波羅蜜多経六〇〇巻を蔵す。境内に庚申塔が立つ。

高庵寺《こうあんじ》（大応山、曹洞宗、宮北町八―七）創建は天正十年（一五八二）。開山は雲樵祖養和尚。開基は芳岷和尚。初め勧農北袋にあったが、万治年間（一六五八～六〇）の大洪水で現在地に移建。――それは「勧農車塚」なる大型前方後円墳（推定五世紀）の大半を削平して、南面する本堂と墓地となっている。

本尊は千手観世音菩薩坐像（木造、像高二五cm）、脇侍の左、右二体はともに像高三〇cm、甲冑を着て岩座上に立つ。三体（主尊、脇侍）を納める厨子の裏面に、延享二年（一七四六）と奉納時の由緒が朱書されている。庚申塔も立つ。

⑤ 伝統行事

一月　三箇日《さんがにち》の縁起《えんぎ》は家によって異なるが、雑煮《ぞうに》縁起の家が多かった。年始廻り、神詣り。四日はオタナナガシで神棚などのお供え物を下げた。六日は山入り、七日はナナクサ、十一日は鍬入レ、十四日は注連縄、松飾りなどを外《はず》して、ドンド焼き（餅を焼いて食べる）を行う。十五日は小豆粥《あずきがゆ》を食べる。十六日は閻魔《えんま》の日で、ゴムクメシ（五目飯）を作った。二十日は「二十日正月」「エビス正月」でオシルコなどを食べた。

二月　一日は次郎のツイタチといわれ、神棚などに粟《あわ》餅《もち》を上げたりした。節分は豆撒《ま》きを行う（年神さま、神棚、井戸神、オヒヤさま、オカマさま、屋敷稲荷などへ）。初午《はつうま》は五色の旗に「奉納稲荷大明神」と書いて、屋敷稲荷に供えた。八日は針供養する家が多かった。

三月　三日は「節句《せっく》」と呼んで「雛《ひな》祝い」を行った。彼岸は墓地の掃除を行い、中日《ちゅうにち》にボタモチ、走り口にはダンゴを作って墓参りをした。

四月　八日は各地で「花祭り」が行われた。

五月　五日は節句で、軒にはショウブとヨモギやフジの葉を挿した。八十八夜は各家でご馳走が作られていた。

六月　一日は浅間さまの祭りが行われるところが多かった。十五日は天王さまの祭りを行う地区が多かった。

七月　一日は地獄の釜の蓋が開《あ》く日とされ、「カマップタ」と呼ばれ、ユデマンジュウが作られた。七日はタナバタで、マンジュウ、ウドンなどを作って食べた。お盆は、十三日の迎《むか》え盆《ぼん》に始まり、十六日の送《おく》り盆で終わる。事前に七夕《たなばた》頃から迎え盆前日までに墓掃除をしておき、農作業も田の草取りを、お盆までには済ませておく。

八月　一日は八朔《はっさく》と呼ばれ、新しい嫁《よめ》は手土産を持って実家へ日帰りでお客に行き、帰りには実家から箕《み》や桝《ます》を、姑への土産として持って来る。これは嫁が姑を一生面倒をみます、という意味で行われたといわれる。十五夜は、ダンゴ、ボタモチ、ユデマンジュウなど「丸い物」を作り、サツマイモ、クリ、カキ、サトイモなどを箕に入れて供える。

九月　ミツクンチ。九日はハツグンチ、十九日はナカグンチ、二十九日はシメグンチと呼んで米の飯やケンチンなどの変わり物を作って食べた。彼岸の中日にはボタモチを作り、走り口には墓参するのが慣わし。十三夜は十五夜と同じく月見の行事を行うが、供え物の数はそれぞれ三つずつとなる。

十月　一日は「お神のオタチ」といい、家々の神が出雲の国へ旅立ちをする日。十日の夜は「トーカンヤ」と呼び、モチをつくる。子供はイモガラをワラで巻いたワラ鉄砲を作り、「トーカンヤ、トーカンヤ、トーカンヤのワラ鉄砲、米も麦もよくとれろ」と歌いながら地面を叩いて歩いた。エビスコは十九日を外エビス、二十日を内エビスとして祝った。二十六日は「オカマのルスンギョウ」といって、八百万《やおよろず》の神々が出雲の国に集合している中、オカマさまは子供が三六人いて旅立てず、留守を守っているため、オカマさまに上げる小粒のダンゴを作ってシナダンゴにして食べる。

十一月　一日は「お神のオカエリ」の日で、夜の明けぬ暗いうちからオサゴを持って鎮守さまに迎えに行った。十五日は「オビトキ」（油祝い、袴着ともいわれる）で、七歳になった子供が晴れ着を着て鎮守さまにお詣りをするが、この日は赤飯をふかしてご馳走し、子供の成育を祝う。十九日は十九夜念仏が行われた。

十二月　一日は水神《すいじん》さま（川神さまとも）を祀ることが行われ、八日は「コト八日」で魔除《まよ》けのために、竿の先端にメカイを付け竹の芯に葉をまるめて、その上にオニノメシ（五日飯）を上げて、夕方軒先に立てる。冬至はユズ湯を立てる。二十八日はすす払いをする。大晦日《おおみそか》にご飯を多量に炊いて、三箇日《さんがにち》はそれを食べて過ごす家や、塩ビキを買ってきて、夫婦喧嘩《ふうふげんか》をして土間に投げつけたりする家もあった、という。また宵のうちから、大岩毘沙門さまのアクタレ祭りに行く家もあった。

大山祇神社の太々神楽　当神社神楽奉納の起源は詳《つまび》らかではないが、文政年間（江戸時代後期）には既に行われており、大和流渋井派のもので、大沼田町西根の相続人のみの伝承（習慣）となっている。上演は「鹿島・香取」のほか一四座で、「天児屋根命」、「太」、「神の導き」の三座は、常にこの順で最初に舞う例となっている。

鵤木《いかるぎ》の獅子舞《ししまい》　鵤木地区では、古くから旧暦の六月十五日（現行は七月の第三日曜日）を中心に天王《てんのう》さまを祀る行事があり、その中で獅子頭を使って鵤木の各戸を廻る「獅子舞」が行われた。――この際「獅子冠り」は、他所から来た「入り聟」が、次の「入り聟」が来るまで毎年担当させられた。村人からはこの天王さまは病魔追放などに効験《こうけん》があると信じられていた。

――大正八年（一九一九）のスペイン風邪の流行の時、死者が多数出て、八椚の依頼で冬期に悪魔払いの渡御を行ったら、その後死者が全く出なくなったといわれる。

庚申信仰　毛野地域の庚申塔の総数はおよそ一六〇基で、うち一〇九基が山川の長林寺に集中（前記「百庚申」など）。他の五一基は、大沼田、山川、常見、鵤木、北猿田、八椚、大久保、川崎、勧農、岩井などの旧村の多くの寺院や神社に遺存している。

富田

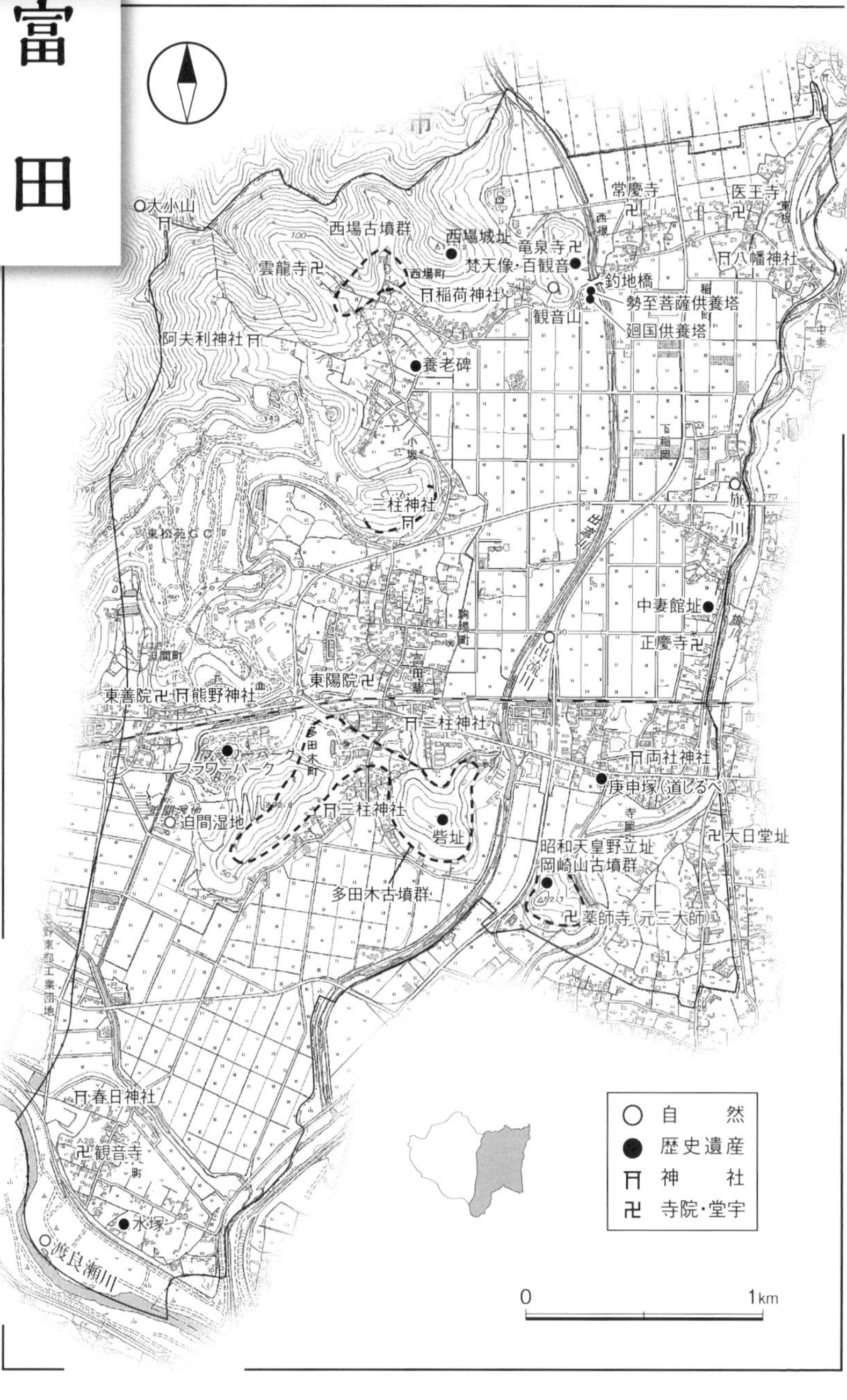
大小山
西場古墳群
西場城址
常慶寺
医王寺
雲龍寺
竜泉寺
梵天像・百観音
八幡神社
稲荷神社
観音山
釣地橋
勢至菩薩供養塔
廻国供養塔
阿夫利神社
養老碑
三柱神社
旗川
東松苑GC
中妻館址
正慶寺
出流川
東陽院
東善院
熊野神社
三柱神社
フラワーパーク
両社神社
庚申塚(道しるべ)
迫間湿地
三柱神社
砦址
大日堂址
昭和天皇野立址
岡崎山古墳群
多田木古墳群
薬師寺(元三大師)
春日神社
観音寺
水塚
渡良瀬川
自然
歴史遺産
神社
寺院・堂宇
0
1km

当地域は足利市域の東端部を占める。その北辺は佐野市赤見町、東辺は佐野市の小中、並木、免鳥の各町、南東辺は佐野市村上、高橋の各町に接し、南辺は東南流する渡良瀬川で、久野地域の野田町と境し、そして西辺は毛野地域の久保田町、川崎町と接している。

① 自然

山丘　当地域の北西端には、象徴的な大小山（三一四m）が聳え、多くの尾根を派生している。東へは観音山まで延び、南へは、小坂へ、更に迫間《はざま》へ、大久保へと派生する山なみが長く延びる。そして迫間の南には多田木《ただき》山が独立丘陵（九四m）となり、更に南東して岡崎山なる小丘（五三m）に至る。

河川　以上の大小山に連なる山麓は、およそ一面の平坦地であり、北部より大小山麓の西根（稲岡町）を南流する出流《いずる》川と、その東側の東根（稲岡町）を南流する旗《はた》川が、ともに平行するように蛇行し、奥戸町内で合流、渡良瀬川に注いでいる。

植生　当地域には、モッコク、ヒイラギ、モチノキなど、暖地性植物の大形のものがある。迫間湿地は〝自然〟がそのまま残っている生態的に大変貴重なところである。それは――タチスミレ、イトハコベ、ハンゲショウ、サクラタデ。水中にはニホンフラスコモ、トリゲモ、ヒルムシロなどの植物があり、またベニイトトンボ、サラサヤンマ、エサキアメンボ、トネチビナガゴミムシ、ヤマトチビコガネカミキリ、ツノタテグモなどの昆虫類やクモ類。カシラダカ、アオジ、シメ、カルガモ、カイツブリ、カワセミなどの鳥類も見られる。龍泉寺のカヤ、三柱神社のアカマツ、稲荷神社のアカマツ、増田家のクヌギ、東陽院のクロマツなどの保存が知られる。

竜泉寺のカヤ

② 歴史遺産

縄文時代の遺跡

遺跡名	所在地	立地	草創期	早期	前期	中期	後期	晩期	出土遺物
多田木	多田木町	山麓斜面		○	○		○		縄文土器
観音山	（西場町か）稲岡町	山麓斜面		○	○				縄文土器、石鏃、石斧、剝片
田中	稲岡町	微高地			○		○		縄文土器
西場	西場町	微高地			○	○	○		縄文土器、凹石
駒場	駒場町	微高地				○	○		縄文土器、石斧（分銅形）
奥戸	奥戸町	微高地				○	○		縄文土器、石皿、叩石、凹石
後畑	寺岡町	微高地					○		

弥生時代の遺跡

遺跡名	所在地	立地	初期	中期	後期	出土遺物
西場	西場町	平坦地			○	弥生式土器（赤井戸式）
後畑	寺岡町	低地			？	弥生式土器

古墳時代～奈良・平安時代の遺跡

遺跡名	所在地	立地	古墳時代 前期	古墳時代 中期	古墳時代 後期	奈良時代	平安時代	出土遺物
後畑	寺岡町	低台地	○	○	○	○	○	土師器、須恵器、宰瓦、布目瓦、灰釉
大日堂	寺岡町	低台地	○	○	○	○	○	土師器、須恵器、布目瓦（寺院堂址）
西場	西場町	低台地	○	○	○	○	○	土師器、須恵器、灰釉
田中	稲岡町	低台地	○				○	土師器、須恵器
上敷	稲岡町	低台地		○	○	○	○	土師器、須恵器
駒場	駒場町	低台地		○				土師器（方形周溝墓）
東根	稲岡町	低台地			○	○	○	土師器、須恵器
山	駒場町	山裾			○	○		土師器、須恵器
多田木	多田木町	山裾			○	○	○	土師器、須恵器
日光神社東	駒場町	山裾			○	○	○	土師器、須恵器
奥戸	奥戸町	低台地				○	○	土師器、須恵器、瓦

古墳（群）

多田木山古墳群（多田木町）――およそ五四基（ほかに湮滅前方後円墳一基）

岡崎山古墳群（寺岡町）――前方後円墳一基、円墳三一基（計三二基）

新田古墳群（迫間町）――円墳二三基

西場古墳群（西場町）――円墳一六基

山崎山古墳群（駒場町）――円墳六基

入駒場古墳群（駒場町）――円墳三基

駒場古墳群（駒場町）――円墳二基

稲岡一号墳（稲岡町）――一基

城館址　○西場城址（西場町）――富田地域の主峰、大小山の東側尾根の端部の小丘（一五九ｍ）を占める。即ち、頂部を主郭（縦六五ｍ、横一〇～一七ｍ）とし、周囲に若干の郭塁を遺存する。嘉応年中（一一六九～七〇）、足利藤原氏家綱の六男成綱が築城。後年（天正五年〈一五七七〉）、長尾顕長に敗れ、落城したと伝える。

○中妻（山本）館址（寺岡町）――南流する旗川の右岸（西岸）の平坦地を占める。現状は、南北位に各方形状の郭が、三か所連結している。即ち、南部は北西隅に壕址、中部は西側と北側に長方形状の壕址、北部は西、北、東の一部、の三方に土塁址――が各々残存。全域は明らかでないが、南北九〇ｍ以上の複郭の城館址である。戦国時代の築城で、城主は山本義光という。

○多田木砦址（多田木町）――多田木山の東側山丘の東北に延びた尾根状の小丘と東側裾部にわたり、東西幅五〇～一二〇ｍ、南北長約二五〇ｍに及び、段階状の帯郭址があり、南側裾部には中段に井戸址、東面する腰郭や帯郭の遺址が各六～七段遺存する。――戦国時代、足利長尾氏が佐野氏との確執《かくしつ》のなかで最前線の軍事拠点の跡である。

○横井戸、その他（多田木町、増田染一郎氏宅）――明治時代初期の製作。裏山（多田木山）に濾過《ろか》装置や横穴を設けて、濾過水を受水槽に導き、溜めて利用した。横穴が外部と接する部分はアーチ形の煉瓦造りで、下部に受水槽があり、それに接続して木造瓦葺屋根の炊事場がある。治水と水利用のために造られたもの。

○釣地橋《つりじばし》（稲岡町）――出流川に架かる石造りの橋で、大正六年三月に竣工した。厚さ約二一㎝の御影石を二〇枚敷き詰め、二本一組の橋脚が支えている。長さ約一四ｍ、幅約二・三ｍ。欄干《らんかん》の両端部は八の字に広がり（両端幅約三・七ｍ）、高さは約三七㎝（擬宝珠高約六〇㎝）。――二列に並んだ擬宝珠は荘重、優美。全体に石造りのため重量感、安定感がある。

○水塚《みづか》（奥戸町、中島清氏宅）――渡良瀬川に近く、低地のため、昭和二十年代初めまで洪水が多く、人命や家具等を守るため、敷地内に避難小屋としての「水塚」が造られた。昭和二十年代に造られた中島清氏宅の水塚は二m近くまで土盛りし、その上に約一二㎡の小屋を建てた。それは木造で、屋根は切妻の鉄板葺、外壁は土壁、床は二層で梯子《はしご》を架け、小屋組は物が容易に吊るせる高さに造られている。奥戸地区で現存するものは二棟である。

③ 神　社

両社《りょうしゃ》神社（寺岡町五一〇）　主祭神は大己貴命、事代主命。旧村社。奈良別命が下野国造として派遣された時、二社の神を守護神として御分霊を奉斉した。その神霊を元慶元年（八七七）、分祀したという。配神に新田義貞を祀る。

稲荷神社（西場町六三九）　主祭神は稲倉魂命《うかのみたまのみこと》。旧村社。建仁二年（一二〇二）、藤原成実が田沼の一瓶塚稲荷神社を勧請。現在の本殿は元禄十四年（一七〇一）の造営という。

三柱《みはしら》神社（駒場町四八六）　主祭神は大己貴命、事代主命、須勢理姫命。旧村社。天文年中（一五三二～五五）、駒形大明神を奉斉。寛文年中（一六六一～七三）、下野国日光から日光権現を勧請して合祀。延宝八年（一六八〇）、日光三柱大権現と改称。更に明治の神仏分離令で、現社名に変更した。銅鈴は銅製、縦二〇cm、最大幅一八cm、明治二年作。常夜燈二基は石造、ともに総高約三五〇cm、文久二年（一八六二）造。石塔二基は石造、ともに総高約一三〇cm、元文五年（一七四〇）造。

熊野神社（迫間町七九三）　主祭神は伊弉諾《いざなぎ》命、伊弉冊《なみ》命。旧村社。室町時代の創立という。寛政十年（一七九八）に本殿が完成。もとは熊野大権現と称したが、神仏分離令で熊野神社と改称。

八幡神社（稲岡町五二三）　主祭神は誉田別命。旧村社。慶長元年（一五九六）、領主赤坂隠岐守が勧請。明治時代に八幡宮を八幡神社に改称。

三柱神社（多田木町五七六）　主祭神は大己貴命、事代主命、須勢理姫命。旧村社。寛文年間（一六六一～七三）、下野国日光権現を勧請。延宝八年（一六八〇）、日光三柱大権現と改称し、明治の神仏分離令で三柱神社と改める。宮原氏（駒場、多田木両村の領主）の創立という。

阿夫利《あふり》神社（西場町一〇八四）　主祭神は石凝姥命。

文化年間（一八〇四〜一八）、石尊大権現を大小山頂に祀り、石尊宮と称し、明治の神仏分離令で阿夫利神社と改称。

春日神社（奥戸町五〇五）　主祭神は天児屋根命、経津主命、武甕槌命、比売命。旧村社。

二柱神社（筑波山神社）（多田木町一〇八六）　主祭神は伊弉諾命、伊弉冊命。文化年間（一八〇四〜一八）、常陸国筑波山神社を勧請。

④ 寺　院

龍泉寺《りゅうせんじ》（孤峯山、真言宗、稲岡町）　創建は平安時代（または奈良時代）。開山、開基は不詳。本尊は聖観世音菩薩。観音堂の山門には阿《あ》・吽《うん》の仁王立像が立つ。梵天立像は木造、像高六六cm、平安時代作。観世音菩薩として祀られている。――一木彫成で彫眼《ちょうがん》、頭に髻を結び、広袖の付いた中国風の袍衣をまとい、二股状の鼻高沓を履《は》く。天冠台や髪際の彫良く、白毫を付けず、三道を刻む。衿を合わせる胸前に肉身をのぞかせるその造形は梵天像《ぼんてんぞう》であろう。不動明王坐像は木造、像高五二cm、玉眼挿入。京仏師福田康円（法印運慶の末）元禄頃（十七世紀末）の作と推定。

カヤは目通り八・一m、高さ二五m、枝張り一六m、嘗《かつ》ての火災で木の片側が枯死し空洞化しているが、雌木でよく結実し、今は一年おきに成《な》るという。樹齢は八〇〇年位といわれる。

観音堂　梵天立像（聖観世音立像）

医王寺《いおうじ》（瑠璃光山東光院、真言宗、稲岡町六〇一）創建は天慶五年（九四二）。開山は浄龍坊。元亀元年（一五七〇）、荒井和泉が本堂を建立。亮建僧都が布教した由。本尊は薬師如来坐像（木造、像高三六cm）。日光、月光両菩薩像、十二神将像。また薬師如来坐像は木造、像高二三cm、厨子に正徳元年（一七一一）の墨書銘。阿弥陀如来坐像は木造、像高二八cm、江戸時代作か。宝篋印陀羅尼経塔は石造、総高四・二m、明和九年（一七六四）銘。

観音寺《かんのんじ》（福聚山、真言宗、奥戸町四七三―一）創建は元仁元年（一二二四）。開山は不詳。開基は小野寺通業。本尊は阿弥陀如来。観音堂は嘉禄二年（一二二六）、開基が建立。聖観世音菩薩立像（木造、像高七二cm、鎌倉時代作か――観音堂安置）。無縫塔形石塔は石造、総高一九七cm、明暦二年（一六五六）作。

東善院《とうぜんいん》（迫間山、曹洞宗、迫間町七九四）創建は天正二年（一五七四）。開山は的翁正易和尚。開基は山本内蔵少輔源義光。創建時は向山の山麓にあったが、嘉永四年（一八五一）、現在地に移建。本尊は薬師如来坐像（木造、像高二一cm、慶長四年〈一五九九〉作）。鰐口（銅製、幅三九cm、縦三五cm、寛保三年〈一七四三〉銘）。板碑（緑泥片岩製、長さ六一cm以上、中世作）。

東陽院《とうよういん》（祥雲山、曹洞宗、駒場町七七〇）創建は慶長二年（一五九七）。開山は仏照是道大和尚。開基は宮原大勘五郎義勝。本尊は釈迦牟尼仏。宮原大勘五郎義勝（足利尊氏一一代の分家）が、徳川家康より駒場、多田木両村を拝領し、下総国結城山川の長徳院六世是道和尚を拝請して開創。鰐口（銅製、幅九・三cm、縦八cm、宝暦二年〈一七五二〉の寄進）、地蔵堂に掛かる。半鐘（銅製、総高六五cm、天明八年〈一七八八〉作）。クロマツ（開創時、開基の記念樹の由）。

常慶寺《じょうけいじ》（摩尼山、寿福院、真言宗、稲岡町八五五）創建は慶長二年（一五九七）。開山は不詳。開基は藤原修理大夫政綱。本尊は宝珠錫杖地蔵菩薩坐像（木造、像高三〇cm、元文五年〈一七四〇〉作）。薬師如来坐像（木造、像高二六cm）。宝篋印陀羅尼経塔（石造、寛延三年〈一七五〇〉銘）。塔身中に五仏（鉄製、金剛界大日如来像ほか）と経巻を納置。北村石見守墓塔（石造、文政年間〈一八一八～二九〉）。――石州（島根県）北村石見守は宝永五年（一七〇八）時、稲岡四九三石余の領主であった。板碑四基（貞治二年〈一三六三〉銘など）。十三仏（絹本著色、縦九七cm、横四〇cm）。

雲龍寺《うんりゅうじ》（洞明山、曹洞宗、西場町一二五八）創建は慶長三年（一五九八）。開山は大阿闍梨円海、次に的翁正易和尚。開基は安国院殿一品徳蓮社栄誉道和大居士。そもそも福寿山勧行寺なる修行寺であったが、寛永十八年（一六四一）、西場領主となった人見玄徳が雲龍寺を再興。本尊は聖観世音菩薩。人見玄徳、同竹洞、同桃源、同雪江、四代の塋域。龍頭観音画幅（支那の画人楊月澗筆）。天和三年（一六八三）、岡部家（人見氏の女の婚家）からの寄贈品。月海上人は百観音石仏（寛政八年〈一七九六〉）西国、坂東、秩父百番観世音菩薩、勧業の偉業を達成する。――人見家は小野篁（平安時代初期の漢学者。足利学校の創設に関わったといわれる人物）の後裔といわれ、また玄徳の子竹洞は徳川四代将軍家綱の侍講を務める。人見文庫（宝暦十二年〈一七六二〉）。

正慶寺《しょうけいじ》（寂光山、曹洞宗、寺岡町二二四八）　創建は慶長年間（一五九六〜一六一四）。開山は的翁正易和尚。開基は山本内蔵之助義久。本尊は釈迦牟尼仏。開基義久は、新羅三郎義光（八幡太郎義家の弟）の一六代の孫で、父義光が織田信長に攻められ（一説では天正三年〈一五七五〉、長篠合戦で武田軍敗北のため）、唐沢城主佐野昌綱を頼り、後に迫間の東善院を創建。天正十二年（一五八四）、寺岡に移住したという。

薬師寺《やくしじ》（寺岡山、天台宗、寺岡町八七一）　創建は古代と伝承されるが、安土・桃山時代に再興と。開山は宗養法印か。開基は山本義光の妻。本尊は元三大師の御真影（絹布、縦九〇cm、横四五cm、聖護院の宮の作と）。阿弥陀如来立像（木造、像高五七cm、正保五年〈一六四八〉作）。薬師如来立像（木造、像高三一cm、江戸時代作）。不動明王立像（木造、像高五四cm）と二童子像（於迦羅童子像、像高二八cm。制多迦童子像、像高二六cm。ともに木造）、中世作か。開山塔（石造宝塔、総高二六八cm以上、延享二年〈一七四五〉作）。法印堪栄墓塔（石造五輪塔形、安政二年〈一八五五〉作）。

大日堂址（寺岡町）　創建の年次、開山、開基など不詳。南流する旗川の左岸（東岸）の低台地を占め、自然礎石（割石）や鐙瓦（鬼面文、佐野市側が保管）、牡瓦（布目痕）など出土。平安時代の堂宇址と推定。

養老碑（西場町）　石造、総高一八〇cm、宝暦六年（一七五六）作。当地の領主で、江戸幕府の儒者人見求（竹洞の曽孫）が、領民に八か条の教訓を説いた碑。

観音山（西場町）の東麓に石造供養塔二基が立つ。

勢至菩薩供養塔（石造、総高一九〇cm、寛政八年〈一七九六〉）。塔身に「西国　坂東　秩父　百番観世音石

仏供養」、「下野国足利郡西場村　願主大阿闍梨円海、助願休円」など、寛政八年（一七九六）造立と陰刻する。

廻国《かいこく》供養塔（石造、総高一九七cm、文政十年〈一八二七〉作）。塔身に「百八拾八箇所三巡　為二世安楽」、「奉大乗妙典六拾六部　日本三返廻国供養塔」など、そして「下野足利郡西場村願主行者源蔵」が、文政十年（一八二七）に成就したことを陰刻する。

⑤ 伝統行事

特別の行事のある日を一般に「コトビ」（事日）、「モノビ」（物日）と呼んでいた。そして新暦《しんれき》より旧暦《きゅうれき》を主に用いていたが、昭和十年頃から徐々に新暦に移行し、終戦（昭和二十年）頃から、全般的に新暦に変わったようである。

一月　三箇日《さんがにち》の間は餅を食べず、「そば縁起」でそばを食べる家が多く、茶漬けの家もあった。松飾り、注連縄《しめなわ》、若水、年神様、神詣り、年始廻り、家畜の「年とり」門付け。四日はタナサガシ、六日は「山入り」、七日は「七草」と呼び七草粥《ななくさがゆ》を作って食べた。十一日は「鍬入れ」、また「蔵開き」の日とされた。十四日は「ドンド（ン）焼き」の行事が行われた。十五日はアズキ粥を食するが、前日作っておいた花木の箸を使って食べる。また十五日は十六日にかけて「藪《やぶ》入《い》り」、「女の正月」、「女の休み」などといわれ、嫁や使用人の慰労を行った。二十日は「二十日正月」、「エビス正月」と呼ばれ、恵比須さまを神棚から座敷に下ろして飾り、お供え物をして祝う。

二月　一日は「次郎の一日」と呼ばれていた。節分は豆撒きの豆を焙烙《ほうろく》で煎る。豆撒きは年男が、屋内、屋敷稲荷、井戸神さま、物置などに「福は内、鬼は外」と大声で撒いて歩いた。初午は屋敷稲荷さまに「正一位稲荷大明神」と五色の色紙に墨書した旗を作って上げた。二月前後の西風の強い日には、長い竿《さお》の先に木鎌を縛りつけて立てる「風切り」も行われていた。

三月　三日は「ヒナ祭り」「三月節句」「オヒナさま」などと呼び、草餅、白い餅（菱形に切る）、アラレを焙烙で煎《い》って作る。彼岸は彼岸の入りと走りに墓参りをするが、この時はダンゴを作って供えた。

四月　八日は「お釈迦《しゃか》さま」「花祭り」の呼び名が使わ

れており、薬師さまで甘茶が振る舞われていた。

五月　五日は「五月の節句」の呼び方が多く使われている。三十日は「オコト」（御事）といって農前休みの日とされた。

六月　一日は浅間さまに参詣したが、当地域では館林にある藤原の「浅間さま」が多かった。十四〜十六日は、十五日を中心に農休みと合わせて、天王さまの祭りが行われた。

七月　一日は「カマップタ」と呼ばれ、地獄の釜の蓋が開く日とされた。七日は七夕《たなばた》で、竹飾りは前日に準備された。また七夕の朝は、早朝にネブタ流し――水浴びをし、ネブタの枝を川端に刺しておいたのを流す――が行われた。お盆は十三日の迎え盆に始まり、十六日の送り盆で終わる。十七日は「盆ガラ」と呼ばれ、午後は女達の休みの日とされた。迎え盆にはお寺へアイロン餅を持って行き、本堂で先祖さまの灯明をもらって墓に廻り、墓にはナスを賽《さい》の目に切ったものと、オサゴを混ぜたもの（ナスだけの家もある）を撒いて、先祖さまをおぶって家まで帰り、縁側から上る。十四日は早朝に寺で施餓鬼《せがき》が行われたところもある。この日は一般には〝野廻《のまわ》り〟といって、先祖さまを背負いながら、線香を持って田圃を見せて歩くことが行われた。十五日はアベ川餅、白米のご飯などを食したが、お盆さまへの贈り物ということでサツマイモ、サトイモ、ゴボウなどが〝初もの〟として供えられ、天ぷら、キンピラなどに料理された。送り盆の十六日には家族揃って提灯に灯をつけて行き、寺の門前でタイマツを焚き（古くは墓地で焚いていた）、墓地にはナスを賽の目に切ったものをサトイモの葉の上に置いたり、墓地に撒いたりした。盆棚に使用した笹竹、縄は川へ流し、他の飾り物は寺へ持参していた。

八月　一日は〝ハッサク〟と呼ばれ、茹饅頭《ゆでまんじゅう》などが作られた。この日は初嫁御《はつよめご》の里帰りの日とされているが、実家から帰る時は、姑《しゅうと(め)》を〝一生面倒みます〟という意味から、箕《み》と（一升）桝《ます》を土産に持ってくる慣《なら》わしとなっていた。十五夜は、十五夜花（紫苑）やススキ五本を飾り、箕にダンゴ一五個とクリ、カキ、サツマイモ、早生大根などを供える。二百十日、二百二十日は「アレ日」「コト日」と呼び、変わりもの（ご馳走）を作り、神棚へ供えたり、神詣りなどをした。

九月　九日、十九日、二十九日は「オクンチ」と総称され、この日は茄饅頭、ダンゴなどを作ったり、機織りなどの夜鍋仕事は休んでいた。十三夜は十五夜と同じようにお供え物をするが、数は三、十三で揃える。

十月　一日は「お神のオタチ」の日とされ、若い男女が朝、暗いうちに鎮守さまへ参詣し、「神送り」をした。十日は「トーカンヤ」（十日夜）と呼び、各家で餅をつく。十五日は秋祭りが各地の鎮守さまで行われ、各家では赤飯を炊いて祝う。奥戸の春日神社では、神楽を奉納した。二十日は恵比須さま、恵比須講《こう》と呼び、恵比須と大黒を神棚から座敷に下ろして掛け軸などを掛け、ご馳走を作って供え物をする。二十六日は「オカマさま」の日とされ、オカマのダンゴを作ってオカマさまに供えた。三十日は晦日団子《みそかだんご》を作って、神さまに上げたりした。またこの日は「お神のお帰り」の日。

十一月　十五日はアブライワイ、オビトキ、ハカマギ、七五三などと呼ばれ、男女とも七歳で祝うが、小学校へ上がる前であり、晴れ着を作ったりした。十九日は「十九夜さま」と呼び、特に妊婦《にんぷ》のいる家では、十九夜観音像の掛け軸を借りて飾り、念仏をする人達を頼んで、念仏を唱え安産を祈った。二十三日は「二十三夜さま」「三夜さま」と呼び、勢至菩薩《せいしぼさつ》が祀られる。

十二月　一日はカビタリ（川浸り）といって、餅をついていた。八日は「コト八日」と呼ばれ、眼玉のいくつもある悪魔が屋根にいるため、これを追い払うために、竿の先にメケー（目篭《めかご》）やヒイラギを付けて軒に立てる。またこの日は薬師さまの祭りでヤクシダンゴを作り、眼が良くなるようにと、このダンゴを食した。すす払いが、二十日から二十五日頃までの間に行われた。冬至は各家で、中風にならないということで、トウナスを食べたり、ユズ湯を沸《わ》かして入った。二十八日は、この頃餅つきを行う家が多い。三十一日は晦日そばを食べるが、正月の三箇日などが〝そば縁起〟で餅を食べない家では、この日、端の方の餅を食べていた。この大晦日の晩は、夜更《よふか》しの風習が古くからあった。

大小山の文字額　富田地域の北西部の鷹巣山（標高三一四m）は「大小山」の名で親しまれている。この山は、西場地区を中心に地元の人々の信仰を集めていて、元旦に初日の出を山頂で拝する人は数多い。――

・・・

大小山遠景（東方より）

大小山とは、山頂近くに「大」と「小」の大きな文字額が奉納されていたことから呼ばれたものである。山頂には、かつて阿夫利神社（石尊宮）の本殿と御籠《おこもり》堂《どう》があったが、昭和二十一年の山火事で焼失し、現在は石祠が残るのみである。大小の文字額が第二次大戦中、敵機飛来の時の目標になると、軍から奉納差し止めになった。――文字額の大きさは五間四方（約九m四方）に及ぶもので、文字額の奉納は、日頃のお礼として、「大」の文字を並木村茂木（現・佐野市）、「小」の文字は灌漑用水を頂く駒場村で、それぞれ分担して奉納していた。奉納には村内の一六～六〇歳までの男子が総出で、大勢で担ぎ上げる。その際、田を踏まれることなども、石尊さまが守ってくれるので被害はないという。奉納の記録として古くは、「大」の文字は安政二年（一八五五）、「小」の文字は明治二十三年などが知られる。

西場地区の石尊の滝　鷹の巣山山麓から湧き出る地下水を松の大木に溝を彫って樋として何本も繋《つな》ぎ、麓まで通して造った滝を「石尊の滝」として古くから人々の間に親しまれてきた。滝は上流から下流まで四か所あり、それぞれ一番滝～四番滝とされ、一番滝は「男滝」と呼ばれ、女人禁制となっていた。水量は下流の水田一五町歩の灌漑を満たすほど豊富なものであった。滝は夏の間、涼をとるために利用され、また精神病患者に効くといわれ、館林、羽生、加須方面からも人が集まり、旅館が三軒もできていたほど賑わっていた。

稲岡観音のノッキリ競馬　稲岡地区で、観音堂での祭り（一月十八日）の日に、農家の人を中心とした「ノッキリ競馬」が催されていた。起源は明らかでないが、明治三十六年一月十八日の記録などがある。稲岡地区内の西根、東根、神尾部《かみおぶ》、下稲岡の四つの字《あざ》が毎年交替で受け持ち、観音堂のお祭りに合わせて一月十八日に催されていた。――午前中は余興、競馬は午後行われ、館林、藤岡、栃木など各地から集まった馬（多い時は七〇頭も）が一五頭ずつの組に分けられ、各組五頭ずつの競走が行われ、優劣を競った。観音堂裏手の山で、馬場は直線で約一八〇m、太鼓を合図に出馬し、優劣の序列は大関、関脇、小結の呼称が使われた。賞品も鏡台、下駄箱、幟旗、反物など生活に結びつくものであった。騎手は草競馬専門の騎手や馬《ば》喰《くろう》、農家の若者などで、村中で作った梵天の御幣を龍泉寺の住職に祈祷してもらい、参加者全員に配られた。ここにも信仰とのつながりがうかがわれる。

迫間《はざま》の芝居　迫間地区では、明治以後、昭和初年頃まで、村芝居（歌舞伎《かぶき》）が盛んであった。もともと熊野神社で太々神楽が奉納されていたらしいが、その後、人形浄瑠璃《にんぎょうじょうるり》に変わり、更に歌舞伎へ移ったといわれている。迫間芝居の主体者は村の若者で、小学校卒業とともに兵隊検査（二〇歳）位までの若者達で「若連」という組織を中心としたもの。舞台は熊野神社の境内に小屋掛けしたもので、客席も作り、囲いをした桝席も設けた。歌舞伎の演能は地元の人は少なく、役者は赤見の人が多く、村上、北郷、堀込、筑波からも集まった。出し物は「菅原伝授手習鑑」、「義経千本桜」ほか一〇種以上であった。経費は村中から、資産に応じて米を拠出してもらい、また桝席を割り当てた坪割の収入と、観客からの花代（祝儀）などで賄《まかな》っていた。照明も大正に入ってからは電灯になったが、それ以前はロウソクで、ツラアカリ（面明、顔を照らす道具）などを使用していた。明治十四年五月十九日から昭和十年四月二十日まで開催された。――以上は、津久井悦治氏と平沢禎二氏が、早稲田大学在学中に纏《まと》められた「迫間の芝居」（ガリ版刷り）を基に、両氏と平沢瑛遡氏から聞いたものという。

庚申信仰　富田地域における庚申塔は四五基が知られ、それはみな江戸時代のものである。迫間、駒場、西場、西根、東根、稲岡、寺岡、多田木、奥戸などの各地区に、若干の時間差はあっても、くまなく庚申信仰が行われていたことが知られる。そして、庚申塔造立の時期は、寛文七年（一六六七）から万延元年（一八六〇）までの二〇〇年足らずの間。その主なものとして――西場の観音山東麓に、足利地方最古の寛文七年銘の庚申塔（銘文は「庚申墓」）があり、また稲岡の定慶寺の元文五年（一七四〇）の庚申塔は、庚申信仰と仏教思想（大日真言）が結びついたもの。また迫間の東善院や多田木の観音堂の庚申塔は、どちらも「青面金剛像《しょうめんこんごうぞう》」の塔で、「講中善男女菩薩」、「村中男女為二世安楽」など、村の男女全員の菩薩や二世安楽を願うもの、特に女性も加わっている。更に駒場の東陽院参道入り口の、寛政二年（一七九〇）造立の庚申塔は、足利地方有数の大きさのもの。下稲岡の集会所に並び庚申塔のひとつ（万延元年）は塔身に「是よりたかはし（高橋）入口みち」、台座に「向あしかがやなだみち」と、道しるべの文字が刻まれている。更に寺岡の旧国道と例幣使道が交差する、角の二基中の一基もよい道しるべである。

第五章

南　部

山辺

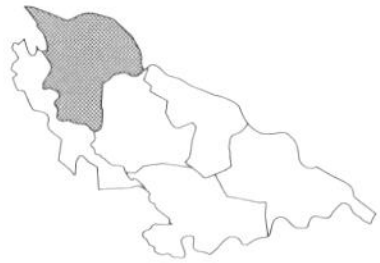

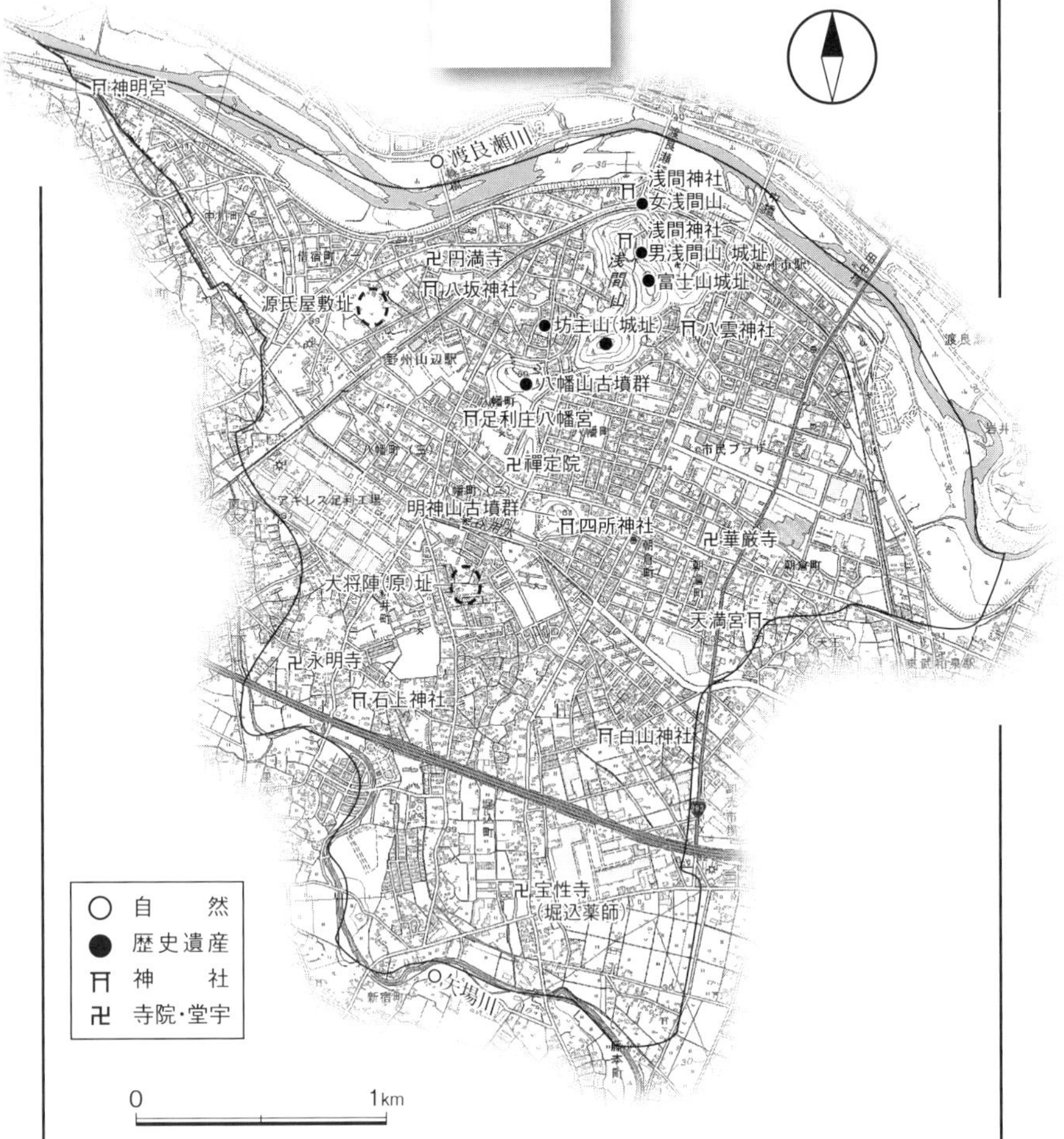

神明宮
渡良瀬川
浅間神社
女浅間山
浅間神社
男浅間山（城址）
浅間山
富士山城址
円満寺
八坂神社
源氏屋敷址
坊主山（城址）
八雲神社
野州山辺駅
八幡山古墳群
足利庄八幡宮
禅定院
市民プラザ
アキレス足利工場
明神山古墳群
四所神社
華厳寺
大将陣（原）址
天満宮
永明寺
石上神社
白山神社
宝性寺
（堀込薬師）
矢場川
自然
歴史遺産
神社
寺院・堂宇
0
1km

当地域は、旧市内地域の南辺に位置する。即ち、当地域の北辺は北西方から大きく蛇行し、東南流する渡良瀬川でおよそ境し、東辺は御厨地域、西辺は群馬県太田市（旧・毛里田村）、そして南辺は東南流する矢《や》場《ば》川（いまは渡良瀬川の支流）によっておよそ境としている。

① 自然

山丘　当地域、最北部の女浅間山《おんなせんげんやま》（五〇ｍ余）――男浅間山（一一二ｍ）――富士山（一〇九ｍ）――坊主山（九六ｍ）――八幡山《はちまんやま》（神宮寺山《じんぐうじやま》・六八ｍ）――明神山《みょうじんやま》（六二ｍ）と、南東から南西、また南東へと屈折しながら、およそ北から南方向に丘陵帯が連なる。

河川　当地域の北端地帯を渡良瀬川が北西方から南東方へ、蛇行しながら流下し、それはおよそ旧市内（西端部は三重、西端部は毛野の両地域）との境界となっている。つぎに渡良瀬川の支流で、北西端の中川町の南域を南東流する姥川《うばがわ》なる小流は、八幡町、朝倉町の南部を南東流して御厨地域（福居町）に流下し、また渡良瀬川の支流で、姥川より更に上流から流下する矢場川（古くは渡良瀬川の本流）は、西新井町や堀込町の西部を蛇行しながら南東方に流下している。

植生　田中町八雲神社境内のモミはご神木であり、市内有数の大木である。また境内にはクヌギの大木もある。また田中町馬頭観音堂境内にはケヤキの大木があり、クスノキも馬頭観音堂内や借宿町円満寺のものが大木である。そして八幡町八幡宮のクロマツは足利市内第一の大木であり、それより東方の禅定院にもカヤの大木がある。またニホンカワモズクは淡水産紅藻類カワモズク科に属し、南大町の神明宮（芋の森神社）の境内の〝弘法の池〟とその下流域に生育している。

② 歴史遺産

縄文時代の遺跡

遺跡名	所在地	立地	縄文時代 草創期	早期	前期	中期	後期	晩期	出土遺物
明神山	八幡町	丘陵斜面	○	○	○	○	○	○	縄文土器、礫器、独鈷石
八幡山	八幡町	丘陵斜面	○	○	○		○		縄文土器、凹石
富士の越	田中町	丘陵鞍部		○	○				縄文土器
下八幡	八幡町	微高地					○		縄文土器、礫器
中	朝倉町	微高地			？				石皿

弥生時代の遺跡

遺跡名	所在地	立地	弥生時代 初期	中期	後期	出土遺物
明神山	八幡町	山裾	○	○	○	弥生式土器（須和田式、野沢式、赤井土式、樽式）
八幡山	八幡町	丘陵		○	○	弥生式土器（須和田式）
西新井	西新井町	台地		○	○	弥生式土器
下八幡	八幡町	微高地		?		弥生式土器

古墳時代の遺跡

遺跡名	所在地	立地	古墳時代 前期	中期	後期	特記
下八幡	八幡町	低台地	○	○	○	古墳時代前～中期の環濠集落址
明神山	八幡町	山裾			○	縄文時代から平安時代頃までの遺物出土
西新井	西新井町	台地	○			
中	朝倉町	低台地			○	古墳時代から室町時代頃までの遺物出土
新田	堀込町	低台地	○	○	○	古墳時代から奈良、平安時代までの遺物出土
天神前	堀込町	低台地	○	○	○	古墳時代から奈良、平安時代までの遺物出土
宮前	堀込町	低台地	○	○	○	古墳時代から奈良、平安時代までの遺物出土
久島	堀込町	低台地	○	○	○	古墳時代から奈良、平安時代までの遺物出土

古墳（群）　○八幡山《はちまんやま》古墳群（円墳七一基など）――比高三〇mほどの小丘（八幡町八幡山または神宮寺山）の頂部から麓部まで、円墳七一基が群在し、直径一一～一五mのものが多く（最大二八m、最小七m）、およそ大型が高所、小型が低地を占め、埋葬施設は多くが横穴式石室で、封土には葺石《ふきいし》、埴輪《はにわ》を飾るものが多く、土師器《はじき》、須恵器《すえき》も散在している。また麓部には無墳状の墓も想定される。――およそ古墳時代後期（一部は終末期）の群集墳とみられ、それは主に家長層の墳墓に相違なく――これまで首長層《しゅちょうそう》に限られていた古墳築造が、大和王朝の新たな姓《かばね》身《み》分《ぶん》の拡大のなかで、ここ東国では六世紀中頃から七世紀にかけて造られたものと推定される。家長《かちょう》の死のたびに新たな古墳が築造され、そ

八幡山古墳群　八幡山丘陵一帯に円墳 71 基が群在する。

の家族が追葬され、家長層が多ければそれだけ多くの小古墳ができたわけで、この時期、群集墳の爆発的増加は、大王勢力の支配力強化による一層の社会の階層化の状態を如実に示している。

○明神山《みょうじんやま》古墳群――前方後円墳一基、円墳三一基、方墳一基、計三三基が昭和二十年確認できたが、昭和二十九年には前方後円墳は畑と化し、円墳二一基、方墳一基の計二二基に減少した。

明神山なる小丘（八幡町、標高六八m、比高三四m）の南側全面と北西側の斜面と裾部に円墳が群在し、丘頂に方墳が、西北西部の丘腹に北北西面する前方後円墳一基が、占めた。

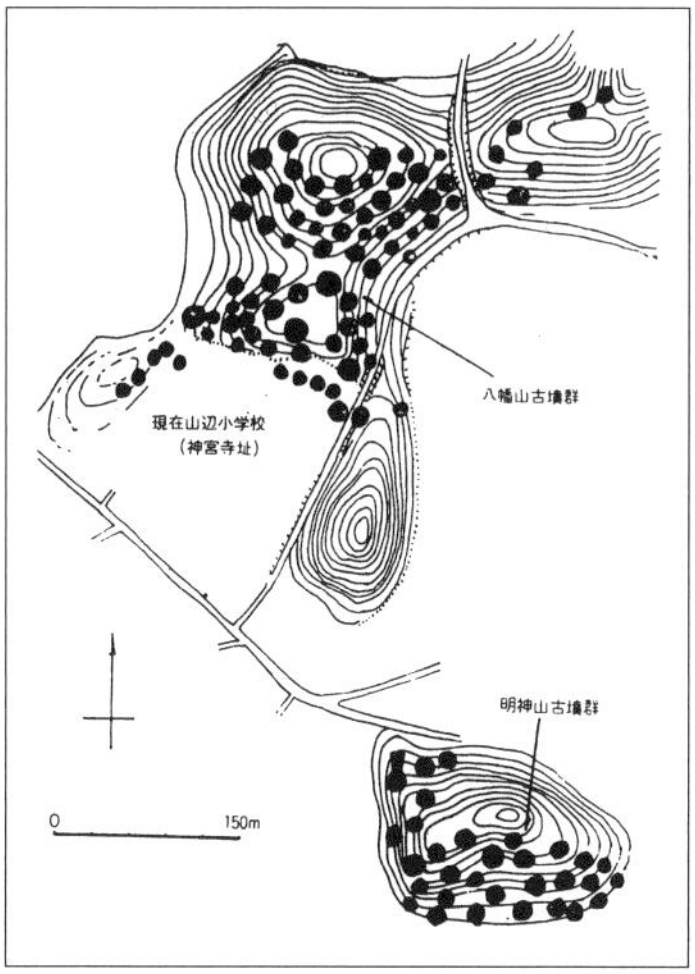

八幡山古墳群と明神山古墳群

明神山古墳群は、丘頂の方墳を最初に（五世紀以前か）、六世紀代には前方後円墳と一部七世紀代まで円墳が造られ、前方後円墳を盟主墳とし、多くの群集墳はそれに従属した家長達の墳墓とみられる。――一基の前方後円墳は大和王朝の大王墓と同型のものであれば、必ずや相当な姓を与えられた身分者のものに相違なく、当地の首長墓に違いない。――全長は約四〇mで、南に羨門《せんもん》を向けた片袖型割石持送り積みの横穴式石室を築き、内部に数人の遺体を安置し、直刀、刀子、鉾、鏃、耳飾りなどを副葬、墳丘には葺石を葺き、人物、家、靫《ゆき》、円筒形などの埴輪を飾っていた。また円墳は径一〇ないし一五m前後であるが、前方後円墳と同様、堅固な横穴式石室を築き、武器や装身具などを副葬し、盛土した墳丘を葺石や埴輪で荘重に飾り、およそ家長層の墳墓に違いない。

	八幡山古墳群		明神山古墳群	
直径	古墳数	%	古墳数	%
30～26メートル	1基	2%	1基	4%
25～21メートル	10基	15%	2基	9%
20～16メートル	19基	29%	7基	32%
15～11メートル	29基	45%	9基	41%
10メートル以下	6基	9%	3基	14%
不明	6基	—		
全体	現65基 71基	100%	22基	100%

○田中《たなか》~坊主山《ぼうずやま》古墳群（円墳一一基）――浅間山―富士山と連なる山丘の南に連なる坊主山（標高九六m、比高五〇m余）の北~東~南面を占める。径一〇ないし二〇m未満が八基、一〇m以下が二基、不明一基で、高さは一・五~三m前後のものである。

城館址　浅間山丘陵北端の男浅間山からおよそ南方に連なる富士山、坊主山の各々に城郭が遺存する。即ち男浅間山（浅間山）城址（田中町、比高七三m）は天喜年間（一〇五三~五八）築城の伝承をもち、丘頂に主郭址、東~南方の山腹に五段余の腰郭址や帯郭址。富士山城址（田中町、借宿町、比高七二m）は丘頂に鈎の手状土塁をもつ主郭址、南側に下って二段状に腰郭址、更に下って東・西・南側に段階状に帯郭址。坊主山城址（八幡町、借宿町、比高五八m）は丘頂に主郭址、尾根と山腹に段階状の帯郭、腰郭址をもつ。

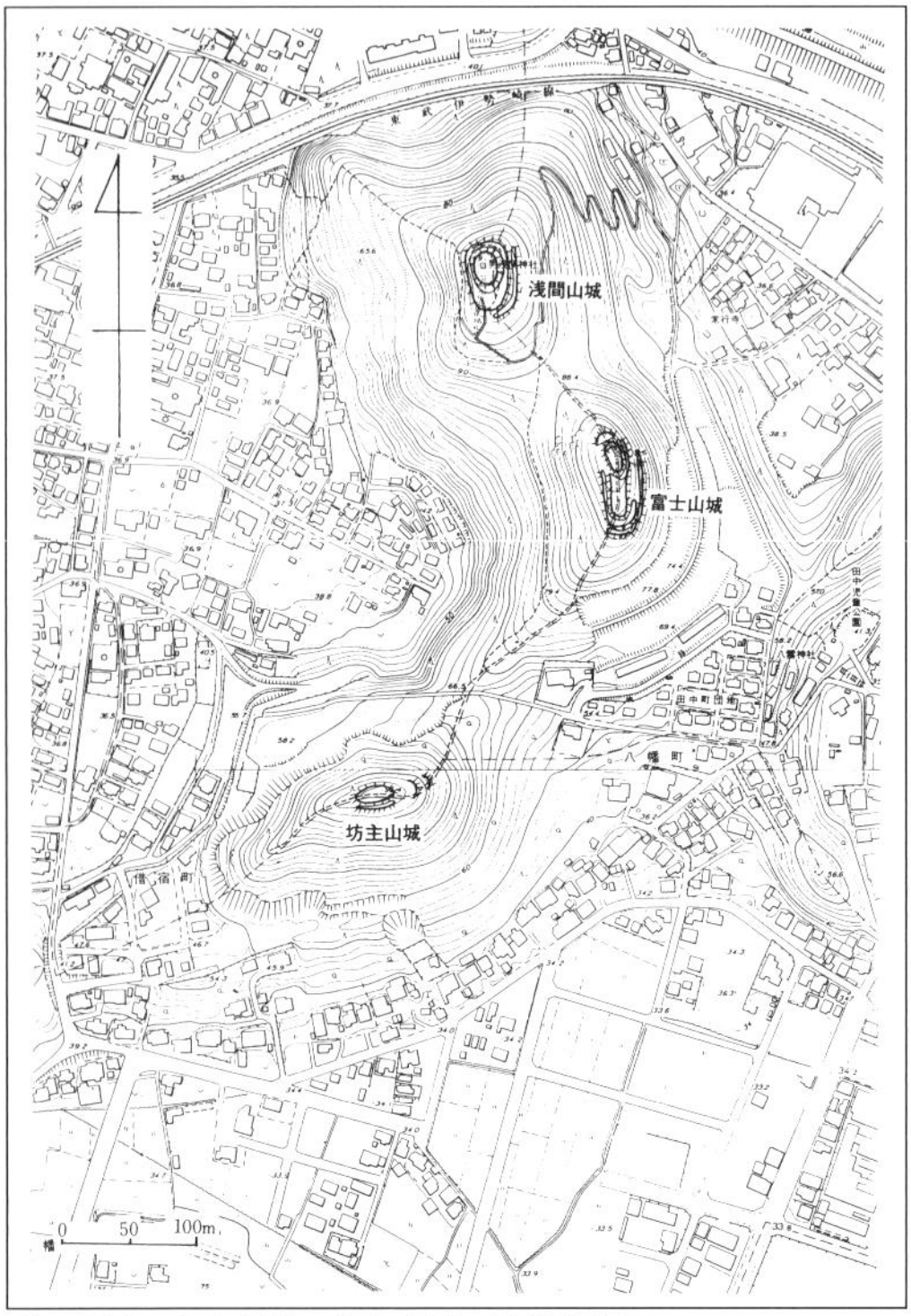

浅間山城・富士山城・坊主山城の遺構分布図

○大将陣（堀込町）――往時は渡良瀬川南岸とみられる台地上を占める。そもそも十一世紀の中頃、陸奥国の豪族、安倍頼時、貞任が乱を起こした。が、源氏の棟梁頼義とその子義家によって鎮定された。――この戦後（前九年の役〈一〇五一~六二〉）の天喜四年（一〇五六）、源義家は足利の地に陣営をはり、戦勝祈願のため、山城国綴喜郡男山から八幡神を勧請し、宮を建てた。それが現在の下野国一国一社の八幡宮であり、その南方

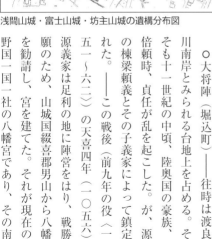

約一〇〇mの地辺が「大将陣」の伝承をもつ。

○県氏館址（朝倉町）——八幡山東方の低台地を占め、近年まで北～西側土塁が約四〇m残存し、一辺約六〇mの方形郭址が推定された。県氏は新田、足利両氏に従い、戦国時代末期には小田原城主北条氏に属したという。

③神　社

八幡宮（八幡町三八七—四）　主祭神は誉田別命、大帯《たらし》姫命、姫大神。旧県社。八幡太郎源義家が後冷泉天皇の勅命により、安倍頼時、貞任ら父子を討伐（前九年の役）のため陸奥国に赴く途中、天喜四年（一〇五六）、堀込に宿営（大将陣の地）、戦勝祈願のため現在地に小祠を造り、山城国石清水（男山）から八幡神を勧請した。奥州討伐を了えた義家は帰路、康平年間（一〇五八～六五）、戦勝を感謝して兵器を奉納。義家の三男義国も甲冑二領を奉納、神田を寄進した。爾来当社は足利源氏の産土《うぶすな》神として尊崇された。——当社は「足利庄八幡宮」と呼ばれ、下野国内第一の八幡宮として「下野国一社八幡宮」「一国一社八幡宮」とも称された。

山辺八幡宮

当社所蔵の文化財は——足利荘八幡宮領検地帳写（上杉謙信検地帳といわれる）一冊。下野国足利庄八幡宮所役勤行目録一巻（延文記録、延文二年〈一三五七〉）。東山道下野州簗田郡足利庄八幡宮再興修葺勧進

化縁状一巻（大永化縁状、大永三年〈一五二三〉）。下野足利領八幡山御縄打水帳及名寄帳三冊（水帳は慶長十一年〈一六〇六〉、名寄帳は慶長十二年〈一六〇七〉）。八幡宮本殿一棟、付八幡宮本社再建図（社殿は文化十一年〈一八一四〉再建で、図は五分の一の姿図）。銅製鳥居（寛政四年〈一七九二〉、佐野天明鋳物、一九〇か所、三二九名の寄進者名）。八幡宮のクロマツ一本（目通り三六八cm、高さ二六m、枝張り一六m、足利最大級）。

八雲《やぐも》神社（田中町一九三）　主祭神は素盞嗚命。旧村社。創立は貞観年中（八五九～七六）、下野守藤原村雄が疫病神を鎮めるため、緑町、通五丁目の両八雲神社に、牛頭天王社《ごずてんのうしゃ》を勧請。――その後、牛頭天王を数か所に祀り、そのうちの一つが当社という。明治二年、八雲神社と改称する。

石燈籠は天明六年（一七八六）作。

浅間神社（男浅間〈田中町二三〇〉、女浅間〈田中町二四〇〉）　主祭神は木花咲耶毘売命《このはなさくやひめのみこと》。創立は天喜二年（一〇五四）、藤原成行が足利城（両崖山城）築城の際、浅間社を勧請。足利富士と呼ばれる山頂（一一二m弱）に鎮座するのが男浅間社、低い山丘頂に鎮座するのが女浅間社。

「初山《はつやま》」という、初めて浅間神社に参詣する幼児の額に神印を捺《お》すペタンコ祭りがある。

八坂《やさか》神社（借宿町四一二）　主祭神は素盞嗚男命。旧村社。創立は仁平元年（一一五一）「源氏屋敷」に勧請されたという。

四所《ししょ》神社（朝倉町一）　主祭神は大日孁貴命《おおひるめむちのみこと》ほか三神。旧村社。承和三年（一〇七六）、伊勢神宮の神領朝倉郷であった当地に創立。南北朝時代に香椎宮、宗像神社を、安土・桃山時代に出雲大社を勧請――四柱の神を祀り、四所大明神と号す。

太鼓（木製、皮張り、面径五〇cm、安永六年〈一七七七〉銘）。

天満宮《てんまんぐう》（朝倉町四二六―三）　主祭神は菅原道真公。天明四年（一七八四）、天明の大飢饉に際し、農業守護の雷神として菅原道真公を祀る。

白山《はくさん》神社（堀込町二二五二）　主祭神は伊邪那美命、伊邪那岐命。旧村社。寛永十二年（一六三五）、村民が加賀国白山比咩神社より白山権現を勧請、神仏分離令で現社名に改めた。

石上神社《いしがみ》（堀込町）　主祭神は石凝登売命《いしこりどめのみこと》。天正七年（一五七九）、神の宿る石として信仰されていた石神のある場所に足利栗崎（西宮辺）から移住した須永氏が、社を創めたという。その後、元禄年間（一六八八〜一七〇四）、住民達が伊勢神宮に参詣し、その帰途、石上神宮よりご分霊を勧請――石神を石上と改称したという。

神明宮《しんめいぐう》（中川町三七四九）　主祭神は大日孁女貴命《おおひるめのむちのみこと》。

④ 寺院

円満寺《えんまん》（明王山無動院、真言宗、借宿町四〇一）　源頼義、義家父子は後三年の役が起こり、永保三年（一〇八三）、都から奥州へ下向する途次《とじ》、当地（源氏屋敷）に滞在し、その丑寅《うしどら》の方《かた》（北東方）に不動明王像を不動堂に安置したという。この不動堂が当寺の草創と伝える。その後、焼失した不動堂を元禄年間（一六八八〜一七〇三）に再建。弘化四年（一八四七）にも建て直す。

不動明王像は三日月不動と呼ばれ、秘仏であるが、古来「虫封じ、厄除け」にご利益があるという。

禅定院《ぜんじょういん》（延命山、真言宗、八幡町二―一一―九）　神宮寺（八幡宮の別当《べっとう》寺）の塔頭《たっちゅう》寺院の一つとして、延文五年（一三五八）に開山。明治二十二年、火災で堂宇を焼失。本尊は延命地蔵尊――延命地蔵三尊像の主尊は、木造、像高五八cmの半跏像である。

聖観音立像は木造、像高八一cm。誕生釈迦仏は銅製、像高一四cm。不動明王像は木造、像高三八cm。板石塔婆は緑泥片岩製、塔身高一五八cm、最大幅五八cm、厚み一二cm、南北朝頃の作か。独鈷杵《どっこしょう》は銅製、長さ一五cm。山伏箱笈は木造、総高七六cm、内部に像高一九cmの石造地蔵像を納置。板絵は木製、縦八二cm、横九一cm、寛永四年（一七五二）の墨書銘がある。

宝性寺《ほうしょうじ》（青蓮山観音院、真言宗、堀込町二〇二三）　創建は元久年間（一二〇四〜五）か文永四年（一二六七）という。本尊は十一面観世音菩薩。開創時はもと屋敷地内にあったが、天明三年（一七八三）、栄範和尚の時、現在地へ移建。本尊の十一面観世音菩薩立像は木造、像高八八cm、優美な姿相。薬師如来坐像は木造、像高五四cm。不動明王半跏像は木造、像高七八

cm、中世作か。天部立像は木造、像高九〇cm。切支丹禁制一三か条の巻物。初代堀込源太（八木節宗家）の墓。なお江戸時代、堀部安兵衛（赤穂浪士、忠臣蔵四十七士の一人）の妻（真珠院浄観界智大姉）が、堀込新田の梁に尼僧として来り、九一歳で死去した由。

華厳寺《けごん》（派雲山、臨済宗、朝倉町二―七―三） 創建は鎌倉時代といわれる。開山は一山一寧国師。本尊は延命地蔵菩薩。開創は明神山南麓の地（「華厳寺堀」の名がのこる）に文保元年（一三一七）十月二十五日（開山入寂日）以前という。

　本尊の延命地蔵菩薩半跏像は木造、像高五八cm、彫眼《ちょうがん》。台座は近世作であるが像は中世作か。聖観世音菩薩坐像は木造、像高四六cm、優美な姿相、近世作か。釈迦三尊並十六神王尊絵図は紙本着色、一一五×五五cm。享保七年（一七二二）、東林丘大和尚画像は紙本彩色、九〇×四〇cm、安永五年（一七七五）作か。磬子《きんす》は銅製、口径三八cm、高さ三〇cm、底径一八cm。「青郊代」（足利学校再興庠主一八代）とある（江戸時代後期）。

永明寺《えいめいじ》（大陽山〈達磨山〉、曹洞宗、西新井町三三九三―一） 創建は明暦三年（一六五七）とするが、寺伝では、現在地の南方約二〇〇mの地に開創（中世末期か近世初期）したという。開山は牛堂宗[illegible]、本尊は阿弥陀如来。

　本尊の来迎阿弥陀如来立像は木造、像高五二cm、踏み分け蓮華座に立ち、優美な姿相。地蔵菩薩立像は木造、像高六四cm。地蔵尊供養塔は石造、像高九五cm、天明六年（一七八六）、入り口の東側に立つ。「虚空蔵」扁額は木製、四六×九五cm、寛政元年（一七四八）作。

医王寺《いおうじ》（金峰山薬王院、真言宗、田中町四五四） 創建は安永二年（一七七三）、田部井政右ェ門、同伊右ェ門によるという。本堂は東面するが、明治七年四月五日、火災のため堂宇、什物ことごとく焼失したという。本尊薬師如来像は、西方四〇〇m余の観音堂内にあり、大般若経六〇〇巻や版木（江戸時代）を蔵する。

⑤ 伝統行事

一月 注連縄《しめなわ》は、朝倉では四所神社に集まり、多くは横シメナワの形で作った。松飾りとして、門松はミカン、コブ、ゴマメなどを副《そ》えて入り口に立てる。またマツの周りにナラの木を一木副えることもあった。家の中では、大神宮さま、竈、井戸神さま、稲荷さま、便所等を飾る。食事は、三か日《さんがにち》はそばを食べる家が多く、餅はオデキができると、避けられた。神詣りは、村内の氏神さまに参詣するが、八幡の八幡さま、島田の天王さまなどにも参詣する。挨拶廻りは、ご年始《ねんし》といって、紋付きを着て近所を廻る。門付け――第二次世界大戦前までは、猿廻し、獅子舞、ゴゼが廻《まわ》って来ていた。七日は、ナナクサと呼ばれ、七草粥を作る。八日は、大正年代頃までは「山入り」といって、山の木にナタで傷をつけ、粥、幣束を供えた。十一日は、果樹に向かって「ナールカ、ナーネンカ」と唱え、傍らにいる者が、「ナル」と答え、粥を供える。十四日は、竈などの灰を水につけて屋敷の周りに撒いて、蛇などを除ける風習が行われていた。またこの日、「ドンド焼き」が氏神さまなどで行われ、松飾りなどを焼きながら、持ち寄った餅などを焼いて食べた。十五日は、粥を食べるが、熱くても口で吹いて食べることは、「田植えの時に風が吹くから」と禁じられていた。箸は普通のものを用いていた。またこの日は、嫁を実家に年始にやる家が多かった。二十日は「二十日シルコ」といって、お供え餅を焼いてシルコを食していた。

二月　節分は豆撒《ま》きを行うが、この日の夕食には、ケンチン、サンマ、イワシなどが食膳に上る。八日は、十二月八日とともに「コト八日」として、軒先に竹竿の上にザル、ヒイラギをつけて立てる。二月八日が「事始《ことはじ》め」として行われるのに対し、十二月八日は「事納《おさ》め」として行われていた。このコト八日の行事は、昭和十年頃まで各地で行われていた。初午――屋敷稲荷に五色の旗を立て、油揚げなどを供え、ワラでツトッコを作り、ダンゴ数個と四隅を切った豆腐などを入れて供えた。またシミツカレなども作った。なお、初午が早く来る年は火災が多いといわれた。

三月　節句《せっく》は「オヒナさま」「女の節句」といわれ、祝いをしたが、古い雛人形は水に流していた。彼岸の入り以来、仏壇にお燈明を上げ、中日にはボタモチが作られた。

庚申信仰　庚申塔は田中、借宿、朝倉、八幡、堀込の各集落に分布し、総数三一基で、延宝八年（一六八〇）

から大正九年までの二四〇年間に、造塔年は二二回に及ぶ。

主な庚申塔は――①もと、朝倉町の街道脇にあった（現在は朝倉二丁目自治会館前）、元文五年（一七四〇）造立の笠塔婆型の庚申塔は、正面に六臂《び》の青面金剛《しょうめんこんごう》像《ぞう》で、頭部に髑髏《どくろ》、左手で女人を吊るし、踏まれている邪鬼が左足を跳ね上げている独特なもの。②八幡町の五基が並ぶ庚申塔のうち、光背型の青面金剛像の塔は、元文五年（一七四〇）造立で、願文に「奉供養青面金剛尊郷内信心諸人快楽所」と、現世の快楽を願う現実的な祈願をしている（一般には「二世安楽」とあるが）。また台座の三猿は二匹が正面、左の一匹が横向き、片手で口を塞ぐ、珍しい様相のもの。③②と同じ庚申塔群中の寛政十二年（一八〇〇）造立のものは、能筆家による「庚申塔」の文字を刻み、台座に陽刻した三猿中の右猿は、眼を塞ぐべき手が明らかに手をかざした形になっている。④堀込町の宝性寺の庚申塔四基（かつて例幣使街道沿いにあった）中の天和元年（一六八一）造立塔は、初期の青面金剛像であり、像高（一二五㎝）も足利地方有数である。⑤もと早川農園の西公園内の二基のうちの一基（自然石面に「庚申塔」）には、左右側面に道しるべが刻まれているが、左の側面には「桐生　大間々」とあり、足利の西方向に桐生やその先の大間々への街道のあったことを示している。⑥田中町の医王寺墓地中の庚申塔二基のうちの一基は、笠塔婆型の青面金剛像の塔で、左側面に法華経の経文が彫られ――久野地域の寿徳禅寺のものと同様――庚申信仰と仏教思想との密着様相を示している。

矢場川

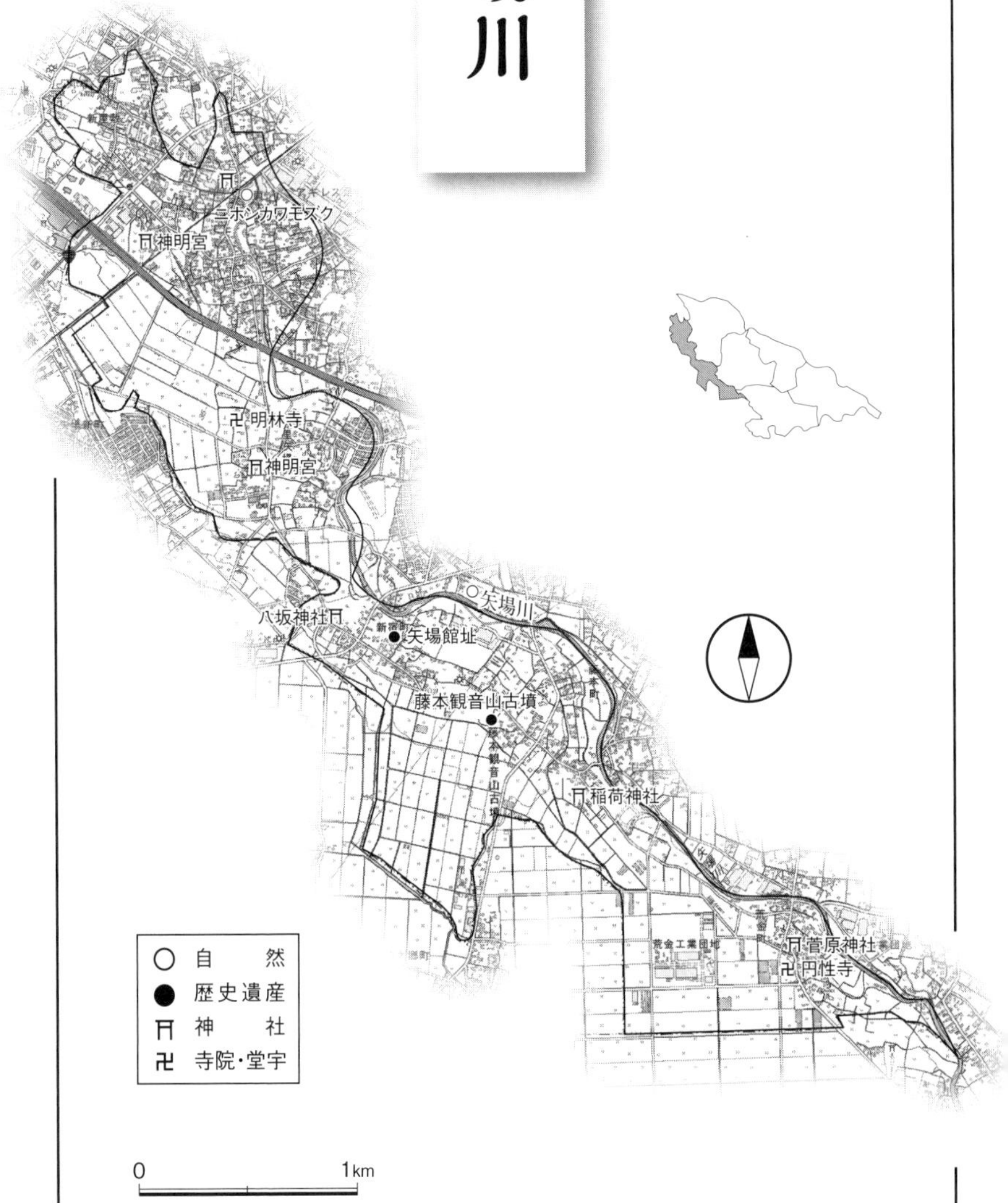
ニホンカワモズク
神明宮
明林寺
神明宮
矢場川
八坂神社
矢場館址
藤本観音山古墳
稲荷神社
菅原神社
円性寺
自　然
歴史遺産
神　社
寺院・堂宇
0
1km

当地域は、およそ南東方に蛇行する矢場川の南西側に位置し、矢場川の北東側は山辺地域と御厨地域で、またおよそ西側は群馬県太田市の植木野、矢場、沖之郷、秋妻などに接している。

① 自　然

地勢　およそ北西方から南東方向に流下する矢場川の西側の五km余にわたる一面の低台地である。

植生　大東亜戦争中の伐採や近年の住宅地化のため、目立ったものは少なくなった。

藤本町稲荷神社のシイ（スダジイ・ブナ科）は、根回り二一六cm、地上一mで、南北二本に分かれ、幹囲は南が一二七cm、北が一三六cm、高さは約一七m。四方に枝を張るが西側は道路で切り落とされている。またクロマツ（マツ科）は、幹囲一九五cm、高さ二〇m、枝張りは、東に約五m、他の三方は各約三m。約一五mまで下枝なく、上方の枝はよく茂り、樹形は非常に良く、生育状態も良い。ニホンカワモズク（自生地、南大町神明宮）は、淡水産紅藻類カワモズク科に属し、湧水などの水温の変化の少ない清流などに生育する。自生地は通称芋の森神社の境内の弘法の池とその下流域である。この地は底から清流が湧き出しており、冬から春にかけて繁殖するこの藻は学術上非常に貴重といわれる。

② 歴史遺産

縄文時代の遺跡

遺跡名	所在地	立地	縄文時代 草創期	早期	前期	中期	後期	晩期	出土遺物
新宿	新宿	低台地			○				縄文土器
伊砂子山	藤本	低台地					○		縄文土器、分銅形石斧
芋の森	南大町	低台地			?				縄文土器
木之原		低台地			?				縄文土器

弥生時代の遺跡

遺跡名	所在地	立地	弥生時代 初期	中期	後期	出土遺物
南大町	南大町	低台地		○		弥生式土器

古墳時代の遺跡

遺跡名	所在地	立地	古墳時代 前期	古墳時代 中期	古墳時代 後期	出土遺物
矢場川北岸	藤本、新宿	低台地	○	○	○	土師器、須恵器
温井	里矢場	低台地	○	○	○	土師器、須恵器
牧原	里矢場	低台地	○	○	○	土師器、須恵器
永代	藤本	低台地	○	○	○	土師器、須恵器
新宿	新宿	低台地	○	○		土師器、須恵器
伊砂子山	藤本	低台地	○			土師器
芋の森	南大町	低台地			○	土師器、須恵器

古墳（群）　藤本観音山古墳（藤本町）　矢場川南岸の低台地に、西北西面する前方後方墳で、全長一一七m（後方部は長さ六一m、幅五一m、高さ一一m、前方部は長さ五六m、幅五一m、高さ五m）、墳丘には埴輪、葺石（河原石）をもち、墳形相似に近い不整長方形状の周湟《しゅうこう》（後方部後方幅五〇m、前方部前方幅四四m、深さ〇・八〜一・三m）。そして底部には一面に粘土を張りめぐらす。また後方部の北西隅墳裾には、北側外縁部とを結ぶ周湟内の墓道（幅約二m）があり、更に周湟の南側外縁部の近くで土師器（S字状口縁台付甕、器台台部、甕）が出土。截頭角錐形状の後方部の頂部には堅穴系の埋葬施設が想定され、四世紀中葉頃（前期）の築造と推定される。既にくびれ部南側（住居区域）は削られていたが、近年、北側の周湟に廃車などが積まれ惨状を呈する。

そして本墳の西北西方約一㎞の低台地に薬師山古墳

藤本観音山古墳　藤本町　三田ワカ氏他

（群馬県太田市矢場）なる推定全長七〇m位の前期の前方後円墳（粘土槨内に中国鏡、銅鏃、剣、石釧、勾玉、小玉等）があった。

また、土地で雄亀、雌亀と呼ばれた藤本観音山古墳と薬師山古墳の近くには渕の上古墳（全長六七m、半壊）、伊砂子《いさご》山古墳（全長五六m、湮滅）、上宿古墳（全長三三m）等の前方後円墳（推定中期〜後期）ほか、円墳八四基（現存一四基――明治初年の切絵図参照）などが築造されていた。

奈良〜平安時代の遺跡

遺跡名	所在地	立地	奈良時代	平安時代	出土遺物
矢場川北岸	藤本、新宿	低台地	○	○	土師器
温井	里矢場	低台地	○	○	土師器
牧原	里矢場	低台地	○	○	土師器
永代	藤本	低台地	○	○	土師器
新宿	新宿		○		土師器
芋の森	南大町			○	土師器

城館址　上屋敷館址《かみやしきかんし》（里矢場町）は方形状（？）土塁の北塁（下幅三m、上幅一m、高さ一m）が鉤《かぎ》の手状に曲折する約四〇mほどが残存する。室町時代（戦国期）の館址と推定される。矢場館址（新宿町）は、矢場川西岸の低台地に方形状土塁と空濠が残存した（昭和四十〜五十年代まで）が、その後湮滅する。――一辺約一〇〇mの方形郭と推定されているが、戦国期、矢場国隆が築城、天正十八年（一五九〇）まで存続したといわれる。

③ 神社

稲荷神社（藤本町九一）　主祭神は稲倉魂《うかのみたま》命。旧村社。承平二年（九三二）の創立。もと小字大学にあったが、慶長年間（一五九六〜一六一五）現在地に遷座。所蔵の柄鏡は銅製、面径二三・五cm、柄の長さ一〇cm、宝暦八年（一七五八）「天下一藤原義信」の陽刻銘をもつ。

神明宮（南大町二七七）　主祭神は大日孁《おおひるめ》命。旧村社。天慶二年（九三九）、平貞盛が平将門の乱の鎮圧のため、神託に従い上野国矢場の森に陣を構え、伊勢神宮の神を祀ったところ勝利したので、翌三年、陣釜兵器を奉納したという。

境内の弘法池はニホンカワモズクの自生地（前記、

自然遺産、足利市指定)。

菅原神社(荒金町一〇九) 主祭神は菅原道真公。旧村社。平治元年(一一五九)の創立。農作物の豊穣を願って雷神菅原道真公を祀り、天神さまと奉称した。明治初年、菅原神社と改称している。

④寺院

明林寺《みょうりんじ》(崇寿山、曹洞宗、里矢場町二一五一) 創建は天文五年(一五三六)。開山は天叟自騮禅師。開基は矢場能登守繁和公。安政四年(一八五七)の火災で本堂、庫裡、書院等全て焼失。平成四年、現在の本堂を再建。書院を改築し、伽藍が落慶した。

本尊は延命地蔵菩薩坐像(木造、像高二〇cm、江戸時代)。阿弥陀如来立像は木造、像高一六五cm、もと弥陀屋敷(里矢場、新井釆七氏宅)にあったが、洪水で流出したものという。大般若波羅蜜多経六〇〇巻は各縦二七cm、横七七六cm、明治時代。前机は木製、高さ九九cm、長さ一九三cm、幅五四cm、天保七年(一八三六)奉納。

円性寺《えんしょうじ》(明星山、真言宗、荒金町九八) 創建は不詳であるが、小泉(群馬県、現・大泉町)富岡城が落城し、城主一族が自刃、主《しゅ》なき菩提寺に寛政十一年(一七九九)僧本高らが現本堂を移築した。太子堂に聖徳太子が祀られ、十七夜塔や庚申塔、地蔵菩薩像など多くの石仏が並列している。

⑤伝統行事

一月 松飾り、注連縄《しめなわ》、年始廻り、三箇日《サンガニチ》はお膳、餅、煮物などが出される——餅は家によっては三箇日または七草まで食べず、朝だけウドン、そばで祝うところもある。また三箇日の間、隣近所で交代で朝湯をたて、互いに呼び合って入る風習があった。若水——元日の朝、各家で主人が早朝に水を汲み神棚に供える。四日はタナサガシ。六日は入り、七日は七日正月、この朝、朝食に七草粥を食する。十一日は「鍬入り」で、田圃に松を立て餅などを供える。十四日はモノヅクリといってマユダマを作る。十五日はオシメ(注連飾り)を下ろし、マユダマを上げる。十六日はバク(獏)に上げるとして、重箱にご飯を詰め、ウツギの木を立てて神棚、年神さまに供える。二十日は二十日正月でシルコが作られる。
二月　節分はマメマキ、フクワウチなどと呼ばれ豆撒きが行われる。初午は屋敷稲荷に紙で作った旗を立て、ダンゴなどお供えものをした。藤本地区では初午の翌日、チョウマツリが行われた。――ボンゼンを作り、ボンデン山（ボンゼン山――観音山）の水につけて祀った。この観音山とは「藤本観音山古墳」のことである。
三月　三日はオセック（雛祭り）が行われ、一般に草餅が作られた。
四月　八日はオシャカさまと呼び、寺院で花祭りが行われ、甘茶などが出た。
五月　五日は種籾の残りを粉にしてカシワモチが作られ、軒にはショウブとモチグサ（蓬）が挿される。ショウブ湯がたてられた。
六月　一日は村の入り口に笹竹を二本立て、注連縄に御幣を吊るし、疫病が入らないようにと祈った（ハッチョウジメが行われた）。二十八日は、藤本観音山（古墳）の阿夫利《あふり》神社（石尊さま）で梵箭《ぼんぜん》が上がり、幟《のぼり》も立ち、「オ山開キ」が行われた。

七月　一日はカマップタといわれ、地獄の釜の蓋があく日とされ、ヤキモチが供えられ、茹《ゆで》マンジュウが作られた。七日はタナバタ。この日は早朝、矢場川へ行き、前日川岸に挿しておいたネブタを流すが、遅く行くと他の人のネムケを背負ってくるといわれた。お盆は各家庭で盆棚が作られる。迎え盆は十三日夕刻、提灯を持って寺へ行き、先祖に灯明をあげて本尊さまからの元火と茶を貰ってきて盆棚に点火し、その提灯を持って墓へ行き、先祖さまを背負ってきて座敷から迎え入れる。新盆の家は墓地には白い提灯を供え、自宅には岐阜提灯を飾る。十四日は盆棚参りで本家へ行ったり、新盆の家を廻る。十五日は「農廻り」で線香を持って先祖さまに田圃の作物を見せて歩く。ボタモチやウドンが、この日作られる。十六日に送り盆の行事が行われるが、送り盆が済むと夕食にはゴムクメシが作られる。十八日は「盆ガラ」と呼ばれる。
八月　一日は一般にハッサク（八朔）といわれるが、シメイ（シマイ）節句、ヨメゴの節句とも呼び、赤飯を炊いて神に供える。初嫁の家では、嫁の実家から箕《み》（身を増すようにとの意から）が届けられ、男の家からはスシが土産に渡される。二百十日は厄日として夕キオコワ（赤飯をふかさず炊く）が炊かれて供えられる。十五夜は月見ダンゴ（一五個）、ボタモチ、柿、梨、栗、サトイモ、ススキなどを箕に入れて、縁側に出して供える。これらの供物は子供達が来て貰って行くが、供え物を「家へ残すと、娘が残る」ともいわれていた。

九月 九日、十九日、二十九日はそれぞれ、ハツグンチ、ナカグンチ、シメグンチといってご馳走を作った。十三夜は十五夜と同じであるが、片見月は忌まれた。

十月 一日はオカミのオタチの日で、赤飯を炊いて神の出雲への旅立ちを祝い、鎮守さまや島田の天王さまに参詣した。十日はトーカンヤ（十日夜）で餅をつくが、恵比須講のお供え物も一緒に作った。子供達はイモガラを芯《しん》にしたワラデッポウを作って「トーカンヤのワラデッポ、夕飯食ってブッタタケ」と言いながら、庭や道路を叩きながら廻って歩いた。また子供達は兵隊ゴッコをしたり、隣村の子供達と石を投げ合って喧嘩（石ゲンカ）をしたりしていた。十九日、二十日はエビスコ（恵比須講）で、十九日の晩は外エビス（宵祭り）で、足利の西宮神社や太田、福居などの神社に参詣しお札《ふだ》を受け、二十日は内エビス（本祭り）で神棚から恵比須、大黒を下ろして座敷に掛け軸とともに祀った。

十一月 一日はオカミのオカエリで、赤飯を炊き、鎮守さまにお参《まい》りをした。十五日はオビトキ、アブラ祝いと呼び、男女七歳で晴れ着を着せ、鎮守さまなどを参詣し、赤飯を炊き、ご馳走を作って祝った。二十三日はサンヤサマ（三夜さま）で、島田の覚性院に三夜さまのお堂があり、堂内で「念仏踊り」（念仏モオシ）も行われ、若者の社交の場ともなっていた。二十六日はオカマさま（お竈さま）でダンゴが作られる。庚申祭りは収穫が終わってから庚申の日に講中の人が皆で会食した。

十二月 一日はカビタリモチ（川浸り餅）を搗《つ》いた。八日はコト八日、籠にヒイラギ、草刈り鎌をつけ竿の先に縛り、庭に立て悪魔を除き、子供達は「鬼が来るから静かにしていろ」と言われた。冬至《とうじ》はユズ湯をたて、トウナスを食べたり、ユズの味噌漬け（節分の時に食べる)を作る。また「冬至祭り」「星祭り」ともいって、藤本の稲荷神社に祀られている富士山で正月の御幣を貰ってきた。大晦日《おおみそか》は晦日そばなどを作るが、煮炊きはナスガラを使った。また膳を作ってオヘヤさま（外便所）に供えた。

御厨

渡良瀬川
龍泉寺
東武和泉駅
鹿島神社
赤城神社
宝福寺
福居町
中里城址
中里
問屋町
足利問屋団地
二柱神社
飯有神社
龍善寺
足利市
母衣輪神社
稲荷神社
日限地蔵尊
福居町
八坂神社
渋垂城址
勝光寺
覚性院
覚本寺
赤城神社
東光寺
島田町
神明宮
上渋垂町
地蔵院
東武伊勢崎線
矢場川
あがた工業団地
自然
歴史遺産
神社
寺院・堂宇
0
1km

当地域は、中央～北部が福居町、東部は上渋垂《かみしぶたれ》町、西南部は島田町、南部は百頭《ももがしら》町で、北部の一部は突端状に渡良瀬川南岸に接し、東方は梁田、西方は山辺、南方は筑波と矢場川流域の各地域と接し、矢場川地域とは南東流する矢場川を境界としている。

① 自然

地勢　当地域は、およそ平坦地で、北西部の山辺地域から南東部の梁田、筑波両地域の境界辺に、「三栗谷《みくりや》用水」が緩《ゆる》やかに流下する。

植生　樹木は民家の屋敷や神社、寺院の境内に多く、ユズリハ、モッコク、モクセイなど、庭木として価値の高い木が多い。

　モッコク――上渋垂町辺見恒也氏宅の植込みにあるものは、根回りの太さ一・一三m以上、高さ一〇mで直立し、枝が四方に広がっている。エノキ――上渋垂町赤城神社の境内にあり、目通り二・一m以上、高さ約三五m、枝は三〇mから上で、四方へ伸びている。クロマツ――福居町鹿島神社の境内にあり、目通り三・一m以上、高さ三五m、樹皮は厚く、亀甲形にやや深く裂けてクロマツの特徴を表わし、市内では稀な大木である。イチョウ――福居町龍泉寺の鐘楼の北と南にあり、目通りは南北ともおよそ二・四m。島田町覚本寺本堂の西側のイチョウは、目通り約三・一m、高さ二五mを測る。ケヤキ――覚本寺本堂の南東方の竹藪中の二本は、目通り二・二三m以上、高さ三〇m余と、目通り二m弱、高さ三〇m以上の大木である。ユズリハ――島田町田沼武平氏宅のものは、目通り一m余、高さ約一〇mで、地上二mから二本に分かれている。キンモクセイ――島田町田沼武平氏宅庭園の東端にあり、目通り約一・三m、高さ約九mで、地上約三〇mのところで三本に分かれ、更に各々枝分かれしている。

② 歴史遺産

縄文時代の遺跡

遺跡名	所在地	立地	縄文時代 草創期	早期	前期	中期	後期	晩期	出土遺物
堀間	上渋垂	低台地				○			分銅形石斧
阿弥陀前	中里	低台地					○？		縄文土器

弥生時代の遺跡

遺跡名	所在地	立地	弥生時代 初期	中期	後期	出土遺物
和泉	福居	低台地			○	弥生式土器（羽状縄文に久ヶ原式土器〈南関東〉の影響が認められる）

古墳時代の遺跡

遺跡名	所在地	立地	古墳時代 前期	中期	後期	出土遺物
和泉	福居	低台地	○	○	○	土師器、須恵器
文選	上渋垂	低台地	○	○	○	土師器、須恵器
阿弥陀前	中里	低台地	○	○	○	土師器、須恵器
福居駅北	中里	低台地			○	土師器、須恵器
御邸	上渋垂	低台地			○	土師器、須恵器
伊勢宮	上渋垂	低台地			○	土師器、須恵器
厨子	上渋垂	低台地			○	土師器、須恵器

古墳（群）　福居、島田、百頭、上渋垂の各町内に、各々古墳があった。――『足利市郡古墳調査誌、昭和十八年、足利市郡教育会』には、福居六基、島田二基、百頭一基、上渋垂一三基、計二二基が記され、うち「車塚」（福居）一基は前方後円墳と推定される。しかし「上渋垂及百頭地域に亘る東武鉄道開設以前は約三〇基の円墳があった」旨の記載があり、同地域の「切絵図」（明治初年頃）には、「文選」として（東西約四五〇m、南北二二〇～三〇mの範囲）四〇基の円墳などが記される。また同所には南面する前方後円墳上に赤城神社の社殿があり、その東方の方墳上には諏訪神社、更に東方の円墳上に熊野神社が祀られている。

また「切絵図」に百頭の前田には、前方後円墳一基（全長三〇m位）と円墳三基以上が印される。なお福居町の北東部の中里には、推定約九〇mの前方後円墳を主墳とする古墳群と、奈良時代末期か平安時代初頭頃の土葬墓群、ほぼ同時期以降の火葬墓群が出土――前方後円墳はおよそ五、六世紀代の首長墳とみられ、土葬墓群は下野国梁田郡の郡司か郷長層、火葬墓群もそれに準じた階層の人々の墓群とみられる。――土葬墓、火葬墓群は、前代の古墳が大化改新の薄葬令、仏教の普及、火葬の流行、社会機構の変革などで終息した結果、律令体制下に営まれた。大和政権の末端に連なる有力者層の墓であろう。なおこの火葬墓は寺院墓として平安時代から鎌倉時代、南北朝以降まで継続したとみられる。

城館址　○中里城址（柳田氏居館址、福居町一四三二

ほか）は、足利源氏の家臣柳田伊豆守が、室町幕府三代将軍足利義満から足利庄中里の地を与えられ、構えたといわれる居館址で、南北に長い不整方形状に土塁をめぐらし、その外側に濠を築く。が、現状は南西側の大部分と、南東側の一部分は削平されている。土塁の長さは、北西辺約六〇m、北東辺約一〇五m、南東辺約一〇八m以上、南西辺約一二八m（推定）、土塁の現存高一・八m前後、下幅六〜七m。濠は箱薬研堀のようで、上幅約五m、深さは一・八m前後を測る。

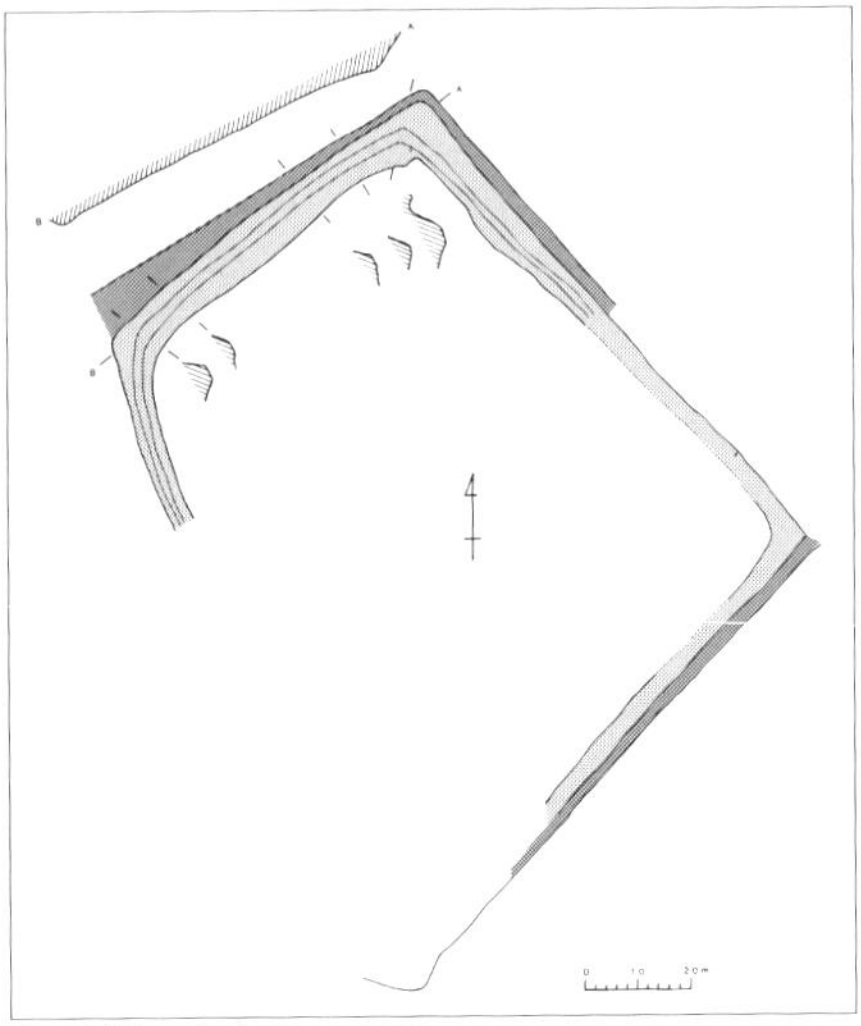

中里城址　橋本芳一氏ほか

○渋垂館址（阿海街道館址）（上渋垂町四五八ほか）は、旧例幣使街道（県道佐野・太田線）の北側で、勝光寺の西方約二〇〇m地辺の低台地上にある。――土塁（高さ約二m、下幅約五m）と外側の濠（上幅約三・五m）が、およそ東西に直線状に約五〇m、鉤状に南方に屈折した部分が僅かに残存している。――現在は民家の宅地であるが、四〜五基の板碑が残存し、うち一基は「正応五年十二月五日」（鎌倉時代）の陰刻銘が知られる。本遺址は鎌倉時代、渋垂氏の居館であったろう。

③ 神社

母衣輪《ほろわ》神社（福居町六二二）　主祭神は、日子番能邇邇《ひこほのにに》芸命《ぎのみこと》、日本武尊《やまとたける》、比売神。旧村社。日本武尊が東夷征伐の途次、戦勝祈願のため邇邇芸命を祀ったとされ、もとは保呂羽大明神と称した。神社としての創立は長暦三年（一〇三九）と伝えられる。明治六年、村社となり母衣輪神社と改称した。境内にはイチョウ、クスノキなどの古木が樹つ。

飯有《いいあり》神社（福居町一一三七―一）　主祭神は伊邪那岐

命、伊邪那美命。旧村社。天平九年（七三七）七月二日、梁田郡衙の守護神として福居字大宮上に奉祀されたという。明治初年、飯有大明神から飯有神社に改称。

石燈籠二基（一対、総高一五〇cm、天明七年〈一七八七〉銘）と太鼓（木製、面径四七cm）がある。

神明宮（百頭町一九九四）主祭神は天照皇大神。旧村社。大同二年（八〇七）三月二日創立、明治六年に村社となる。

赤城神社（上渋垂町一一九）主祭神は磐裂神。旧村社。弘仁二年（八一一）創立。建仁年中（一二〇一～四）、新田義重が社殿を造営、以来新田氏の保護を受ける。明治初年に村社となる。

本殿の彫刻（百足）は優れ、棟札は木製、長さ一〇七cm、呪文や別当快乗院などを記す。修験道《しゅげんどう》用か、元禄十三年（一七〇〇）などの墨書銘。柄鏡、①銅製、面径二四cm、柄の長さ一〇cm、鏡背に「天下一藤原政重」の陽刻銘など。②銅製、面径一四・五cm、柄の長さ九cm、鏡背に「藤原周重」の陽刻銘。護摩壇は木製、方形の一辺一三五cm、ケヤキ材。上面中央部に鉄製、宝珠形の鈕《つまみ》をもつ蓋と釜（径三六cm）を設ける。八木宿の大火で炎上した社殿を嘉永四年（一八五一）に再建したので、その頃の造りであろうか。太鼓は木製、面径四六cm、最大径六三cm。中太筒形の両端を皮革で鋲留めし、胴回りの頂部に鉄環を付け、細長い鉄板を両端に渡している。台（幅三八cm、高さ四八cm）は二本の脚部を付け、各々太鼓の両端を支える腕木（ケヤキ材に雲形文を施す）をもつ。

稲荷神社（福居町九四）主祭神は保食命《うけもちのみこと》。旧村社。貞観十四年（八七二）、京都伏見稲荷大社の分霊を勧請。友之郷の鎮守。神仏分離令で稲荷大明神から現社名に変更。本殿は天明六年（一七八六）に改築。当社の井戸から出土した石造地蔵尊が町内の日限地蔵尊に祀られている。

八坂神社（島田町九八四、島田の天王さま）主祭神は須佐之男命《すさのおのみこと》。天慶二年（九三九）の創立。渡良瀬川の氾濫で当地に流れついた緑町八雲神社の境内社を、島田村民らが祀ったものという。嘉永四年（一八五一）、本殿を改築。二月の節分の日の追儺《ついな》祭は多数の参詣者で賑わう。

赤城神社（福居町一九八六）主祭神は磐裂命、磐筒男命、大物主命、大国主命。旧村社。康元元年（一二五六）四月五日、泉郷の住人らが赤城大明神を勧請。明治初年に村社となり、赤城神社と改称する。

鹿島神社（福居町八四五）主祭神は武甕槌命。旧村社。天正四年（一五七六）、鹿島神宮のご分霊を勧請。当地はもと天王村で、八坂神社が鎮守であったが、鹿島大神宮に代わり、明治初年には村社となり、鹿島神社と改称。明治四十三年には八坂、稲荷両神社を合祀した。

二柱神社（福居町一〇六八）主祭神は大己貴神、少彦名神。寛永六年（一六二九）、北之郷の産土《うぶすな》神として創立。当時は聖天宮と称し、夫婦和合の神であり、明治六年、二柱神社と改称。

稲荷神社（島田町一〇二五）主祭神は稲倉魂《うかのみたま》命。旧村社。寛永九年（一六三二）、京都伏見稲荷を島田村字権現に勧請。明治維新前は稲荷山覚性院（真言宗豊山派）の別当寺であった。明治四十四年、字天神の現在地に遷座した。

④ 寺院

宝福寺《ほうふくじ》（中里山、曹洞宗、福居町一四二九）創建は奈良時代か。中興の開山は重山天両和尚、開基は柳田伊豆守。本尊は延命地蔵菩薩。境内から古代瓦が出土——奈良時代、下野国梁田郡衙に伴う仏教寺院址の可能性をもつ。かの円仁（慈覚大師）が、承和年中（八三四〜四七）、比叡山修行中に彫刻し、母堂に送った地蔵尊を当地に安置したという。また室町幕府三代将軍足利義満の持仏であった神乾闥婆大鬼神王（円仁が点眼した尊像）も、家臣であった柳田伊豆守（開基）が拝領したものという。

阿弥陀堂址出土の鐙瓦

本尊の延命地蔵坐像と両脇侍像の三躯は木造、本尊は像高二八㎝、両脇侍（矜羯羅《こんがら》、制多迦《せいたか》両童子）はともに像高三五cm、厨子に文政十三年（一八三〇）などの墨書銘がある。柳田伊豆守、同夫人の層塔二基――伊豆守塔は石造九重塔で、総高二・八m、応永二十二年（一四一五）銘、伊豆守夫人塔は石造七重塔で、総高二・二七m、応永三十二年（一四二五）銘。格天井の絵画は明和六年（一七六九）作。鰐口二個はともに銅製、薬師堂軒先に。①は縦四〇cm、横三七cm、寛政六年（一七九四）銘。②は縦四三cm、横五〇cm、嘉永六年（一八五三）銘。大般若経は紙製、木箱四個に納入。施主は「参州挙母城家臣橋本三右衛門尉政房」「大般若経百軸」と墨書。

柳田伊豆守と夫人の層塔　宝福寺

覚本寺《かくほんじ》（明厳山善明院、真言宗、島田八七一）草創は五十部の覚本寺谷で、いまも遺址（礎石）があるという。開山は覚本上人（真言宗、慈猛上人〈慈猛流〉の高弟）。本尊は金剛界大日如来。

本尊の金剛界大日如来坐像は木造、像高四七cm、江戸時代作。愛染明王坐像は木造、像高二〇cm、江戸時代作。花鬘《けまん》と播――花鬘は二枚で金銅製、身部は縦二三cm、横二六cm。播は二旒《りゅう》で金銅製、総長八五cm。花播は寛永三年（一六二六）などの陰刻銘がある。薬師三尊、十二神将像――薬師如来坐像は木造、像高三五cm。日光、月光両菩薩立像はともに木造、像高四五cm。十二神将像一二体は木造、像高二六ないし二七cm。十一面観音立像は木造、像高六八cm、胎中の巻紙に享保十八年（一七三三）入仏などの記事の墨書銘がある。宝篋印陀羅尼経塔は石造、総高三八〇cm、寛延三年（一七五〇）などの陰刻銘がある。覚本上人の墓塔は石造、総高一四五cm、火輪、地輪は鎌倉時代作と推定。

覚性院《かくしょういん》（稲荷山極楽坊覚性院阿弥陀寺、真言宗、島田町八三八）創建時、開山、開基は不詳。本尊は大日如来。

本尊の胎蔵界大日如来坐像は木造、像高三〇cm。稲荷権現像は木造、像高四七cm（もと稲荷神社蔵）。稲荷大明神の扁額は木製、縦六五cm、横三七cm、元禄十年（一六九七）、岡本六郎左衛門寄進などの墨書銘がある。地蔵菩薩立像は木造、像高四八cmの空手地蔵。宝篋印陀羅尼経塔は石造、三二七cm、明和九年（一七七二）銘。

勝光寺《しょうこうじ》（法幢山閼伽井坊法定院、真言宗、上渋垂町八七五） 草創は弘法大師が越後へ巡錫の途次、この地で大暑のため熱病を患った折、薬草をくわえた白蛇に救われた。そのため大師は干魃《かんばつ》や病気で苦しむこの地の人々のために、錫杖で柿の木の根元を掘り、修法すると清水が湧き出した。これが阿伽井《あかい》であったため、水滝大権現を祀ったという。――柿の木は渋柿で、水滝大権現に渋が垂れることから、この地が渋垂の地名となり、当寺の門前の道を阿伽井街道と呼ぶ。
本尊は薬師如来、十一面観世音菩薩立像は木造、像高三八cm、江戸時代作、観音堂に安置。伏鉦は銅製、面径二〇cm、高さ八・五cm、下縁の裏側に「西嶋伊賀守作」の陰刻銘。宝篋印陀羅尼経塔は石造、総高二九四cm、塔身の上部に金剛界（陽刻）、下部に胎蔵界（陰刻）の四方仏を刻む。善男善女の氏名なども銘記。種子や基礎の蓮華模称の彫りも見事で、文化三年（一八〇六）などの陰刻銘がある。

地蔵院《じぞういん》（愛宕山、真言宗、百頭町二一八四） 創建は元亨四年（一三二四）という。開山、開基は不詳。

本尊の地蔵菩薩坐像は木造、像高二八cm、台座の裏を切り落とす。馬頭観世音菩薩坐像は木造、像高三五cm、台座の裏を切り落とす。半鐘は銅製、総高六一cm、明和七年（一七七〇）の陰刻銘。

五輪塔は凝灰岩製、総高一五六cm、概ね原形を存する。種子はなく、銘記も不明であるが、石質、形状から鎌倉時代作と推定。――当地の豪族「御厨太郎」の墓塔といわれる（太郎は平将門〈十世紀初期〉の舎弟三郎将頼とされるが、時代が合わないため、供養塔か）。地蔵院墓地にある。麻疹《はしか》地蔵（享保三年〈一七一八〉銘）。

石造供養塔は凝灰岩製、総高九〇cm、金剛界大日如来坐像か。中世作か、地蔵院墓地にある。

東《とう》光《こう》寺《じ》（医王山、真言宗、上渋垂町二一一）創建の事情、開山、開基は不詳。本尊は阿弥陀如来。

本尊の阿弥陀三尊像中、主尊の阿弥陀如来坐像は木造、像高二四cm。脇侍の観音、勢至両菩薩立像は、ともに木造、像高二七cm。三尊とも調和がとれ、優れている。薬師三尊並びに十二神将像――主尊の薬師如来坐像は木造、像高二四cm。脇侍の日光、月光両菩薩立像は、ともに木造、像高三〇cm。十二神将像は全て木造、立像、像高はおよそ二八cm。宝篋印陀羅尼経塔は石造、総高四一五cm、文政七年（一八二四）作。

石燈籠二基（一対）は、東面する薬師堂の前、左右に立つ。同形、同大で、明和八年（一七七一）などの陰刻銘がある。石塔は総高一四二cm、相輪、笠、塔身（胎蔵界四方仏）、基礎の各部は宝篋印塔の形態をもつ。正保二年（一六四五）の陰刻銘がある。

龍《りゅう》泉《せん》寺《じ》（集雲山、臨済宗、和泉町二一四八）創建は中世。開山は南峯紗譲大和尚。本尊は薬師如来。

本尊の薬師如来坐像は木造、像高三四cm、二重白毫で衣文の切れがよい。地蔵菩薩立像は石造、総高三二三cm、像高一六〇cm、延享三年（一七四六）銘。寺の入り口に立つ。太鼓は木製、面径一〇〇cm、最大径一〇五cm。中太筒形の両端を皮革で鋲留めし、筒形の頂部に鉄環を付ける。――行道山中で、大蛇が巻いていた大ケヤキを伐出し、本山の建長寺、鑁阿寺、そして当寺、と三分したもので、内部に銘記があるという。非常に大型で保存もよい。

龍《りゅう》善《ぜん》寺《じ》（西明院雲上山、浄土宗、福居町六五二）創建は中世か。開山は笈誉英道上人。開基は不詳。本尊は阿弥陀如来。本尊の阿弥陀如来坐像は木造、像高四三cm、脇侍の観音、勢至両菩薩像はともに木造、像高三七cm、荘重で優美。薬師如来坐像は木造、像高三二cm、江戸時代作（薬師堂に安置）。鰐口は銅製、左右幅三七cm、縦三二cm、慶応四年（一八六四）の陰刻銘。薬師堂軒先に掛かる。扁額は木製、縦六五cm、横一八二cm。ケヤキの一枚板に左から「龍善寺」と刻まれ、その右側に「天保十年」など、左側に「七十翁学聖友山懐徳拝書」などを刻印、本堂の外陣正面に掲げる。

日《ひ》限《かぎり》地《じ》蔵尊《ぞうそん》（福居町八一）石造、総高八一cm、上部を山形とした長方形状の扁平な石に、地蔵尊を半肉彫りする。井戸から出土したとの伝承をもつ。

⑤ 伝統行事

行事日は一般には「モノ日」の語が多く使われていた。また大正時代まではほとんど旧暦が使われ、昭和に入って、新旧併用が続き、第二次大戦終戦を境に、次第に新暦による生活になった。

一月 松飾り。注連縄《しめなわ》。若水。年神さま。正月には「タイマ」と呼んで伊勢皇太神を飾る。神詣り。年始めぐり。三箇日《さんがにち》。四日はタナサガシと呼んで、三箇日の間に神さまに上げた食べ物を下げて雑煮《ぞうに》として食べた。六日は「山入れ」の日。七日はナナクサと呼び、朝食に七草粥を作って食べた。十一日は「鍬入れ」の日。十四日は小正月で、「物作り」と呼んでいる。十五日正月は朝食にアズキ粥を作って食べる。正月に飾った注連縄や門松を持ち寄って、ドンド焼きも行った。十六日正月は「藪入り《やぶいり》」と呼んで、使用人などの休息日とされた。二十日正月は「二十日エビス」と呼んで、神棚から座敷へ恵比須さま、大黒さまを下ろして飾った。二十五日は島田地区などでは「針供養」の日とされ、豆腐を神棚に上げて、その豆腐に古い使用済みの縫い針を刺して供養していた。二十八日正月は最後の正月とされ、十四日についた餅でシルコを作って食べた。

二月 一日は、場所によっては「次郎のツイタチ」といった。節分は豆撒きを行う。上渋垂の石橋家では、豆を撒く時の唱え方は「福は内、鬼は外、福は内」とされ、豆を年の数だけ井戸端に上げることが行われている。八日は「コト八日」で竿の先にメケーゴを縛り庭に立てる。初午は五色の紙で二本の旗を作り、「奉納正一位稲荷大明神」と墨書して、屋敷稲荷に立てる。

三月 三日は「ヒナ祭り」「三月の節句」といわれ、女の子がいる家では雛さまを飾り、正月の餅をサイの目に切って保存したものでアラレを作ったり、また甘酒を作って上げていた。彼岸は、中日にはボタモチが作られ、ハシリグチにはダンゴが作られ、墓参りをしていた。島田地区では中日には、無縁仏、戦死者の供養のために覚本寺、覚性院で、交互に大般若経六〇〇巻の読経が行われ、施餓鬼《せがき》が催された。二十五日は天神さまの祭りが各地で催された。

四月　三日は「神武祭」でボンゼン（梵箭）を立てた。八日は「花祭り」で、寺院では甘茶を作って参詣に訪れた人達にふるまった。十五日前後に春祭りが行われるところが多い。

五月　五日は「五月の節句」と一般に呼ばれ、男の子のいる家では鯉幟《こいのぼり》が立てられたが、家の中では「内幟」（座敷幟とも）もあった。嫁の親元で幟竿を用意するところが多かった。

六月　十五日は「ツシマさま」（津島神社――本社は愛知県津島市の津島神社）の行事が行われた。

七月　一日は「八丁注連《はっちょうじめ》」と呼び、村の入り口や耕地の入り口などに笹竹二本を道の両端に立て、縄を渡し幣帛を何枚も下げて、疫病が村内に入るのを防いだ。七日は「七夕《たなばた》さま」と呼ばれている。お盆の準備は七月に入るといろいろと準備されるが、十日前後から盆花などを行商人が売りに来る。盆棚は十三日の午後に組み立てられる。十四日は僧侶が「タナ廻り」で、檀家を廻ってお経をあげる。各家ではウドン、ボタモチなどご馳走を作って供える。十五日は「ノーマワリ」（野廻り）、先祖を背負って（実際は線香を持って）田圃を見廻ってくる。送り盆は十六日に行われるが、先祖を送るので「門送《かどおく》り」ともいっていた。なお盆中は、先祖さまをもてなすためにご馳走としてウドン、餅、ボタモチ、アベカワ、コメノメシ、トウナス汁などが作られた。また十四、十五日の晩は、寺の境内などに櫓を建て（組む）て、盆踊りなどが催され、各地で八木節が唄われていた。二十八日は阿夫利神社の祭典で、講中（大山講）では門ごとに燈籠を立て、毎夜明かりをつけて、各種の願い事をする。

八月　一日はハッサク（八朔）といって嫁が実家にお客に行く。十五夜は月見の行事が行われるが、ススキ五本、ダンゴ五個に各種の果物、十五夜花（ハギ）などを箕の中に入れて、お月さまに供える。二百十日、二百二十日は両日とも「アレ日」と呼んでいた。

九月　九日、十九日、二十九日、この三日を総称して「オクンチ」といっていた。十三夜は十五夜と同じように供え物をしたが、数は五を三に代えて行っていた。

十月　一日は「オカミのオタチ」の日とされ、神さまが出雲へ出立するので、早く起きて赤飯を炊いて各神社にお詣りした。十日は「トーカンヤ」といって「トーカンヤ餅」をついて、家の中の全部の神さまに供えた。十六日はオコシンさま（お庚申さま）で、各地で講中の当番の宿に集まって庚申さまの掛け軸を床の間に掛けてお参りしたのち、ご馳走《ちそう》を食べ、夜遅くまで語りあった。二十日は「エビス講」の名で親しまれていた。二十三日は二十三夜で「サイヤ待ち」の呼び名が多く使われ、「月待ち」の行事とともに、島田の覚性院では念仏があげられ、若い男女が参詣し、賑わっていた（男女の交遊の場でもあった）。二十四日は地蔵の縁日で、各地で地蔵尊の供養が行われたが、島田南町の「日限り地蔵の縁日」は、日限を定めて願を掛けると願い事が叶うということで賑わった。二十六日はオカマさまが子供が多く、出雲に行けず、神々の留守を預かっているというので、オカマさまに上げるダンゴを作って供えた。

十一月　一日は、神さまが出雲で縁結びをして帰ってくる「オカエリ」の日で、赤飯を炊いた。十一日は、秋葉さま（火の神さま）の祭りで、火難除けなどをした。十五日は「オビトキ」「アブライワイ」といわれ、男女七歳でお祝いをした。

十二月　一日は「カビタリモチ」（川浸り餅）を搗《つ》いて、川端や橋のたもとなどに供えた。八日は「コト八日」で、二月八日と同じで、十二月に行う方が多かった。十三、十四日の頃からすす払いが行われだした。冬至は朝の一番水を神棚に上げてから、火難除けの呪文（アビラウンケン）を唱えながら柄杓《ひしゃく》で、屋根、稲荷、物置などに水をかけ、火伏せの行事を行っていた。二十八日から三十日までのよい日を選んで、正月の餅（セチ餅）をつき、門松を立て注連縄飾りを付ける。三十一日は「一夜飾り」と嫌った。大晦日は「オオバライ」といって神棚の掃除や先達などのところへ行って、伊勢神宮の大麻（神符）、御幣、注連、お払いなどを貰いに行ったりした。ミソカそばは各家で作った。

庚申信仰　庚申塔の造立は延宝八年（一六八〇）から万延元年（一八六〇）までの三五基と大正九年と昭和五十五年に各一基ずつの計三七基、それに紀年不明と紀年銘なしが各一基ずつの合計三九基が知られる。

――主な庚申塔は、①島田町の農道の三叉路《さんさろ》に、元文五年（一七四〇）、青面金剛、足利地方最大級）、万延元年（一八六〇）、大正九年、昭和五十五年の庚申塔四基が並ぶ。②上渋垂町の東部で、梁田の下渋垂、筑波の高松方面に向かう三叉路にある寛政八年（一七九六）造立の庚申塔は、塔身に「庚申」、台座に「さの、農道、館林」と道しるべの文字が刻まれており、道祖神の信仰と道しるべの役割りをもったもの。③福居町の龍善寺墓地の入り口に、馬頭観音塔や千手観音塔などと並んで立つ二基の庚申塔には、「心檀」（信仰深い仲間を強調しての意味か）、他は「南之郷」なるかつて八木宿中の字名が刻まれている。④百頭町の地蔵院境内の庚申塔二基のうち、板碑型の延宝八年（一六八〇）造立のものは、（多くは青面金剛像を象るが）「ウーン（?・）奉供養青面金剛為」（以下不明）の文字が刻まれている。

梁田

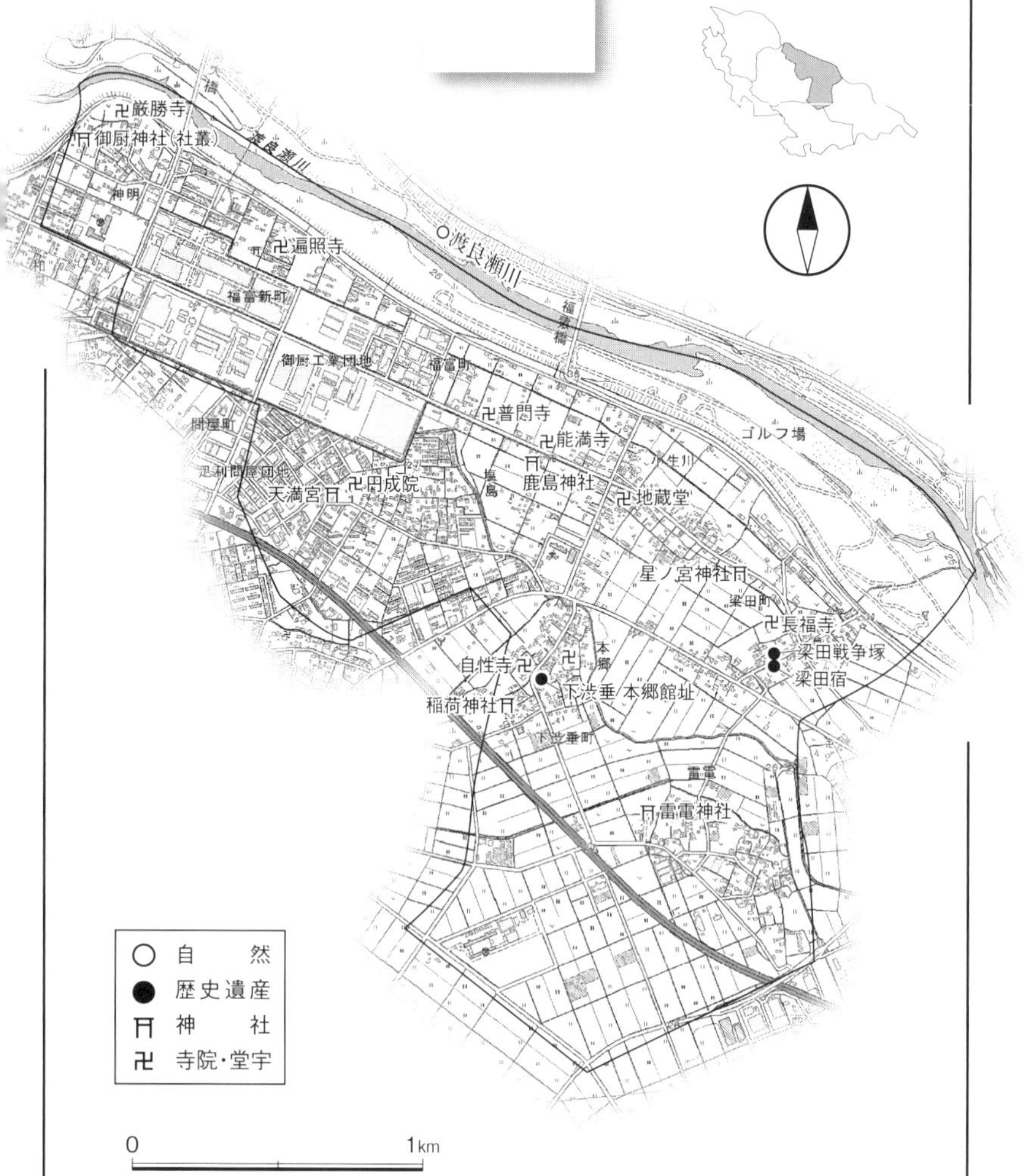

卍巌勝寺
⛩御厨神社（社叢）
渡良瀬川
神明
卍遍照寺
○渡良瀬川
福富新町
福猿橋
御厨工業団地
福富町
卍普門寺
問屋町
卍能満寺
ゴルフ場
足利問屋団地
⛩鹿島神社
天満宮⛩
卍円成院
塩島
卍地蔵堂
星ノ宮神社⛩
梁田町
卍長福寺
●梁田戦争塚
●梁田宿
本郷
自性寺卍
下渋垂
本郷館址
稲荷神社⛩
下渋垂町
雷電
⛩雷電神社
○ 自　然
● 歴史遺産
⛩ 神　社
卍 寺院・堂宇
0
1km

当地域は、西北西方から東南東方に緩やかに下る渡良瀬川の南岸にあり（北岸は毛野地域）、当地域の北西部は福富《ふくとみ》町、南東部は梁田町、南部は下渋垂《しもしぶたれ》町で、南東方は久野地域、南西方は御厨地域に接している。

① 自　然

地勢　当地域は、一面の平坦地で、海抜は福富町辺で約二九m、梁田町辺で約二六m、そして下渋垂町辺で二六～二七mほどである。

植生　クロマツは下渋垂町の雷電神社、原田嘉幸氏宅、梁田町の塩島天満宮南の道路寄りのものなど目につくものが多い。クスノキは福富町の稲荷神社そばや塩島天満宮南の道路寄りのものなどが注目される。ケヤキは第二次世界大戦中に大きいものの多くが伐られた。アレチウリや、アメリカフウロなどの帰化植物は多くみられる。そして注目されるのは、御厨神社（福富町）と星の宮神社（梁田町）の社叢である。御厨神社では、高さ二〇～三〇mほどのヒノキ、クロマツ、クヌギ、スギ、ムクノキ、シラカシと、高さ一五～二〇mほどの十数本のシイが、森厳さを保っている。

② 歴史遺産

梁田地域に、縄文時代及び弥生時代の遺跡は不明である。が、当地域は渡良瀬川の南岸で、東南流する渡良瀬川の水勢が勧農（岩井）山に当たり、大きく迂回《うかい》する下流域にあるため、いわば氾濫原のため、古代遺跡が土中に埋もれている可能性がある。

古墳時代の遺跡

遺跡名	所在地	立地	古墳時代 前期	古墳時代 中期	古墳時代 後期	出土遺物
中沖	梁田	平坦地	○	○	○	土師器、須恵器
宮内	梁田	平坦地	○	○	○	土師器、須恵器
西浦	下渋垂	平坦地	○	○	○	土師器、須恵器

城館址　本郷《ほんごう》館址（下渋垂町三九八ほか）は、低台地上にあり、自性寺の南東方に近く、土塁は認められないが、「オクラ堀」と呼ばれる堀がめぐる。堀は水濠で、およそ南北に一直線状に一〇〇m以上、南端は直角状に曲がって東方へ約五〇m延び、また直角状に北東方に曲がって約五〇mほど直線状に及んでいる。

梁田宿　寛永十三年（一六三六）日光の東照宮が造営

されてから、毎年四月の大祭に、朝廷の勅使が奉幣のため差し向けられた。その勅使は例幣使《れいへいし》と呼ばれ、正しくは正保四年（一六四七）、参議従三位右近衛中将の藤原実豊が勅使となってからのことといわれる。例幣使は京都を発《た》って、中山道《なかせんどう》を下り、信州から碓氷《うすい》峠《とうげ》を越えて上野国に入り、倉賀野から分かれ、玉村など五つの宿を経て、太田を過ぎてから、下野国に入り、八木―梁田―天明―犬伏―富山―栃木―合戦場―金崎―楡木―奈佐原―鹿沼―文挟《ふばさみ》―今市、ここで江戸と日光をつなぐ日光街道に合して、日光に至った。この玉村から今市、正しくは玉村から金崎までを例幣使街道といい、勅使は毎年、中山道から例幣使街道を通って日光に参り、帰りは日光街道から浅草観音に詣で、帰路は東海道を通るのが道筋であった。――例幣使は、初めの頃は太田から足利に出て、天明（佐野）にぬけていたもので、八木宿から梁田宿を通るようになったのは、古文書によれば明和三年（一七六六）頃からのようである。それは明和三年、「宿次伝馬仰付らる、梁田村を梁田宿と改む」とあり、当時、宿次伝馬は、東海道が一〇〇人一〇〇匹、中山道は五〇人五〇匹で、例幣使街道は二五人二五匹であった。――八木宿や梁田宿は、例幣使の通過や宿泊には大変難儀し、宿次伝馬を引き受けた代わりに、飯盛《めしもり》という口実で娼妓《しょうぎ》を置くことが許され、八木宿にも多くの妓楼《ぎろう》が設けられていたが、梁田宿では当時、三三、四軒の妓楼に二〇〇人以上の娼妓がいたという。

梁田戦争戦死塚（長福寺、梁田町五四〇）　慶応四年（一八六八）三月九日未明の「梁田《やなだ》戦争」（戊辰《ぼしん》戦争）での戦死者を合葬した墓で、長福寺墓地の南東隅に立つ。土壇上に石塊を積み上げ、その上に建てた扁平形大石の碑面には「戦死塚」、裏面に「慶応四戊辰年三月九日　戦死六四人此土埋　梁田宿」と陰刻されている。――梁田宿に起こった戦闘は、鳥羽伏見の戦いの後、幕軍と官軍とが衝突した最初の

梁田戦争戦死塚　長福寺

戦いであり、幕末における旧勢力と新勢力との激闘であった。戦闘直後、渡良瀬川右岸に合葬し「戦死塚」の碑を建てたが、川の氾濫のため、明治四十三年四月、村の有志が現在地に移建した。なお「梁田戦争弾痕の松」といわれる黒松が、梁田宿にあったが、昭和二十九年、招魂社が建てられた時、そこに移された。

③神　社

星の宮神社（梁田町四九五）　主祭神は天《あま》津《つ》彦《ひこ》火《ほの》瓊《に》瓊《に》杵《ぎ》命《のみこと》。旧村社。正徳五年（一七一五）、梁田宿の虚空蔵さまとし奉祀。神仏分離令で、星の宮神社と改称。本殿、地租改正絵馬。

八幡宮《はちまんぐう》（福富町一八一五）　主祭神は誉田別命。旧村社。創立は永承六年（一〇五一）、源頼義が勅命を受け、陸奥守兼鎮守府将軍として安倍一族追討に下る途中、戦勝祈願をしたという。当時、社殿は現在地より約一〇〇mほど北にあったが、渡良瀬川改修のため、昭和四十三年、現在地に移した由。

御厨神社（神明さま、福富町二〇〇五）　主祭神は天照皇大神。旧郷社。康平五年（一〇六二）、安倍一族追討の途次、足利基綱宅に一泊した源義家は、伊勢大神の霊夢をみ、翌康平六年（一〇六三）、凱旋の途中、基綱宅で神恩に報いるため、社殿造営を決意し、現在地に勅許の上、伊勢より岩井田一紀を招聘し、奉幣代官として神社を創立した。建久八年（一一九七）、源頼朝は社殿を再造営し、神田を寄進、社名は神明宮、田中神社とも称し、梁田十八郷の総鎮守となり、明治八年御厨神社と改称した。もとの社殿は内宮（郷社御厨神社）と外宮（村社御厨神社）に分かれていたが、昭和五年、渡良瀬川の河川改修のため、内宮を外宮に合祀した。

御厨神社　梁田町

御筒粥《おつつがゆ》神事――一月十四～十五日早朝。
御田植《おたうえ》祭――三月一日の早朝。

稲荷神社（下渋垂町五〇五）――主祭神は保食命《うけもののみこと》。旧村社。正応二年（一二八九）、本郷集落民の守護神として創立。明治初年の神仏分離令までは、自性寺〈真言宗〉が管理していた。

天満宮（福富町一二四八）　主祭神は菅原道真公。旧村社。伊勢神宮の神領梁田御厨の中心である塩島郷《しおじまごう》に農業の守護神として、応永元年（一三九四）に創立。現在の社殿は享保年間（一七一六～三六）に再建。

鹿島神社（福富町五六一）　主祭神は武甕槌命。旧村社。延文三年（一三五八）、鹿島神宮を勧請。江戸時代には小生川《おぶかわ》村の鎮守で、享保年間（一七一六～三六）、鹿島大明神と奉称され、明治初年に鹿島神社と改称。

雷電神社（下渋垂町二九八）　主祭神は大雷命《おおいかずちのみこと》。天正十八年（一五九〇）の創立。幣殿、拝殿は昭和十八年に改築。柄鏡は銅製、面径二三・五cm、柄の長さ一〇cm、鏡背には周縁をとり、中央に「寿《ことぶき》」の文字、背景に松、竹、梅、鶴を配し、左側に「天下一　藤原政重」を、各々陽刻する。

④寺院

自性寺《じしょうじ》（稲荷山宝珠院、真言宗、下渋垂町四六八）創建は文永九年（一二七二）、開山、開基は罹災のため不詳。本尊は胎蔵界大日如来。

　本尊の胎蔵界大日如来坐像は木造、像高三三cm。阿弥陀如来坐像は木造、像高二三cm、光背は金剛界五仏を表現、荘厳、優美である。宝篋印陀羅尼経塔は石造、現存高二六二cm（相輪部を欠く）、明和七年（一七七〇）の陰刻銘。

遍照寺《へんしょうじ》（風林山、真言宗、福富町一六二三）　創建年次は不詳。当寺は、もとは現在の渡良瀬川の中流にあったが、昭和四十三年、境内、墓地を現在地に移す。開山は江戸時代末、罹災のため不詳。本尊は阿弥陀如来。

金剛界大日如来坐像は木造、像高二七cm、胎蔵界大日如来坐像は木造、像高は三六cm。金剛界、胎蔵界とも玉眼挿入、優美である。誕生釈迦仏は銅製、総高一五・五cm、裏は裾の表現を略す。宝篋印陀羅尼経塔は石造、総高三六三cm、塔身、基礎に金剛界、胎蔵界の四仏の種子を刻む。天明七年（一七八七）の造立。墓塔は石造、総高一六九cm、宝珠形の塔身、基礎に胎蔵界四仏の種子を押型彫りし、反花座には「勝慧阿闍梨」、「天保五年」（一八三四）の陰刻銘がある。

圓成院《えんじょういん》（天神山、真言宗、福富町一二四九）創建年次は不詳。開山、開基も江戸時代末、罹災のため不詳。本尊は大日如来。阿弥陀如来坐像は木造、像高二八cm、来迎阿弥陀像で、台座裏は略す。明暦元年（一六五五・江戸時代）の墨書銘がある。不動明王坐像は木造、像高四二cm。二童子像――矜迦羅童子（高さ四四cm）、制吒迦童子（高さ四一cm）はともに同一の台座上にのる。十一面観世音菩薩坐像は木造、像高二三cm、慶長十一年（一六〇六）作で、宝永七年（一七一〇）の再修。宝篋印陀羅尼経塔は石造、総高二三六cm、相輪部の大半を欠く。延享二年（一七四五）の陰刻銘がある。版木は木製、縦二六cm、横一六cm、不動明王坐像と矜迦羅童子、制吒迦童子。両界曼荼羅会二幅は金剛界（表現の世界）、胎蔵界（内在の世界）不二のところに真理はあると説く。寛保三年（一七四三）作で、明治二十一年の再装とある。

長福寺《ちょうふくじ》（梁田山、曹洞宗、梁田町五四〇）創建は慶長元年（一五九五）。開山は心室正統禅師、開基は明室除心庵主。本尊は釈迦牟尼仏。

本尊の釈迦如来坐像は木造、像高二五cm。六地蔵塔は石造、総高二七五cm、寛政六年（一七九四）。磬子《きんす》は銅製、高さ三〇cm、口径三九cm、文化八年（一八一一）の寄進銘がある。石標は石造、総高一〇六cm、大日如来像を刻む。天明二年（一七八二）作。梁田戦争戦死塚は慶応四年（一八六八）三月九日未明の梁田戦争（戊辰の役）での戦死者を合葬した墓所で、小土壇の中央に石塊を積み上げ、石碑（高さ一〇五cm、幅一二〇cm、厚さ二〇cm）を建てる。また東軍戦死者追弔碑もある。

普門寺《ふもんじ》（鹿島山、真言宗、福富町八四九）創建年次、開山、開基は不詳、本尊は大日如来。

本尊の胎蔵界大日如来坐像は木造、像高三五cm、玉眼挿入。脇侍は不動明王坐像（像高一七cm）と愛染明王坐像（像高一九cm）。十一面観音立像は木造、像高五一cm。宝篋印陀羅尼経塔は石造、総高三一一cm、元文四年（一七三九）。六地蔵塔は石造、総高二八五cm、弘化二年（一八四五）。

能満寺《のうまんじ》（地蔵山、真言宗、福富町六五六）　創建年次、開山、開基は不詳。本尊は釈迦如来坐像。不動明王立像は木造、像高五〇cm、玉眼挿入、体部は黒色、衣文には蒔絵を施す。厨入に納置。

厳勝寺《ごんしょうじ》（神明山、臨済宗、福富町一九七八）　創建年次、開山、開基は不詳。本尊は聖観世音坐像。

本尊の聖観世音坐像は木造、像高四二cm、台座裏を切り落とす。十一面観世音菩薩坐像は木造、像高二八cm。鏧子は銅製、口径三三cm、高さ二五cm、底径五・五cm、弘化二年（一八四五）などの陰刻銘がある。

地蔵堂（福富町三二七）　耳だれ地蔵尊は石造、像高一七六cm、正徳四年（一七一四）、念仏供養とあり、小生川村の地名も刻まれている。鰐口①は銅製、左右幅二三cm、縦二〇cm、耳の長さ二cm。享保十七年（一七三二）や「寒念仏供養野州小生川村」などの陰刻銘がある。鰐口②は銅製、左右幅二五cm、縦二三cm、耳の長さ三cm。「文化四年」（一八〇七）や「小生川村三木平右衛門作」などの陰刻銘がある。

⑤ 伝統行事

一月　三か日。元日は年神さま、門松、注連飾りを飾った。年始廻りといって、二日頃より耕地全戸を廻り歩いた。四日はタナサガシといい、元日からの神さまに供えたものを雑煮として食べた。七日はナナクサと呼び、七草粥を作った。十一日は鍬入レ正月、サク入レ正月と呼ばれて屋敷畑で鍬に神酒をかけ、豊年を祈願して唱え言葉を言う。十四日はモノヅクリといって、サトンゴの木（またはカシの木）を採《と》ってきて、米の粉でマユダマを作って挿《さ》した。十五、十六日は小《こ》正月と呼ばれ、十六日には十六ダンゴという大型のダンゴを作った。二十日は二十日正月としてシルコを作った。またこの日は恵比須講がある。

二月　節分は神社に豆撒きに行き、焼いたイワシの頭を豆殻の枝に刺し、門口に立てておいた。初午は屋敷稲荷に五色の紙で旗を作り、上げ、ダンゴを供えた。八日はコト八日といい、ダンゴを作った。

三月　三日は節句であるが、一般にオヒナさまの呼称が使われている。ヒナ人形の後片付けは、娘達が縁遠くなるのでなるべく早くさせるようにした。十九夜さまは十九夜さまのお堂に集落全体が集まり、五つの組から一人ずつ代表者が出て餅をつき、念仏や踊りなどをした。彼岸の中日にはボタモチが作られ、ハシリにはダンゴを作って墓参りをした。

四月 八日は寺院で花祭りが行われ、寺院に行くと甘茶が出された。

五月 五日は節句で柏餅《かしわ》を作った。更に各戸で、ショウブとモチグサ（ヨモギ）を屋根に上げ、魔除けとした。ショウブで湯を炊《た》いたり、ショウブで酒を造ったりした。

七月 一日はカマップタツイタチの呼称があり、カマツプタが開けられる日のため、水泳や生き物を殺すことは禁じられていた。七日はタナバタの呼称が一般的で、竹飾りは前日の午後に、まず色紙を短冊に切ってそれに願い事などを墨書して、笹枝に結び付けた。また子供達は早朝に川へ行き、「ネブタ流し」を行った。お盆の十三日は「迎え盆」で、午後に盆棚（精霊棚）を横座に作り、仏壇から位牌《いはい》を持ってきて飾った。この日の夕方、家族が揃って提灯を持って墓地に先祖さまを迎えに行った。家に帰って上がる時は縁側から上がった。新盆の家は墓地に提灯を上げてきた。十五日は先祖の農めぐりとして主人が線香を持って田畑に行き、キュウリ、ナス、豆などを採ってきて、盆棚へ供えた。十六日は「送り盆」で、辻などにキュウリの馬（馬型）、ナスの牛（牛型）などを作って、うどんを添えて、仏が帰る時の手綱として置いた。この日は、朝はぼたもち、昼はうどん、晩は五目飯を作り供えた。

八月 一日は八朔《はっさく》と呼び、赤飯を炊き、嫁は実家に行って箕《み》を貰ってきた。十五日は十五夜さまで、ススキ五本と柿、芋、栗、野菜を箕に入れ、ダンゴ五個を添えて、お月さま（月の見える縁側）に供えた。

九月 九日はオクンチ、十九日はナカクンチ、二十九日はシメグンチといった。十三日は十三夜さまで、十五夜さまと同様に行われたが、供え物はススキ三本、というように三の数で行われた。

十月 一日はオカミのオタチで赤飯を炊き、氏神に詣でる。オカマのダンゴは六日、十六日、二十六日にダンゴを作ってヘッツイの神棚に供えた。これは娘がのこらないようにとの意をこめて行われた。十日はトーカンヤ（十月夜）、新米で餅を作った。子供達は藁《わら》鉄砲を作って、夜に兵隊ごっこなどをして遊んだ。二十日は恵比須講《えびすこう》で、恵比須、大黒さまを座敷に飾って、尾頭の魚を供え、更にカケ鮒と称して生きている鮒を供えた。

十一月　一日はオカミのオカエリと称されており、赤飯を炊いた。娘のいる家では良縁を得るように神に祈願した。またオカエリの直後は「オイケ」と呼ばれ、神が身を浄めている日で、寒い日が続くとされ、その後、神が日向で身を干すので、「オヒナタ」と呼ばれ、暖かい日が続くとされた。

十二月　一日はカビタリ餅。八日はコト八日で、二月八日と同じ。冬至はカボチャを食べるとよいとされた。この日、年男が屋根や稲荷などに水をかけると、火難予防になるといわれた。すす払いは、二十五、二十六日頃に行われた。二十八日は正月に必要な餅や注連《しめなわ》飾りなどの用意をした。

庚申信仰　庚申塔の造立は、梁田地域では一九基で、六基が青面金剛像《しょうめんこんごうぞう》、一二基が大型の種子塔で、全体的に塔身の高さは一m前後のもので、神明、南猿田、塩島、小生川、本郷、梁田、雷電の各集落に分布している。

　造塔の時期は、元禄五年（一六九二）から万延元年（一八六〇）までの一六八年間で、造塔された年は一六回。種子だけの塔二基は、「カーン」（不動明王）と「ウーン」（愛染明王）が、ともに大きく箱彫りされた見事なものである。ほかに主な庚申塔としては、①厳勝寺にある三基のうち二基は造立者、造立時期（寛政十二年〈一八〇〇〉）、碑面に「日、月」と「庚申」の文字のみ、台座に道しるべの文字。塔、台座が大きいなどの共通点がある。②円成院の参道の光背型の庚申塔は「信者三十三人」の元禄七年（一六九四）造立、四臂の青面金剛像で、その下に鶏二羽、猿二匹をつくり、左右の上手に日、月を直接持っている。③自性院の元禄五年（一六九二）造立の庚申塔は、青面金剛像を作り供養することと併せて、全ての世界に等しく仏のご利益がもたらされるように、との庚申待ちの目的を強調している。

久野

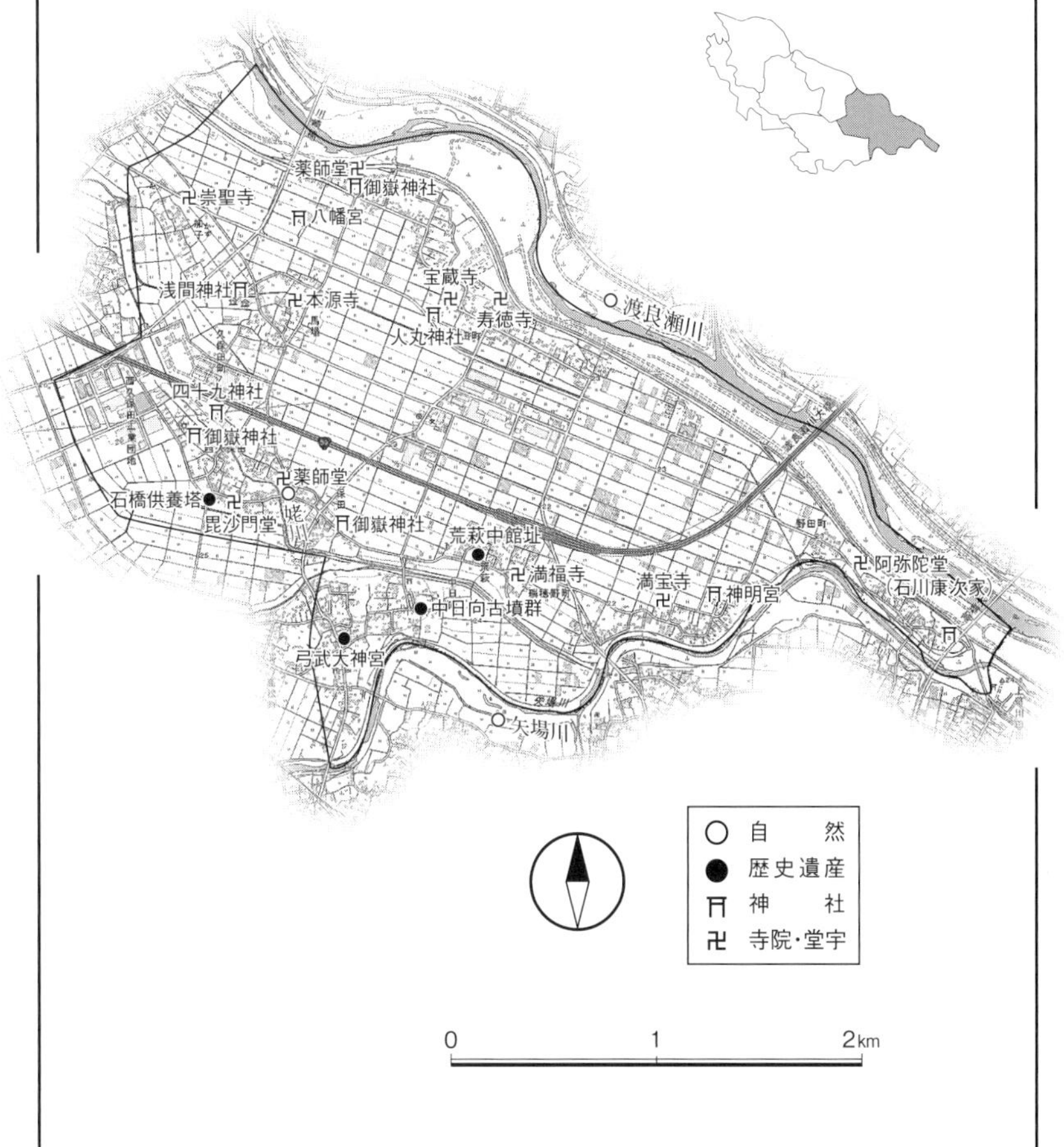
薬師堂
御嶽神社
崇聖寺
八幡宮
宝蔵寺
浅間神社
本源寺
寿徳寺
人丸神社
渡良瀬川
四十九神社
御嶽神社
薬師堂
石橋供養塔
毘沙門堂
御嶽神社
荒萩中館址
満福寺
満宝寺
神明宮
阿弥陀堂
(石川康次家)
中日向古墳群
弓武大神宮
矢場川
自然
歴史遺産
神社
寺院・堂宇
0
1
2km

当地域は、東南流する渡良瀬川の南岸を占め、北限は南東方に流下する渡良瀬川で、北方の毛野地域の川崎町、富田地域の奥戸町、佐野市高橋町と境し、北西方は梁田地域、南西方は筑波地域、そして南方は東方に流下する矢場川で、群馬県（館林市の木戸、傍示塚）と境している。

① 自然

地勢　当地域は一面の平坦地で、標高は北限の渡良瀬川の川原《かわら》で約二五・五m、北部の加子《かこ》（久保田町）が約二四m、南東部の下日向《しもひなた》（瑞穂野《みずほの》町）で二二〜二三m前後で、南部の中《なか》日向台地（約二九m）の北裾を、姥川《うばがわ》が東方へ流下している。

植生　主なもの――クロマツ二本（久保田二丁目、八幡宮）は目通り三・一五m、高さ二〇mと、目通り二・〇八m、高さ約二五m。クロマツ（久保田町一三二〇、坂本茂男氏方）は、地表より約一・八m横に伸び、そこから直立約三mで、その形状は見事である。ハクモクレン（久保田町、本源寺）は目通り約一m、高さ約一五m。スギ（瑞穂野町下日向、神明宮）は目通り二・一六m、高さ二〇m。ソテツ（野田町四三〇、石川康次氏方）、は玄関前に植栽されたもので、直径三〇cm大のものが三本みられる。

② 歴史遺産

縄文時代の遺跡

遺跡名	所在地	立地	縄文時代 草創期	早期	前期	中期	後期	晩期	出土遺物
中日向	瑞穂野	台地		○	○	○	○	○	縄文土器、弥生式土器、石斧、石皿、石匙、石錐、土偶、土錐、耳飾
西馬場	久保田	平坦地	（時期不明）						縄文土器、土師器、須恵器
西久保	久保田	平坦地	（時期不明）						縄文土器、土師器、須恵器

弥生時代の遺跡

遺跡名	所在地	立地	弥生時代 初期	中期	後期	出土遺物
中日向	瑞穂野	台地	○	○	○	弥生式土器

古墳時代の遺跡

遺跡名	所在地	立地	古墳時代 前期	中期	後期	出土遺物
東加子	久保田	微高地	○	○	○	土師器、須恵器、埴輪
西馬場	久保田	平坦地	○	○	○	土師器、須恵器
西久保	久保田	平坦地	○	○	○	土師器、須恵器
東久保田	久保田	平坦地	○	○	○	土師器、須恵器
西田	瑞穂野	平坦地	○	○	○	土師器
川垂	瑞穂野	平坦地	○	○	○	土師器
元屋敷	瑞穂野	平坦地	○	○	○	土師器、須恵器、磁器
神取	久保田	平坦地	○	○		土師器、須恵器
柳	瑞穂野	平坦地	○			土師器
加子	久保田	平坦地		○	○	土師器、須恵器
中日向	瑞穂野	台地			○	土師器、須恵器

古墳（群）　中日向古墳群は、中期型の前方後円墳（推定全長五〇ないし六〇ｍ）と後期型の前方後円墳（全長約三五ｍ）を主墳とする円墳一三基以上の古墳群。久保田古墳群は、浅間神社古墳（前方後円墳か円墳、径二五ｍ、高さ約四ｍ）ほか、墳形不明の三基――計四基以上。更に無墳状の地下式竪穴石室（箱式石棺状）が、久保田町の平坦地から出土している。

城館址　荒萩中館址（瑞穂野町九四二ほか）は、赤城神社の東方約八〇ｍの、荒萩低台地のほぼ中央を占める江戸時代の高富藩の代官屋敷跡という。東西約一〇〇ｍ、南北約七〇ｍの長方形状で、直線状の水濠（幅約五ｍ）が東西方向に約三〇ｍ残存し、その南側に接して土塁（高さ約二・五ｍ）が一〇ｍほど残存している。その館址内の北東部を「鬼門屋敷」、その北側を「足軽屋敷」という。また館址から、板碑（応安七年〈一三七四〉銘の緑泥片岩製）、鐙瓦片（一六弁菊花文か、中世か）、念持仏（金属製、高さ三・三㎝の立像）が出土。

伝統的建造物　阿部家（久保田町）、稲村家（久保田町）、小林家（野田町）、石川家（下野田町）、設楽家（下日向町）など。

山田家所蔵品（瑞穂野町一三七八）　木造千手観音坐像（十七夜の観音さま）は像高六・五㎝、不整円形状、裏面に「大仏願主沙門心成」の陰刻銘がある。――山田家の先祖（北条早雲の臣清水太郎左衛門の次子山田主水正）が、徳川方として大坂夏の陣に出陣のみぎり、窮地をこの観音さまの霊験で救われた由。御国替絵巻三巻（紙本墨書、各縦二三・五㎝）は、弘化二～三年（一八四五～六）、秋元侯が山形から館林に国替え（転封）の際、道中の紀行文とその絵を、半紙版に日記風に誌したもの。――筆者の山田音羽子は、寛政七年（一七九五）、秋元藩士岡谷五左衛門光広の長女として山形で生まれ、長じて秋元藩士山田喜太夫秀信の妻となる。

石橋供養塔（久保田町）　石造、総高一五六cm以上。久保田町と高松町（筑波地域）を結ぶ三叉路の北側に南面して立つ。――基礎の上に塔身を立て、その上に装飾した石（一部欠損）をのせる。塔身は方柱状を呈し、上部の月輪中に「カーン」（不動明王）の種子を陽刻し、「石橋供養塔」を太く陰刻している。他の三面には、五〇の村名と四八名の願主達の名が陰刻され、基礎の裏面に「寛政十年」（一七九八）や願主名が刻まれている。

③神　社

八幡宮（久保田町一三八三）　主祭神は誉田別命。旧村社。創立は延暦二年（七八三）という。明治四十一年、木皿木、大神、稲荷の各社を合祀。

人丸神社（野田町一八一一）　主祭神は柿本人丸命。旧村社。創立は元慶元年（八七七）という。明治四十三年、神明宮はじめ七社を合祀。

久保田八幡宮のクロマツ

赤城神社（瑞穂野一三二〇）　主祭神は豊城入彦命、磐筒男命《いわつつのおのみこと》。旧村社。天喜二年（一〇五四）の創立という。西面する前方後円墳（推定全長約五〇m）の後円部墳頂を削平して南面する社殿を造る。境内に貴船神社など四社を祀る。

赤城神社（瑞穂野町九一五）　主祭神は豊城入彦命ほ

か二神。旧村社。天喜二年（一〇五四）の創立という。

浅間神社（浅間さま、久保田町一二四六）　主祭神は木花咲耶毘売命。創立は康暦六年（一三八五）という。富士浅間大菩薩立像は女神像で、木造、像高二〇cm、享和元年（一八〇一）作。

御嶽《おんたけ》神社（おんたけさん、野田町二二五二）　主祭神は国常立命《くにとこたち》。創立は天正三年（一五七五）という。織田信長の家人某が、主家の繁栄を願って建立したという。安政四年（一八五七）に再建。「天の岩戸」図の絵馬がある。

御嶽神社（御嶽さん、久保田町七九〇）　主祭神は国常立命。創立は弘化年間（一八四四～八）。社会不安、作物不作の当時、流行した御嶽信仰による。

四十九《よそく》神社（久保田町五七六）　主祭神は豊城入彦命。旧村社。創立は慶長二年（一五九七）。享保十八年（一七三三）に本殿を改築。ご神体は方形筒状蓋（正一位稲荷大明神、宝暦六年〈一七五六〉三月九日）中に納置。更に宝珠（水晶製）、宝剣（鉄製）、宝鏡（銅製）、宝幣（帛は金属製、柄は木製）、享保七年（一七二二）と記す。神刀は太刀（刃長八二cm）、「桓武天皇二十二代後胤船田伊賀守平義政入道　寛政五年（一七九三）」銘。

塔木塚稲荷大明神像は、木造、像高一二・四cm、「文化十三年」（一八一六）銘。柄鏡と鏡奩《きょうれん》――柄鏡は銅製、総長三三・七cm、面径二四cm。鏡奩は木製、総長三八・二cm。

弓武《きゅうぶ》大神宮（久保田町）　神像は木造、像高約二〇cm（推定）、支那風の服を着て、両手で杖をつき岩座上に立つ。彩色。絵馬は木造、縦一四五cm、横一八〇cm。「銘酒花の井」の醸造倉や店内の様子が彩色で画かれている。手水鉢《ちょうずばち》は石造、長さ七四cm、最大幅七四cm、高さ四二cm。安政五年（一八五八）、久保田村で奉献した由が陰刻されている。

八坂神社（久保田町）　神輿は木造、総高一五七cm。乗輿式である。

④寺　院

満宝寺《まんぽうじ》（薬王山普門院、真言宗、瑞穂野町三九五）　創建は元久元年（一二〇四）。開山は阿闍梨恵山法印。本尊は胎蔵界大日如来、創建から江戸時代末までは満長寺であった。
　薬師如来坐像は木造、像高約二五cm。脇侍の日光菩薩立像は木造、像高四〇cm。月光菩薩立像は木造、像高四二cm。眷族として、十二神将立像は木造、一体は約七三cm。両界曼荼羅図は紙本著色、各縦八一cm、横六五cm。十三仏図は紙本著色、縦八一cm、横六五cm。天神尊像は紙本著色、縦一五〇cm、横五一cm。聖徳太子像は絹本著色、縦一一三cm、横三六cm、勝鬘経講讃時の摂政太子像である。右下方に「華堂謹写」の墨書銘がある。伝快源法印像は紙本著色、縦九一cm、横三八cm、満長寺中興開山快源法印の肖像という。宝篋印陀羅尼経塔は石造、総高三七五cm、安永七年（一七五七）。不動明王坐像は石造、像高九七cm。延宝五年（一六七七）。地蔵菩薩立像は石造、像高二一二cm、延宝五年（一六七七）。地蔵菩薩立像は石造、像高一一〇cm、「寛政二年」（一七九〇）の銘。

本源寺《ほんげんじ》（玉林山、臨済宗、久保田町一一七五）創建は弘安四年（一二八一）。そもそも開山は普覚禅師、開基不詳。本尊は地蔵菩薩。本尊の宝珠錫杖」地蔵菩薩坐像は木造、像高三八・五cm、大仏師法橋・福田康円作、元禄六年（一六九三）。聖観音坐像は木造、像高二一・五cm。もと久保田地内の寺にあった由。石造層塔（軸部のみ）は凝灰岩製で、縦四七cm、横三八cm、厚み三五cm、尊像を半肉彫りした初重軸部を存する。宝篋印塔（笠部のみ）は石造、最大幅三五cm、高さ二二cm、四段、隅飾りを欠く。推定鎌倉時代作。実巌和尚墓塔は石造、総高八〇cm（基礎を欠く）、「文政四年」（一八二一）の陰刻銘。足利学校再興第一九代庠主を務める。大梁和尚墓塔は石造、総高七〇cm（基礎を欠く）、「文政七年」（一八二四）の陰刻銘、足利学校再興第二〇代庠主。

寿徳寺《じゅとくじ》（福田山、臨済宗、野田町一四六三）創建は正安年間（一二九九～一三〇一）。開山は支那（中国）人大通禅師。本尊は釈迦如来。
　本尊は出山《しゅっせん》釈迦如来立像、露仏は大型の唐銅製坐像。寛政十年（一七九八）。地蔵尊は石造、文化八年（一八一一）。大覚禅師の真蹟。開山大通禅師霊骨銘記。義人田中正造供養碑が建つ。

満福寺《まんぷくじ》（愛宕山延命地蔵院、真言宗、瑞穂野町三九五一一）創建は延慶二年（一三〇九）。開山は法印玄海。本尊は延命地蔵菩薩（もとは将軍地蔵尊であったが、天正二年〈一五七四〉堂宇焼失し、焼け残った地蔵尊〈伝源空上人作〉の首部を補刻して延命地蔵尊とした由）。本尊は延命地蔵立像。宝篋印陀羅尼経塔は石造、明和六年（一七六九）。鰐口は銅製、縦二一cm、横一九・五cm。元禄元年（一六八八）。現在は荒萩の自治会館蔵。

宝蔵寺《ほうぞうじ》（金剛山、真言宗、野田町一八〇九）創建は不詳。中興開山は良海和尚（寛永九年〈一六三二〉入寂）。本尊は阿弥陀如来。当寺は人丸神社（祭神柿本人麿）の別当寺であった由。

本尊の阿弥陀如来坐像は、恵心作と伝える。如意輪観音像（石仏）。地蔵菩薩立像（石仏）。宝篋印陀羅尼経塔。俳聖芭蕉の句碑を存する。

崇聖寺《そうしょうじ》（瑞雲山、臨済宗、久保田町（加子）一五八一）

創建元弘五年（一三三五・鎌倉時代）、開山は独昭祖輝禅師、本尊は観世音菩薩。薬師如来、上加子崇聖寺盆踊唄（神子節）。地蔵堂（瑞穂野町）――地蔵菩薩立像は木造、像高五〇cm、江戸時代作。

薬師堂（久保田町）薬師如来坐像は木造、像高一六cm。日光菩薩、月光菩薩両像ともに木造、総高約三八cm。十二神将立像は各像が木造、像高四〇cm、天明二年（一七八二・江戸時代）。阿弥陀如来立像は木造、像高三一cm。鰐口は銅製、左右幅四〇cm、天明二年（一七〇二・江戸時代）。半鐘は銅製、総高三七cm、明治二十六年。

毘沙門堂（久保田町）毘沙門天立像は木造、像高一一七cm。半鐘は銅製、総高六〇cm、寛保二年（一七四二・江戸時代）。鰐口は銅製、左右幅一五cm、寛政七年（一七九五・江戸時代）。

阿弥陀堂（野田町）阿弥陀如来立像は木造、像高七八cm、「歯性阿弥陀」で台座の裏側を切り落とす。上品下生の印を結び、流れるような衣文は美しく、金箔をよくとどめている。歯の治療に霊験あらたかであるとの信仰で知られている。

石川家阿弥陀堂（野田町四三〇、石川康次氏宅）阿弥陀如来坐像は木造、像高五一cm。寄木造り、漆箔、上品下生印、二重白毫、体容は胸広く堂々、さざなみの如き衣文《えもん》は定朝流。石川家の先祖（五右衛門、平右衛門）が、享保八年三月十日、江戸から求めてきたも

阿弥陀如来坐像　石川康次氏蔵

のとのこと。鎌倉時代作。

② 伝統行事

一月　旧暦、新暦について。正月の準備などが忙しくて充分に余裕がなく、必然的に旧暦によった正月になる。ただ子供達は、学校教育の中で、新暦によった生活に繰り込まれていたので、新旧チグハグな生活があったり、都市部への縁組が為された家などでは、〝付き合い〟の上で二重の生活を余儀なくされる面もあった。三箇日は「サンガニチ」の呼称が使われ、毎朝そばを食べる家、ウドンを食べる家、雑煮を作る家など、違いがみられる。松飾りは、一般に、屋敷の入り口に一本、玄関口に二本、屋敷稲荷に一本、大神宮さまに一本、井戸神社に一本、田圃に一本、川に一本と、各々立てたり、飾り付けたりした。――家によって多少の違いはあったが。注連縄《しめなわ》は「シメナワ」「オシメ」などと呼び、大神宮さまに三本ほか、各所に飾られた。若水は主婦が汲み、主人が神々に供えた。歳棚――年神さまを祀る棚は、アキノカタ（明の方＝恵方）に向けて飾る。年始めぐり。神詣り。年玉。物貰い、門付け。四日は「タナサガシ」で神棚のお供え物などを下げた。六日は「山入り正月」。七日は「ナナクサ」（七草）と呼ばれ、七草粥を炊いた。十一日は「蔵開き」の日で、オサゴと塩を撒《ま》いて周囲を潔めた。十四日は松飾りや注連縄を取りはずして、これを持ち寄って「ドンド焼き」「ボンボン焼き」を行う。十五日は小豆粥《あずきがゆ》を作り、お供えを入れて食べた。十五、十六日は「ヤブ入り」（藪入り）で、十五日には嫁に餅を二枚持たせて実家に里帰りさせた。十八日は豊作の祈願が行われた。二十日は「二十正月」「二十日エビス」と呼ばれ、オシルコなどを食べた。

二月　節分は「豆撒き」が行われた。初午は屋敷稲荷さまに五色（赤、黄、白、青、緑）の旗に「奉納正一位稲荷大明神」と書いて上げ、他に「初午ダンゴ」と、「スミツカリ」（スミツカレとも）を作って供えた。八日は「コト八日」で、外国から悪魔が逃げてくるといわれているので、魔除けとして、メケーゴ（目籠）を竿の先に付け、これにヒイラギとダンゴを付けて、軒などに供えた。

三月　三日は「節句」「雛祭り」と呼び、アラレや草餅を作り、嫁の里から贈られた雛人形を飾った。彼岸の入りにはアズキメシを炊き、中日にはボタモチを作り、ハシリクチにはダンゴを作って墓参りをした。

四月　八日は「お釈迦《しゃか》さま」と呼んでいるところが多い。

五月　五日は「端午《たんご》の節句《せっく》」の呼び方が多い。

六月　一日は初山《はつやま》の日で、各地で浅間《せんげん》神社へ参詣が行われていた。二十六日は夏祭りが行われていたところもあった。

七月　一日は「カマップタ」と呼ばれ、地獄の釜の蓋が開く日とされ、丁度、小麦のできる頃なので、マンジュウやカワリ物などが作られた。七日は七夕《たなばた》で竹飾りが飾られる。十三～十六日はお盆《ぼん》で、各家で、タケ、スギ、ホウズキなどで盆棚が作られるが、盆ゴザだけの家も多かった。十五日はノーマーリ（野廻り）といって、朝、線香をつけて田畑を歩き、先祖に見て貰うことにしていた。お盆中は一般にボタモチが作られた。送り盆は十六日に行われるが、仏さまには朝二食分のお供えをして、朝のうちに送り出す家が多かった（嫁は朝、送り盆を済ませて、実家へ行って骨休みをする例が多い）。お盆が明けた十七日を「盆ガラ」といって仕事を休んだり、遊びに行っていた。なお新仏を出して四十九日の過ぎた新盆《あら(にい)ぼん》の家では、軒下や墓場に提灯を下げたり、施餓鬼《せがき》を特別に行ったりしていた。

八月　一日はハッサクと呼ばれ、節句の最後とされ、特に新しい嫁は「節句の終わり」などといわれ、実家に帰った。二百十日はアレビ（荒れ日）の呼び名が使われた。十五日は十五夜で、ススキ五本、ダンゴやウデマンジュウを上げたりした。

九月　ミツグンチ。九日、十九日、二十九日（ハッグンチ、ナカグンチ、シメグンチ）。シメグンチには四《よ》十九《そく》さまの祭りに、久野では秋祭りが行われていた。十三日は十三夜で、十五夜とほぼ同じである。

十月　一日は「お神のお立ち」で、早朝に神詣りをした。十日はトーカンヤで、子供達はイモガラを藁《わら》で巻いて、庭で「トーカンヤのワラデッポウ、お米と麦がとれるように」と大声で叫びながら叩いていた。二十日はエビスさまで、恵比須さまと大黒さまを神棚から下ろし、台の上に飾り、ご飯、ケンチン、油揚げ、サンマ（二尾）や、カケブナで捕《と》った魚を二尾ずつ四尾上げたり、トーカンヤの餅をつくった時に用意しておいたもの二重《ふたかさ》ねをお供えしたりした。三十一日はお神のお帰りで、鎮守さまや島田の天王さままでお詣りした。

十一月　十五日はオビトキの名で呼び、男女七歳でのお祝いであるが、特に長男、長女の場合は、近所の子供や大人を招待して祝った。十九日は十九夜念仏で念仏講のあったところでは、お寺の門前などで念仏を唱えたりしていた。二十三日は「サンヤ（三夜）さま」のお祭りで、若い者が集まって出かけたり、肉などでご馳走を食べたりした、といわれている。

十二月　一日は「カビタリ（川浸り）餅」といわれた。八日はコト八日で、二月八日と同じことが行われている。十三日は一般にすす払いをする家もあったが、それは一般に二十八日から三十日の間が多く、すす払いを済ませて餅をついた。冬至《とうじ》は「冬至あとさき十日はどこをいじっても良い」といわれ、方位方角を気にせず、土など動かすことができた。大晦日《おおみそか》は大岩の毘沙《びしゃ》門《もん》さままで行った人もあり、帰りがけに島田の天王さまで、オタキ（お焚き）を上げて、暖をとったりしたともいわれている。

馬場の村芝居　久保田町の馬場では「若い衆」と呼ばれた村の成人達を中心とした集団（一六歳〜四〇歳）が、浅間神社の祭典などを取り仕切っていた。出し物は歌舞伎のものが多く取られていた様子で、舞台装置は一二〇通りほどあったといわれ、大正九年に不景気のため中止されたほかは、昭和十年頃まで続いていたようである（田村忠蔵氏の言）。

上加子崇聖寺《かみかこすうせいじ》の盆踊り唄（神子流笛藤派《かみこりゅうふえとうは》）　江戸時代

（それ以前からか）から伝えられてきたといわれる盆踊り唄で、戦争（大東亜戦争）で中断していたが、地元の菅井藤太郎氏（笛藤といわれた笛の名人）によって復活したもので、その後は実弟の菅井林太郎氏を中心に、いまに伝えられている。これは八木節の源流とも考えられ、囃子《はやし》は笛、太鼓、鼓、鉦が用いられ、踊りは菅笠を使ってのもので、素朴な民俗芸能そのものである。

庚申信仰　久野地域の庚申塔は二六基で、村または講中で建てたもの一五基、個人で建てたもの四基、造立者名のないもの七基である。その分布は、上加子、馬場、西久保田、東久保田、茂木、野田中、下野田、中日向、荒萩、下日向と、各集落に散在。なかでも野田中、茂木が六基、下日向が五基、荒萩四基で、ほかよりも多い。造立時期は、延宝八年（一六八〇）から嘉永六年（一八五三）までで、この間、延宝八年（一六八〇）が五基、元文五年（一七四〇）が二基、寛政十二年（一八〇〇）が三基知られる。また二六基中、青面金剛《しょうめんこんごう》の彫像塔が一三基で、文字塔に比して多い。また種子が刻まれている六基のうち、青面金剛を表わす「ウン」「ウーン」と、金剛利菩薩を表わす「ダン」の三種が知られる。

主な庚申塔は――①久保田町上加子の崇聖寺門前の庚申塔は、享保五年（一七二〇）造立の青面金剛塔で、邪鬼が青面金剛に完全に抑えつけられた姿（首が横向き）になっている。②野田町茂木の太子堂境内にある青面金剛像二基のうち、寛政十二年（一八〇〇）造立塔の邪鬼は二体で、二体とも正面を向いている。③中日向の観音堂前にある文字塔の庚申塔も台座に刻まれた三猿のうち、両脇の猿が正面の猿に対して背を向けている。④野田中の人丸神社境内の庚申塔の台座に刻まれた三猿は、正面と右の猿は半跏倚像《はんかいぞう》に似た座り方で、左の猿は片膝を大胆に組む座り方であり、更に眼、耳、口を塞ぐ手が右手だけで、左手は遊んでいる。⑤野田中の寿徳禅寺参道の庚申塔は、光背型であるが、正面からは板碑型にもみえ、塔身には正面に青面金剛像、両脇には法華経の一節や延宝八年（一六八〇）の紀年銘や願文、更に青面金剛像の上に、「ダン」の種子（足利地方では三例中の一）が刻まれている。⑥中日向の観音堂前の延宝八年（一六八〇）造立の庚申塔も「ダン」の種子を刻むもので、青面金剛像の六臂のうち、上に挙げた両手に直接日、月を持ち、中の手は法界定印を結んでいる。⑦下日向の満宝寺にある庚申塔も、「ダン」の種子が使われており、足利地方では三例とも全て久野地域の青面金剛像の塔である。

筑波

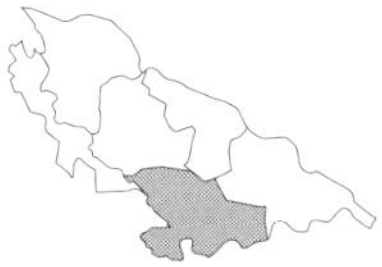

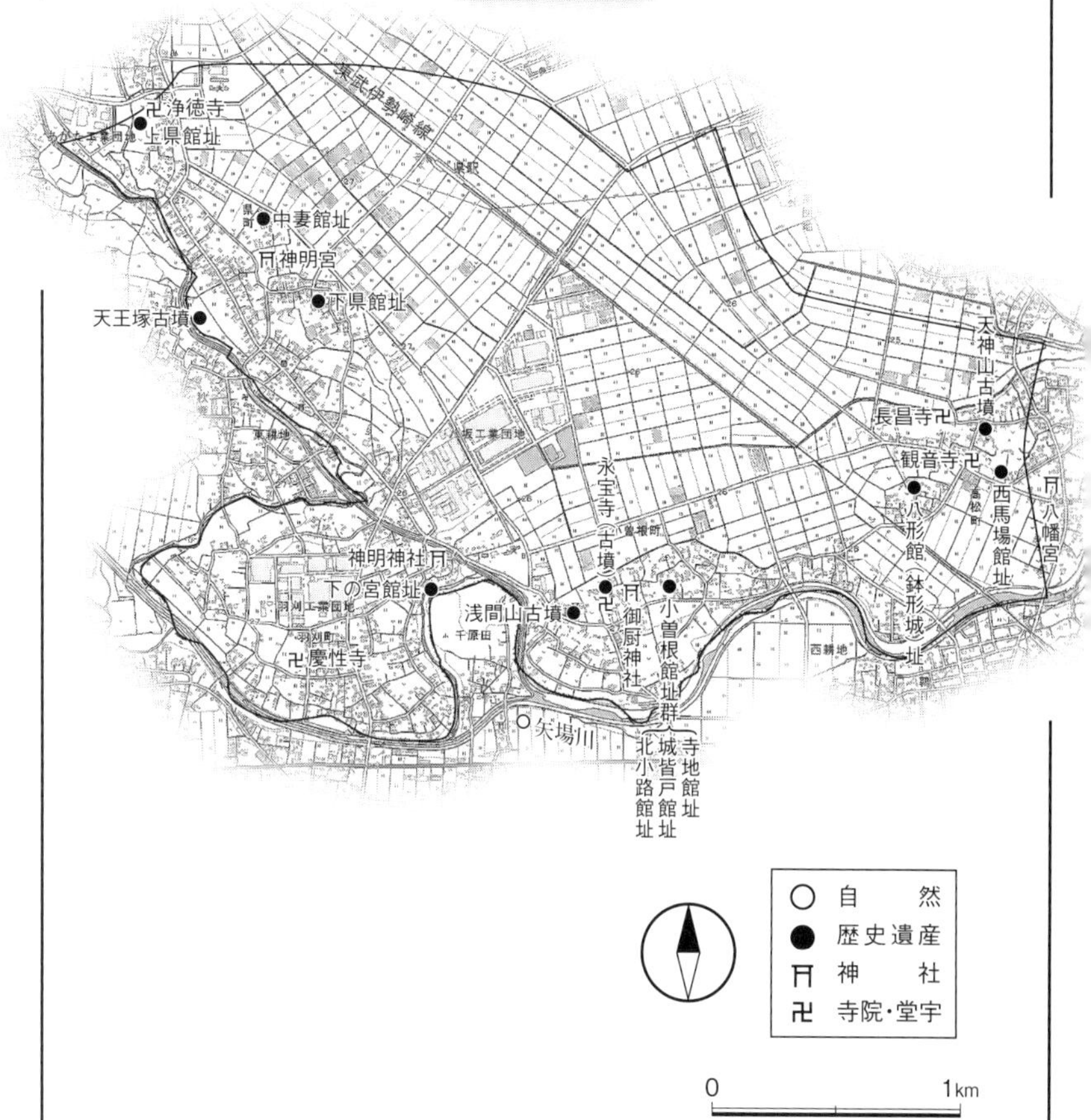

東武伊勢崎線
浄徳寺
上県館址
中妻館址
神明宮
下県館址
天王塚古墳
長昌寺
天神山古墳
観音寺
西馬場館址
八幡宮
八形館(鉢形城)址
永宝寺(古墳)
御厨神社
小曽根館址群
寺地館址
城皆戸館址
北小路館址
浅間山古墳
神明神社
下の宮館址
慶性寺
矢場川
自然
歴史遺産
神社
寺院・堂宇
0
1km

境界。当地域の北側は、中ほどが梁田地域、それより東側が久野地域、西側が御厨地域で、西側から南側は蛇行して南東流する矢場川によって邑楽町（群馬県邑楽郡）と境している。

①自　然

地勢　当地域は全域が渡良瀬川より南の平野部にあるが、御厨地域上渋垂、梁田地域下渋垂を北限とする東西二六〇〇m前後、南北二二〇〇m前後の「御厨田圃」なる広大な平坦地（標高二五m前後）と、その南――群馬県境を蛇行しながら南東から東流する矢場川までの地域である。そして「御厨田圃」の西部は県《あがた》、南西部は羽刈《はかり》、南部は小曽根《おぞね》、南東部は高松の各地区（旧大字）で、高松には東から西方に延びる「愛宕台《あたごだい》」なる舌状台地（比高二～三m）がある（現在、愛宕台中学校）。

植生　主なものは――ケヤキ二本（小曽根町田端城外ノ戸二九一、斉藤武雄氏住宅の裏の南、北）。南は目通り二・一六m、北は二・〇二m、高さはともにおよそ三〇m。ケヤキ（小曽根北小路二七六、金井氏住宅の裏）は目通り二・五m、高さ二七m、枝張りは南北一〇m、東西一二mほど。クロマツ（高松町天神塚古墳の頂上）は目通り三m、高さ二〇m、枝は五本伸び、東西八m、南北一五mに及び、樹皮が少し赤味を帯び、アイグロマツのようである。クロマツ（羽刈町神明宮の鳥居の西側）は目通り二・六三m、高さ三五m、地上一八mのあたりから枝が東西一〇m、南北二〇mほど伸びている。クロマツ（羽刈町神明宮境内の南端）は目通り二m、高さ三五m、枝張り七m。クロマツ（羽刈町神明宮の鳥居の西側）は目通り一・九m、高さ三五m、枝張り六m。スギ（小曽根町掃田二〇九、浅海友司氏地内、浅間山《せんげんやま》古墳後円部墳頂）は、目通り二・四五m、高さ二八m。度《たび》々の落雷で、幹が縦に裂《さ》けている（落雷のため、既にスギ二本が枯れてしまっている由）。サツキ（小曽根町北小路、倉上豊太郎氏宅塀の外の畑）は、八本の株立ちで、根元の太さの最大は三六cm、次は二八cm、以下細くなっている。大きいものの高さは二・七m、枝張り三・六m。紫色の花や葉も小さく、細い。二〇〇年以上経っている由。ツゲ（小曽根町北小路二五三、瀬山吉一氏宅の庭）は根元の太さ一・四五m、目通り一m、高さ五m。地上三〇cmから枝は四方に順序よく出、枝先は密に茂り、庭木として立派である。ユリノキ（小曽根町筑波小学校校庭）は、目通り二・五m、高さ三〇m。まっすぐ伸び、地上二五m位から枝が四方に伸びている。プラタナス（筑波小学校校庭、ユリノキと並んで立つ）は、目通り二・七二m、高さ一二m、地上五mのところで三本に分かれ、南側の一本が高く伸びている。シダレヤナギ（筑波小学校東隣の忠魂碑のそば）は、目通り一・九四m、高さ二〇m。地上七mのところから三本に分かれている。モミジ（羽刈町神明宮の鳥居の左手）は、目通り一・九四m、高さ一三m。幹は全体がねじれて育ち、地上三mのところから二本に分かれ、更に二本ずつに分かれて、全体が扇形状に東西に広がっている。

羽刈の神明宮の大ケヤキは、目通り九・五m、根回り一四m、高さ三〇・五m、枝張りは東西二九・六m、南北一九・二mに及んでいた。――根張りが大きく発達し、地表から一m以上盛り上がり、幹には大小の瘤が無数に生じ、まさに老大木の様相を呈していた。樹齢は一〇〇〇年以上といわれ、稀にみる大木（巨木）であった。境内の石碑には、「伐るなかれ、切るなかれ、神このなかにあり」と銘記されている。まさに古代、巨大なる樹木こそ神が宿るとされ、この神木こそ神明さまの信仰の対象であった。が、当時、足利市文化財専門委員各位の度重なる説得もきかず、社殿改築の資金捻出のため、昭和四十五年五月、神社側

神明宮のケヤキ

は伐採してしまった。――この神木こそ、神が宿る神聖な木として、千数百年来、土地の厚い信仰に護られてきたにも拘わらず…噫《ああ》。

② 歴史遺産

縄文時代の遺跡

遺跡名	所在地	立地	縄文時代						出土遺物
			草創期	早期	前期	中期	後期	晩期	
高松	高松	舌状台地		○	○	○	○	○	縄文土器、石鏃、石斧、石皿、石匙、石錐、土偶、土錘、耳飾など、
八形	高松	平坦地	（時期不明）						石鏃、石斧など

古墳時代の遺跡

遺跡名	所在地	立地	古墳時代			出土遺物
			前期	中期	後期	
上	県	平坦地	○	○	○	土師器、須恵器
彦間	県	平坦地	○	○	○	土師器、須恵器
西原	羽刈	平坦地	?	○	○	土師器、須恵器
久保	羽刈	平坦地	?	○	○	土師器、須恵器
小曽根	小曽根	平坦地	○	○	○	土師器、須恵器
八形	高松	平坦地	○	○	○	土師器、須恵器
高松	高松	台地裾		○	○	土師器、須恵器
明体	高松	平坦地	○			土師器

古墳（群） 浅間山《せんげんやま》古墳と小曽根《おぞね》古墳群（小曽根町二四二ほか）。

○浅間山古墳は平坦地に北面する前方後円墳で、墳丘全長は約五八m、後円部（丘）の径約三八m、高さ約七m、前方部（丘）の前端約二四m、高さ約三m。周湟は墳形に似た鍵穴形で、南北長約八〇m、幅は後円部一四m、前方部前端九m、深さ一・三～一・九mで、墳丘をめぐらす。墳丘の段築成の有無は不明であるが、いま浅間社を祀る後円頂は平坦で、竪穴系の埋葬施設が推定される。墳丘には葺石（河原石）が一面に葺かれ、埴輪や古式の土師器が出土。埴輪は円筒（巴形透かし孔をもつ）や器台状口縁（受皿状に段をつけて外反する二重口縁）のようなもので、一部に朱

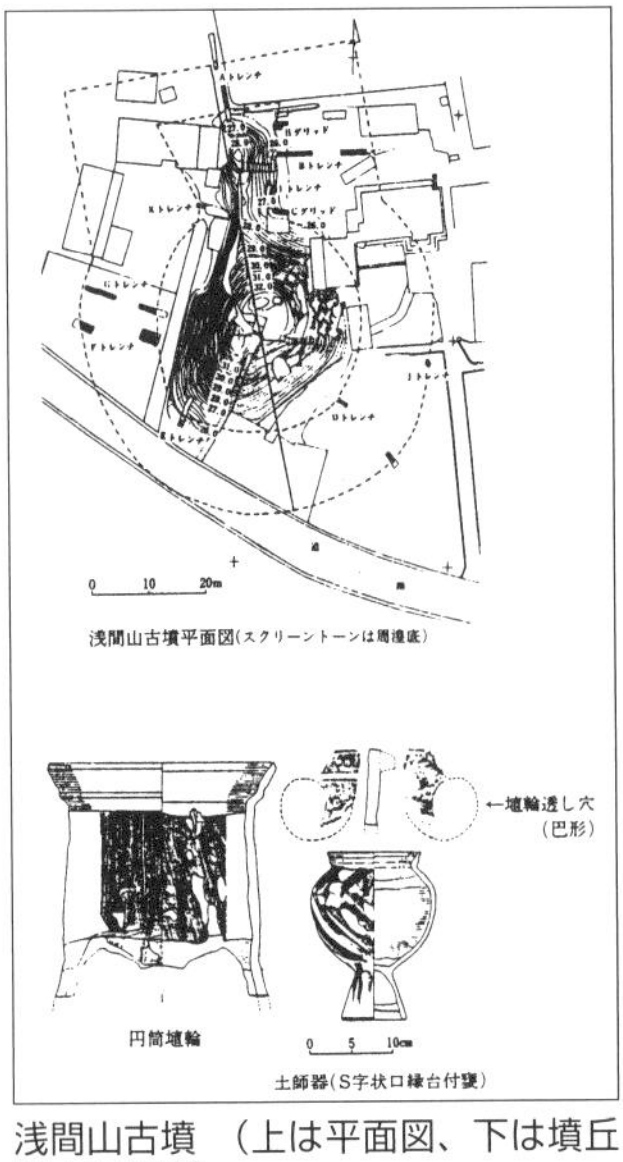

浅間山古墳　（上は平面図、下は墳丘出土の遺物）

をとどめる。土師器はS字状口縁の台付甕である。墳丘規模は、漢尺で二五〇尺、形態は極めて古式で、墳丘相似（鍵穴形）の周湟は、伝景行陵古墳や伝車仁陵古墳に似、器台形埴輪は大和、弁天塚古墳の特殊器台土器（宮山型）に通じ、都月型（特殊器台形埴輪）の流れをくむものとみられる。――このように遥かなる吉備型祭器の残照をのこす祭具が用いられていることは、古墳創出期の古式古墳の様相を示すものとして極めて注目される。内部構造（埋葬施設や副葬品など）は未だ不明であるが、およそ四世紀前半頃の築造と推考される。

○永宝寺裏古墳は、浅間山古墳の東方一〇〇m余の平坦地に西面する前方後円墳で、墳丘全長約四八m、後円部の径と前方部の幅がともに約二〇m、後円部の南に硅岩質の割石による横穴式石室（割石積袖無型）が開口している。墳丘からは埴輪が出土。

そして、浅間山古墳、永宝寺裏古墳の両前方後円墳の南側には、大小の円墳（最大は径約二五m、高さ三・八m）が七基（およそ六～七世紀代と推定）以上、群在している。

○天王塚古墳（県町）は、矢場川北岸の台地縁部を占めていたが、既に湮滅し、現存しない。その位置は、藤本観音山古墳（古式の前方後円墳）と浅間山古墳（古式の前方後円墳）の中間の地で、規模は浅間山古墳とほぼ同じか少し大きめ（墳丘全長六〇～七〇m位か）で、東面する前方後円墳であったと推考される。そして本墳からは神獣鏡一と銅鏃三が出土したという（川島守一「下野国の古墳と仏教文化」昭和三十九年）。

――日本建国以来、大和一帯の地は大王の直轄地（後の倭六御県）とし、地方の版図（領土）拡大には王族将軍らが派遣され、また地方在地の族長達は、大和政権への服属儀礼を行い、カバネ身分が与えられ（政治的関係を結ぶなかで）、大和政権内に組み込まれて地域の首長になり、県主《あがたぬし》に任じられた。――そして大王側からは、天的宗儀（太陽信仰）の祭器として鏡（三角縁神獣鏡など）や、刀剣、玉類などの財宝が与えられ、祭祀権や支配権も付与され、県主からは在地の産物などが上納され、時には労役なども負担させられたことであろう。――天王塚古墳の地が「県」の地名をのこし、同墳に「神獣鏡」などの副葬が知られ、また同墳の南東方およそ一・六㎞ほどの浅間山古墳からは、吉備型祭器的な「特殊器台形埴輪」の様式をもつ祭器の出土が知られ（天王塚古墳の北西方およそ二・五㎞には藤本観音山古墳がある）――およそ四世紀代、この足利南部の矢場川流域の地帯が初期大和政権の政治的、祭祀的な影響下に入ったことを示し、この地域が、建国まもない頃の大王勢力の、東国における有力な拠点になったと推考される。

○観音山《かんのんやま》古墳（羽刈町三八九ほか）か。標高約二七mの平坦地に、細長い墳丘状の高まりが、北部を最高（約三m）に、緩やかな斜度をもって南に延びている。北部の高まりを後円部とみれば、南東方の前方部の端まではおよそ三八mを測る。後円の頂部には、観音さまの小祠があり、前方の南端部まで参道となっている。墳丘は砂質土で、カワラケなどが採取される。

○高松古墳群（高松町六〇〇ほか）――足利南部の広大な平野、即ち〝御厨田圃〟の南東限の洪積層台地（愛宕台）にある高松遺跡（前記、縄文時代、古墳時代の集落址）の東方の台地上に、古墳が五基以上群在する。主墳とみられる天神山古墳（径約三二m、高さ約四・五m）は、前方後円墳か、大型円墳か、方墳か判然としない。ほかに、径約二五m、高さ約四・五mの円墳、径約一五m、高さ約三mの円墳、径約一三m、高さ約三・八mの円墳など、横穴式石室に用いた硅岩質の割石や、勾玉（副葬品）の出土も知られ、およそ後期古墳群（六〜七世紀代）と推考される。

高松遺跡出土土偶（表・裏）

城館址　○中妻館址（県町一三二〇ほか）は、平坦な台地上に――北側に、東西方向に長い土塁（長さ約三〇m、高さ約一・五m）とそれに沿った内側に堀（幅約一・五m）が残存する。が、東・西・南・北の四方をおよそ一町（約一〇九m）の土塁と濠をめぐらせた居館址と推定される。なお遺址に南接して「前田」の小字名が知られる。

○上県館址（県町一五四八ほか）は、南流する神明川の東側の浄徳寺に南接した平坦地にある。即ち墓地との境に幅約一mの堀が、東西方向に直線状に約一二五m、そして直角状に南折して約一〇〇m、また直角状に東折して三〇m近く続く。そして墓地の南の直線状の堀の南側に沿って土塁が約五〇mほど残存している。またそれより南約七五mのところに堀が東西一〇〇m弱走り、直角状に南折して約三〇m、また直角状に東に折れ、北側の堀と同様、約三〇mほど現存する。――そしてその南接地には、東西約一〇〇m、南北約七五mほどの長方形状の地内に「陣屋畑」の小字名がのこる。――江戸時代の陣屋址であろう。なお、当上県館址の東接地は「前田」の小字名がのこる。

○下県館址（県町一二六二ほか）は、上県館址の南東方、およそ八〇〇m（中妻館址より南東方、およそ三〇〇m）のところ、即ち矢場川の東岸およそ二五〇mの低台地にある。既に土塁は湮滅しているが、上県館址と酷似した遺跡とみられる。いま、館址内の北東隅に薬師堂が祀られている。

○下の宮館址（羽刈町七〇五一ほか）は、蛇行する矢場川の北岸に近接する低台地を占め、古代以来の神明宮の南方に位置する。現状は、北西隅に、幅五m、高さ一・五mの土塁が鉤の手状（隅角）の東側に七m、西側に五mほど残存している。当館址は、およそ東西六〇m、南北七〇mの方形状であったといわれる。

○小曽根館址群（小曽根町二七三ほか）は、矢場川北岸の東西に長い低台地に、東西約四五〇m、南北およそ一〇〇～一七〇mの範囲内に、西側、中央、東側と、居館址が三か所、並列状にある。――①西側の「北小路館址」は、旧状（築城時）の形状は明らかでないが、北西の直線状の濠址の内側に平行する土塁（長さ約四〇m、高さ約二・五m残存）と、一〇〇m前後の間隔をもって、ほぼ東西方向に、直線状の濠址と内側に土塁が平行して残存。それに南接して「天神さま」の遺址がある。――②中央の「ジョウガイト（城皆戸）館址」は、①の北側土塁の東端より約一〇〇mのところに、南北位に直線状に築かれた土塁（西側）の残存部（高さ二ｍ）とその外側に平行する濠址が認められる。――③東側の「寺地館址」は、②の東側に近く、北側の土塁（高さ二・五ｍ）が約四〇ｍほど残存し、西側の土塁とその外側の濠址もあったといわれ、全体はおよそ東西八〇ｍ、南北八〇ｍほどの不整方形であったと推定される。そして当館址は、小曽根玄蕃のお抱え医師であった内山主水の屋敷址と伝えられている（『栃木県の中世城館跡』一九八二）。

なお、小曽根城址に南接する低平地は「前田」「天神前」と呼ばれている。

○八形《はちがた》館址（鉢形城、高松町三五〇ほか）は、愛宕台なる舌状台地（現・愛宕台中学校）の南裾およそ二〇〇～三〇〇ｍの低台地にある。西側の土塁が、南北直線状にあったが、現状は北側の西端に濠址が約四〇ｍ、東側の土塁は北端近く約二五ｍほど残存している。原形は、北塁がおよそ一四〇ｍ、西塁が約一七〇ｍの不整方形状の土塁と、その外周を濠がめぐっていたと推定される。なお、当館址は戦国時代、小曽根政義が構築したといわれる。

○西馬場《にしばんば》居館址（高松町四八七ほか）は、愛宕台（現・愛宕台中学校）の東方約三〇〇ｍの低台地を占め、南面する不整方形状の土塁と、それを外周する濠址をとどめる。即ち、土塁は、東側約六五ｍ、西側約八〇ｍ、南側約七五ｍ、北側約五五ｍで、北西隅には隅櫓《すみやぐら》址をのこし、それを外周する濠址（幅約四ｍ、内堀）は西側が直線状に南に延び、南側土塁の南約五〇～六〇ｍのところに南側土塁に平行する外堀と、東側も三〇～七〇ｍの間隔をおいて同様の外堀を設けている。外堀は更に南方に及ぶが、中央部は東、西の二か所が切られ、東側の切り口からは内堀と南側土塁をも切って居館内部に達し、北東部と北側土塁との間に通じている。居館の内郭内は「堀の内」、東側の内堀と外堀の間は「東馬場」、西側の内堀と外堀の間は「西馬場」と呼ばれている。当居館の規模は、およそ一八〇ｍ四方であったと推考される。また構築の時期は、鎌倉時代後期ないし南北朝の頃と推定され、築城者は正平年間（一三四六～六九）が河島維宗、永禄年間（一五五八～六九）に至って城主は川島宗満であったといわれる。

③神　社

神明神社《しんめい》（羽刈町七二八）　主祭神は天照皇大神。旧村社。社伝によれば、天平二年（七三〇）、西ヶ原の地に創立し、のち現在の下の宮に遷座したという。ご神木の大ケヤキ（樹齢約一三〇〇年）が昭和四十五年まで、境内の中央に、神の依代《よりしろ》としてそそり立っていた（前記）。

神明宮（県町一二三一）　主祭神は天照皇大神。旧村社。梁田御厨の荘域内に祀られた神明宮の一社として、永享四年（一四三二）に創立。

八幡宮（高松町五二五）　主祭神は誉田別命。旧村社。永承六年（一〇五一）、源頼義が勅命により安倍頼時を追討（前九年の役）の途次、戦勝を祈願して創立したと伝える。――なお頼義が、この地で癪《しゃく》を起こしたため、この社を祀ったといわれ、当社は「癪除け八幡」とも呼ばれる。――ご神体は宝珠、宝剣、宝鏡、宝幣。柄鏡は銅製、面径一四・五cm、柄の長さ九・五cmで、鏡背に花鳥を陽刻、銘「藤原金益」を刻出する。

御厨神社（小曽根二二五〇―一）　主祭神は天照皇大神。旧村社。慶長三年（一五九八）、田部井家が中心となり、村の鎮守として創立。石殿①は総高九一cm、屋根幅三七cm、社殿の側面には優美な模様を陽刻、基礎に文化元年（一八〇四）、願主六名、助力惣村中などの陰刻銘がある。石殿②は、総高八〇cm、屋根幅三六cm、社殿の側面に、「嘉永二年小曽根惣村中」の陰刻銘がある。

④寺　院

浄徳寺《じょうとくじ》（金清山、臨済宗、県町一五四五）　創建は弘安二年（一二七九）、開山は円海鑑大和尚、開基は県大和守泰吉、本尊は薬師如来。万拙和尚賛の中峰国師像、達磨大師像、古記一巻、扁額（竜幡室前南禅僧録司乾巌元雄書）、扁額（三慧堂復古道人〈観音堂・子安観音像〉）、卍山道白書。板碑（五基以上）は全て緑泥片岩製。①は縦約一四二cm、横三二cm、高さ四cm、弘安四年（一二八一）銘、②～⑤は縦約五七～七六cm以上、横二三～二七cm、高さ三～三・五cm、鎌倉～南北朝時代作か。①～④の碑面中央部に、蓮華座上の「キリーク」（阿弥陀如来）と「サ」（観音菩薩）、「サク」

（勢至菩薩）の種子を薬研彫り。⑤の碑面中央部に、蓮華座上のキリークを薬研彫りし、下方は①が回向文と年号、③が花瓶、④が文字か花瓶、⑤が文字と花瓶を刻む。層塔は基礎と初重軸部は残存、凝灰岩製、初重軸部（縦四五cm、横三五cm）は方柱状で、四面には蓮華座上の四方仏を一面ずつ半肉状に像容を刻出、推定鎌倉時代作。五輪塔は水輪（凝灰岩製、縦三〇cm、横四〇cm）の正面、円形内に半肉彫り状に大日如来坐像（推定）を刻出、鎌倉時代作か。五輪塔は安山岩製、総高約一〇二cm、空の風輪は一石で造り、大きめの水輪の正面に「バン」（金剛界大日如来）の種子と蓮華座の弁を薬研彫りし、地輪は低い。空、風輪と地輪の一部を欠く、鎌倉時代後期作か。五輪塔は安山岩製、空・風・火・水輪の高さは五九cm、地輪は他の台石で補う。火輪の屋根勾配は比較的直線的で、水輪の円球は天地を少し圧した形態で、南北朝頃の作か。

永宝寺《えいほうじ》（瑞鳳山、臨済宗、小曽根町二四二）創建は文永年間（一二六四〜七四）、開山は千光栄西禅師で、円翁正珉和尚の創立と。本尊は薬師如来付き十二神将。創立後、幾度か火災に遭い、古文書類を焼失し、寺の詳細は不明。寛政二年（一七九〇）に再建──その時北裏の前方後円墳の一部を削り、石棺が出土したという。──その時出土の、直刀三口を保存。本尊の薬師如来坐像は木造、総高四二cm、像高二一cm。円光を背に蓮座上に端座（坐）。正徳六年（一七一六）作と記録にある由（当寺の東方にある浄林山円光寺蔵）。十二神将立像は木造、像高六〇cm前後。本尊の左右に、各々六体ずつ配され、全て岩座上に立つ武将像である。「円空仏」の観世音菩薩立像は、木造、像高約六八cm、肩幅一六cm。ヒノキ材を用い、鉈彫り手法による一木造り。頭部に化仏をのせ、眼を細く切り、口元に微笑をうかべる。右手に子供を抱いた子安観音像である。裳には鉈目をみせ、両側を鰭尾状に刻み、台座上に立つ。微笑のなかに鋭さをみせる作風は、円空のものとみられる。扁額（法王堂）は木造、縦五七cm、横一一三cm。本堂外陣の欄間《らんま》正面に掲げる。縁取りして朱塗りし、異体文字で「法王堂」と押型彫りし、白色で表わしている。右上と左下方に落款《らっかん》（印章）がある。無縫塔は花崗岩製、総高約一一三cm（塔身の長さ八一cm以上×最大約三九×横二八cm、台石の高さ約三二cm×約八一cm）。塔身中央部に「塔開山圓翁正眠和尚　文永六年九月二十五日」の陰刻銘がある。板碑は緑泥片岩製、長さ七二以上×二五×二・五cm。中央に蓮華座上の「キリーク」（阿弥陀如来）、「サ」（観音）、「サク」（勢至）の種子を薬研彫りし、その下方に「明徳二二　十月吉日」（明徳四年〈一三九三〉）の陰刻銘がある。

長昌寺《ちょうしょうじ》（赤城山、曹洞宗、高松町四五〇）　創建は文亀三年（一五〇三）。開山は仏日金蓮大禅師、開基は玄甫蔵主、本尊は釈迦牟尼仏。文亀三年（一五〇三）、室町幕府将軍足利義澄治世に、臨済宗玄甫蔵主が初めて住職となり、大永六年（一五二六）、大雲文龍大和尚が三勅を頂戴して曹洞宗に改め、仏日金蓮大禅師と号した。その後焼失した本堂を天保年間（一八三〇～四三）に再建したが再び焼失したので、安政年間（一八五四～五九）に再建、平成七年には本堂、庫裡等を新築して現在に至る。観世音菩薩立像は木造、総高八〇cm、像高五三cm、宝冠をいただき化仏を立て、円光を背に、蓮華座上に立つ。もと寺内の観音堂に祀られていた。障壁画（欄間付）は板絵で、著色、縦六二cm、横一六〇cm。座敷の欄間の左右に黒枠に縁取りしている。左方のものは二頭の唐獅子とその左隅に緋牡丹など、右方のものは二頭の唐獅子とその右上に白滝を画く、大和絵の作風で、落款は不明、嘉永六年（一八五三）の墨記がある。「地蔵十王」一一巻は仏画で、紙本著色、縦九二cm、横三八cm。長昌寺二九世仏鑑保雄（谷島保雄氏）誌として、「慶応二丙寅春再表具二十五世道林代」とあり、長昌寺三〇世孝文代に、更に「昭和四十四年春　表具」と誌されている。仏画一巻（紙本著色、縦二八cm、横四五cm、半跏の地蔵菩薩像）。富嶽図一幅（田崎草雲筆）は絹本墨画、縦三四cm、横七五cm。咢堂《がくどう》墨跡は縦二七cm、横二四cm、「不容偽《偽りを容れず》　咢堂」、咢堂即ち憲政の神様といわれた尾崎行雄（一八五九～一九五四）の書である。大般若波羅蜜多経六〇〇巻（四個の桐箱に蔵される）、各巻は縦二七cm、横六四〇cm、延宝四年（一六七六）印刷。昭和二十年頃まで、毎年檀徒が担って村中を廻り、ご利益を祈念していたという。

観音寺《かんのんじ》（如意輪山、真言宗、高松町四六五）　創建は弘治三年（一五五七）、開山は法印祐清。本尊は如意輪観世音菩薩。明治初年の火災で本堂焼失。昭和三十年代に観音堂を現在地に移設、改築して仮本堂とする。本尊の如意輪観世音菩薩像は木造、総高約一一〇cm、像高約五一cm、宝冠をかぶり、六臂の半跏思惟像で如意宝塔を持つ。地蔵菩薩立像は銅造、総高約一四〇cm、像高約九五cm、台座高約二五cm、光背径約三八cm、錫杖の長さ約九〇cm。左手に宝珠、右手に錫杖をとり、大日輪光背を付け、蓮華座上に立つ。胸を開き、股間に弧を描いた衣褶は量感をもつ。脚部下方左側に「下野国足利領梁田郡高松村　如意山観音寺現住法印宥乗」、右側に「享保四己亥天二月十五日」、背面には「天明金屋町大工丸山平右衛門尉藤原政重」の陰刻銘がある。不動明王立像は木造、総高一二〇cm、像高八〇cm、右手に剣、左手に索を持って岩座上に立つ。十一面観世音菩薩立像は木造、総高五一cm、像高二四cm、宝篋印陀羅尼経塔は石造、現存部は総高約二八七cm、塔身には四方仏（金剛界か）、軸部には偈文が四面に陰刻され、明和三年（一七六六）などの銘記がある。

慶性寺《けいしょうじ》（如意珠山吉祥院、真言宗、羽刈町五一三）

創建は慶長六年（一六〇一）、開山、開基は不詳。本尊は不動明王立像。両野三十三観音札所めぐりが宝暦四年（一七五四）に始められ、当寺は一番札所となる。地蔵菩薩、庚申塔、山門脇の老松、左甚五郎作「魔除けの桃」、殉難義民の碑などがある。

⑤ 伝統行事

行事のある日は「モノビ」「節《せつ》」と呼ばれ、暦は戦後しばらくの間は、旧暦が使われていた。（以下、旧暦による）

一月　松飾りは、屋敷の入り口、神棚、床の間、お勝手、荒神さま、便所、屋敷鎮守（稲荷）などに松を飾るほか、年神さまにはオシメ（注連縄）を飾る。三箇日（サンガニチ）は、朝食はウドンを食べる家が多かった。元旦は戸主または年男が早朝に若水を汲み、神棚へ供える。また鎮守さまなどへ神詣りも済ませる。年始めぐりは二日から近所や近くに住む親戚などに手拭いを持って廻った。十一日はオ鍬入り、蔵開きの日であるが、特にオ鍬入りでは畑にお酒とご馳走を供えて豊穣を祈った。十四日はモノヅクリでマユダマを作り、ミズノキにマユダマを挿して飾ったりする。十五日は小豆粥《あずきかゆ》を食べるが、この時熱くても粥を吹いて食べることは、田植え時に大風が吹くからということで禁じられていた。二十日は二十日正月で、オシルコを作り恵比須さまを床の間に飾って祝う。

二月 一日は「次郎のツイタチ、コガネで祝う」ともいわれ、赤飯を炊き、ご馳走を作り、神詣りもした。節分は豆撒きを行うが、この夜大豆で作った福茶を飲みながら、冬至の時に作ったユズの味噌漬けを食べた。初午《はつうま》は屋敷稲荷に旗を上げたりして祝ったが、この日は風呂はたてない。八日はコト八日で、竿にメカイ（籠）を逆さに吊るして軒に立てた。

三月 三日は雛祭りであるが、嫁の実家などから祝いの人形などを贈られているので、関係者を招いて祝う。彼岸は中日にボタモチを、ハシリクチにダンゴを作り墓参りをする。

四月 八日は釈迦の降誕会で、一般にはオシャカさまの名で親しまれており、寺院では甘茶が供された。

五月 五日は節句で、菖蒲とヨモギを軒に挿し、また菖蒲湯をたてた。カシワモチを作って祝った。

六月 一日は悪病除けといわれるハッチョウジメが行われた。村の入り口に竹を二本立て、注連縄を張り、悪病の入るのを防いだ。

七月 一日はカマップタと呼ばれ、マンジュウを作った。地獄の釜の蓋が開く日とされ、地獄から仏が旅出つともいわれ、この日からお盆までの死亡者には、頭にホウロクを被せる風習があった。七日は七夕《たなばた》で、竹飾りが作られるが、短冊などに書く墨はイモの葉の水を集めて磨《す》っていた。子供は早朝に川に行ってネブタ流しを行った。お盆は、十三日が迎え盆で、盆棚が作られた。仏さまを迎えに行くのは菩提寺本堂と墓地にお詣りした後、提灯に火を灯して家に帰り、玄関から上がり、仏壇にお灯明を灯してお迎えしていた。十五日は農廻《のうまわ》りということで、仏さまに周囲の田圃を見てもらう日でもあった。

八月 一日はハッサク（八朔）、ハッサクゼック（八朔節句）ともいい、嫁の実家や仲人への答礼（節句のお返し）としてタナボンガエシと呼び、仲人や嫁の実家から身持ちが良くなるようにとのことで、箕《み》を貰った。ユデマンジュウを作った。十五日は十五夜でダンゴを一五と、ほかに季節の果物などを供えた。二百十日は赤飯を炊き、餅をついた。

九月　彼岸は春の彼岸と同様に、ボタモチやダンゴが作られて、墓参をした。

十月　一日はお神が出雲へお発《た》ちの日で、赤飯を炊いて神詣りをした（オカマさまだけは居残っているとされた）。十日はトーカン夜で、ワラデッポウを作り、子供達は「トーカンヤ、トーカンヤ、麦も小麦も良くできろ」と唱えながら、家や畑の周辺を叩いて歩いた。この日は餅がつかれた。二十日はエビスさまで、十九日に西宮神社に参詣し、お礼にオタカラを求め、神棚にご馳走とともに供えた。三十一日はお神のオカエリで、赤飯が炊かれ、神詣りがされた。

十一月　二十三日は三夜さま、三夜侍ちといわれ、女性が中心となって宿に集まり、飲食をともにしながら、月の出を待った。

十二月　一日は師走朔日と呼ばれ、カビタリモチもつかれた。八日はコト八日で、二月八日と同様。冬至は中気にならないようにとのことで、カボチャを食べたり、ユズ湯をたてたりした。――ユズの味噌漬けを作った。漢方医を営む家では、「神農さま」の掛け軸を飾り、赤飯を炊き、タコ、オカシラツキのご馳走で祝った。すす払いは二十七日か二十八日に行っていた。三十一日は大晦日で、年越しそばを食べるが、普通の食事は年越《ねんこし》になるというので嫌われた。

補足――針供養を正月、五月、九月の各八日に行ったところもあった。初雷さま――初雷が鳴ると、節分の時の豆をとっておいて撒くことも行われた。風切り鎌――風の強い日に、竿の先に鎌を逆さに吊るして、風に向かって立てて、風の鎮《しず》まるのを願ったりしていた。

庚申講　庚申の晩（十一月が多い）、無尽《むじん》のように、金銭の貸し付けが行われ、利息を付けて返すことになっていた。

庚申塔　筑波地域の造立は二七基で、それは、県、羽刈、小曽根、高松の各集落に分布しており――延宝二年（一六七四）から享和三年（一八〇三）まで二四基が続き、更に明治二十二年に一基、ほかに紀年銘なしのものが二基知られる。そして延宝二年（一六七四）から享和十七年（一八一七）までの庚申塔は全て青面金剛の彫像塔で、文字塔のものは元文五年（一七四〇）の庚申の年からとなっている。そして六基の庚申塔に青面金剛を表わす「ウン」「ウーン」の種子が刻まれ、

また庚申塔の造立は個人の造立が一基、造立銘のないものが五基で、ほかの二一基は村、講中や複数の人々が共同して立てており、庚申信仰が村人全体に浸透していたことを示している。また造立者のなかには矢場川を越えて、南接する上州（群馬県）邑楽郡中野村の人達の名も二基に知られる。

主な庚申塔について、以下のものを挙げよう。

①羽刈町、観音山古墳の後円部墳頂に置かれた庚申塔は「享保十五年」（一七三〇）造立の青面金剛像で、頭髪部分が筆先のように脹らみをもって先端が尖っており、像全体の三分の一を超す長大なものである。

②高松町鉢形の東武電車踏切に近接し、道路そばに東面する庚申塔は、馬頭観音塔と並ぶ。青面金剛像では足利市内最古の延宝二年（一六七四）造立で、塔身の下部に「三猿」を、その上部中央位に蓮華座上に立つ青面金剛像を半肉彫りしている。塔身は一ｍを超す大きなもののなかに、青面金剛像は小さく、六臂《ろっぴ》の上の両手は弓矢、下の両手は剣と鎌を持ち、光背の上部に日月も瑞雲とともに彫り、月は三日月の形になっている。

③高松町長昌寺境内の山門手前に立つ庚申塔は、延宝八年（一六八〇）の青面金剛像を刻んだものであるが（上部欠損）、青面金剛像の頭部が地蔵菩薩のように円頂（丸い頭）で、六臂の中央の手が「法界定印」の印相を結び、上の両手は日月を持ち、下の両手は宝剣と蛇を持つ姿相になっている。

引用並びに参考文献

・川勝政太郎『日本石材工芸史』綜芸舎　昭和三十二年
・滝口宏『古代の探究』社会思想研究会　昭和三十三年
・山内清男「縄文土器の改定年代と海進の時期について」『古代』早稲田大学考古学会発行四十八号　昭和四十二年
・石田茂作『仏教美術の基本』東京美術　昭和四十二年
・『年報』Ⅰ～Ⅵ（昭和五十四年度～同五十九年度・足利市文化財総合調査）足利市文化財総合調査団、足利市教育委員会
・『総括報告書』足利市文化財総合調査――足利市教育委員会　平成元年
・前澤輝政『御厨高松遺跡の研究』――早稲田大学考古学研究室報告・第九号　昭和三十八年
・前澤輝政『足利智光寺址の研究』綜芸舎　昭和四十二年
・前澤輝政『足利義氏と法楽寺』法楽寺　昭和五十二年
・前澤輝政『下野の古墳』栃の葉書房　昭和五十二年
・前澤輝政『毛野国の研究』現代思潮社　昭和五十七年
・前澤輝政『東国の古墳・関東篇』そしえて　昭和六十年
・前澤輝政『日本古代国家の成立』国書刊行会　平成五年
・前澤輝政『東国の古墳』三一書房　平成十一年
・前澤輝政『栃木の文化財』随想舎　平成十二年

・前澤輝政『足利学校――その起源と変遷』毎日新聞社　平成十五年
・前澤輝政『近藤徳太郎・織物教育の先覚者』中央公論事業出版　平成十七年
・前澤輝政『改訂新版　足利の歴史』随想舎　平成二十一年
・前澤輝政「下野国鑁阿寺の仏舎利について」『古代』四十四号　昭和四十年
・前澤輝政「足利大岩山建長銘石造層塔」『古代』五十四号　昭和五十年
・前澤輝政「大岩山の最澄像について――足利・最勝寺蔵伝行基像」『史跡と美術』五八四号　昭和六十三年
・前澤輝政「弥生墳丘墓と古墳の創出――日本古代国家成立史論」『日本歴史』五〇一号　平成二年
・前澤輝政「足利の園地遺跡」『仏教芸術』一九二号　平成二年
・前澤輝政「考古学から見た初期大和政権の成立」『東アジアの古代文化』八六　平成八年
・前澤輝政「倭国大乱考」『古代学研究』一三五号　平成八年
・前澤輝政「〈歴史都市構想〉について」『いわき明星大学人文学部研究紀要』開学十周年記念特別号　平成九年
・前澤輝政『下野国足利の法界寺について』平成十四年　私家版
・前澤輝政「足利公園古墳群中西南部古墳」『古代』四五・四六号　平成二年
・前澤輝政「下野国足利岡瓦窯址」『古代』四九・五〇号　平成四年
・前澤輝政（編著）『平石遺跡』毛野古文化研究所　昭和四十八年
・前澤輝政（共著）『菅田西根遺跡』足利市遺跡調査団　足利教育委員会　昭和六十二年
・前澤輝政（共著）『国府野遺跡・第九次調査報告――正倉遺構』足利市遺跡調査団ほか　昭和六十二年
・前澤輝政（共著）『反過遺跡』足利市遺跡調査団・足利市教育委員会　昭和六十二年
・前澤輝政（共著）『板倉城址』足利市遺跡調査団　平成二年

足利市の指定文化財一覧

■国指定文化財

名称	員数	所在地	所有者・管理者	指定年月日
・絵画				
紙本著色　長尾政長像（重要美術品）	一幅	本城一丁目	心通院	昭12・8・28
紙本著色　長尾景長・憲長・政長像（〃）	三幅	西宮町	長林寺	〃
紙本著色　山水図（長尾景長筆）（〃）	一幅	本城二丁目	個人所有	〃
絹本墨画　淡彩観瀑図　横川景三の賛がある（伝狩野正信筆）	一幅	西宮町	長林寺	平9・6・30
・書跡				
宋刊本　文選（国宝）	二一冊	昌平町	足利市	昭27・3・29
宋版　礼記正義（国宝）	三五冊	〃	〃	昭30・2・2
宋版　周易注疏（国宝）	一三冊	〃	〃	昭30・6・22
宋版　尚書正義「国宝」	八冊	〃	〃	〃
足利学校旧鈔本（周易5、周易伝3、古文孝経1、論語義疏10）	四種　一九冊	〃	〃	昭25・8・29
宋刊本　附釈音毛詩註疏	三〇冊	〃	〃	〃
宋刊本　附釈音春秋左伝註疏	二五冊	〃	〃	〃
宋刊本　周礼	二冊	〃	〃	〃
紙本墨書　仮名法華経	八巻	家富町	鑁阿寺	〃
紙本墨書　鑁阿寺文書	六一五通	〃	〃	昭36・2・17
宋版　唐書列伝残巻	一二冊	昌平町	足利市	昭51・6・5
紙本墨書　魯論抄（重要美術品）	五冊	家富町	鑁阿寺	昭17・5・30

・工芸品				
太刀銘　力王　附黒漆太刀拵	一口	小俣町	鶏足寺	昭25・8・29
青磁浮牡丹　香炉・花瓶	三個	家富町	鑁阿寺	〃
金銅鑁字御正体	一面	〃	〃	昭34・12・18
梵鐘	一口	小俣町	五尊協会	昭36・2・17
鍋島色絵岩牡丹文大皿	一枚	駒場町	栗田美術館	昭61・6・6
笈　木製鎌倉彫牡丹桃実文笈（重要美術品）	一個	西宮町	長林寺	昭14・2・22
銅鐘（〃）	一口	〃	〃	昭16・4・9
太刀銘　長光（平安城）（〃）	一口	名草下町	個人所有	昭17・12・16
・考古資料				
銅印　印文「鶏足寺印」	一顆	小俣町	鶏足寺	昭30・2・2
木印　印文「禅」（重要美術品）	一顆	西宮町	長林寺	昭20・8・4
・建造物				
鑁阿寺本堂（大御堂）（国宝）	一棟	家富町	鑁阿寺	昭25・8・29 平25・8・7 国宝指定
鑁阿寺鐘楼	一棟	〃	〃	昭25・8・29
鑁阿寺経堂	一棟	〃	〃	昭59・12・28
・史跡				
足利学校跡（聖廟および附属建物を含む）		昌平町	足利市	大10・3・3
足利氏宅跡（鑁阿寺）		家富町	鑁阿寺	大11・3・8
樺崎寺跡		樺崎町	樺崎八幡宮他	平13・1・29
藤本観音山古墳	一基	藤本町	足利市他	平18・7・28

名称	員数	所在地	所有者・管理者	指定年月日
・天然記念物				
名草の巨石群		名草上町折木々	巌島神社　足利市	昭14・9・7
・登録有形文化財（建造物）				
アンタレススポーツクラブ（旧足利模範撚糸工場）	一棟	田中町	両野工業株式会社	平11・11・18
トチセン（旧足利織物）　赤レンガ捺染工場・赤レンガサラン工場	各一棟（計二棟）	福居町	株式会社トチセン	〃
村松家住宅　主屋・内蔵・表門	各一棟（計三棟）	大門通	個人所有	平15・3・18
大川家住宅　主屋・本蔵・西蔵・旧納屋・巽蔵・続蔵・大門	各一棟（計七棟）	小俣町	社会福祉法人小俣幼児生活団	〃
長林寺　本堂・開山堂	各一棟（計二棟）	西宮町	長林寺	平16・6・9
織姫神社　社殿・神楽殿・社務所・手水舎	各一棟（計四棟）	〃	織姫神社	〃
巌華園　主屋・蔵・新蔵・好時亭（旧外蔵）・巌華園倶楽部（旧馬屋）・ゲストハウス（旧書院）・表門	各一棟（計七棟）	月谷町	個人所有	平17・2・9
原田家住宅　店舗・主屋	各一棟（計二棟）	通六丁目	〃	平17・11・10
柳田家住宅　事務所・倉庫・表門	各一棟（計三棟）	〃	〃	〃
今福浄水場　ポンプ室	一棟	今福町	足利市水道事業者	平18・3・2
緑町配水場　水道山記念館（旧事務所）・配水池・接合井・計量室	各一棟（計四棟）	緑町一丁目	〃	〃
荻野家住宅　主屋・内蔵・表門・南塀	各一棟（計四棟）	通三丁目	個人所有	平18・8・3
田沼家住宅　主屋・土蔵・表門・外塀・稲荷社	各一棟（計五棟）	島田町	〃	〃
釣地橋	一基	稲岡町	足利市	平18・10・18
トチセン（旧足利織物）汽罐室	一棟	福居町	株式会社トチセン	平20・3・7
・登録記念物（名勝地）				

巖華園庭園	一件	月谷町	個人所有	平19・2・6
物外軒庭園	一件	通六丁目	足利市	平20・3・28

■ 県指定文化財

名称	員数	所在地	所有者・管理者	指定年月日
・絵画				
絹本著色　蓬莱仙宮図（田崎草雲筆）	一幅	緑町二丁目	足利市	昭34・3・13
絹本墨画　富嶽図（田崎草雲筆）	一幅	〃	〃	昭34・11・27
絹本著色　秋山晩暉図（田崎草雲筆）	一幅	家富町	個人所有	〃
紙本著色　富士巻狩図（高隆古筆）六曲屏風	一双	月谷町	〃	昭35・10・11
紙本淡彩墨画　秋山瀑布図（高久靄厓筆）	一幅	本城二丁目	〃	昭37・2・6
両界曼荼羅図	二幅	小俣町	鶏足寺	昭40・1・26
絹本著色　五大明王像	一幅	〃	〃	〃
紙本淡彩　山村団欒図（田崎草雲筆）	一幅	栄町一丁目	個人所有	昭47・1・26
絹本著色　松溪載鶴図（〃）	一幅	家富町	〃	〃
紙本淡彩　柳堤聴鶯図（〃）	一幅	本城二丁目	〃	〃
紙本淡彩　翎毛虫魚画帖（渡辺崋山筆）	二帖	緑町二丁目	足利市	昭47・10・24
絹本著色　高砂図	一幅	昌平町	個人所有	昭48・4・13
紙本淡彩　草雲自画像	三幅	通三丁目	〃	昭55・9・19
紙本淡彩　過眼備忘・雲烟過眼・嚢中泉石図	三帖	〃	〃	〃
紙本墨画　天変地異図	一巻	〃	〃	〃
紙本墨画　国定忠治像	一枚	〃	〃	〃
綿布墨画　雷神図	一枚	〃	〃	〃
絹本墨画　雲龍図	一幅	家富町	鑁阿寺	昭56・12・25

名称	員数	所在地	所有者・管理者	指定年月日
絹本著色　釈迦八大菩薩像	一幅	家富町	鑁阿寺	昭56・12・25
絹本著色　涅槃図	一幅	〃	〃	〃
絹本墨画　淡彩不動明王二童子像	三幅	〃	〃	〃
絹本著色　真言八祖像	八幅	〃	〃	〃
絹本著色　弘法大師四所明神像	一幅	〃	〃	〃
絹本著色　朔風飄雪図	一幅	緑町二丁目	足利市	平4・2・28
絹本著色　大橋淡雅夫人民子像	一幅	助戸一丁目	龍泉寺	平5・2・19
紙本著色　牡丹図屏風（田崎草雲筆）	二曲一双	緑町二丁目	公益財団法人足利市民文化財団	平7・8・22
絹本著色　汁講図	一幅	柳原町	個人所有	平9・1・21
絹本著色　釈迦三尊・十六善神図	一幅	西宮町	長林寺	平9・8・26
絹本著色　白波紅暾図	一幅	緑町二丁目	足利市	平14・2・15
・彫刻				
木造　聖観世音立像	一軀	稲岡町	観音堂	昭32・8・30
木造　孔子坐像	一軀	昌平町	足利市	昭40・1・26
木造　大日如来坐像	一軀	菅田町	光得寺	〃
木造　毘沙門天及び両脇侍像	三軀	大岩町	最勝寺	昭42・1・7
木造　五百羅漢像　附羅漢堂	五一三軀 一棟	猿田町	徳蔵寺	昭43・1・13
木造　阿弥陀如来坐像	一軀	野田町	個人所有	昭44・4・25
木造　足利歴代将軍坐像	一五軀	家富町	鑁阿寺	昭56・12・25
木造　大日如来坐像	一軀	〃	〃	〃
木造　不動明王坐像	一軀	〃	〃	〃
木造　薬師如来坐像	一軀	川崎町	薬師寺	昭58・8・19

木造　阿弥陀如来坐像	一躯	常見町	正善寺	〃
木造　観世音菩薩像	三三躯	五十部町	瑞泉院	昭59・9・7
木造　大日如来坐像	一躯	家富町	鑁阿寺	平13・8・17
木造　金剛力士立像	二躯	〃	〃	〃
木造　阿弥陀如来立像	一躯	助戸三丁目	真教寺	〃
・書跡				
大川家文書	一二六七点	小俣町	個人所有	昭37・1・9
八幡郷検地帳	一冊	八幡町	八幡宮	昭44・4・25
大般若経	六〇〇帖	家富町	鑁阿寺	昭57・1・26
紺紙金字法華経	八巻	〃	〃	〃
・工芸品				
馬具	一領	小俣町	個人所有	昭32・2・15
脇差　銘　環	一口	昌平町	〃	昭32・4・5
太刀　銘　若狭守氏房作	一口	通五丁目	〃	〃
太刀　銘　家俊	一口	家富町	鑁阿寺	昭36・5・6
打掛	二着	小俣町	個人所有	昭45・7・3
刀　銘　晴雲斎源景国	一口	借宿町	〃	昭48・1・30
刀　銘　陸奥守藤原将應	一口	伊勢町	〃	昭53・7・7
花鳥文刺繍天鵞絨	一枚	家富町	鑁阿寺	昭57・1・26
青磁人物燭台	一対	〃	〃	〃
金銅透釣燈籠	一基	〃	〃	〃
刀（薙刀直し）無銘	一口	〃	〃	〃
刀　銘　下野住佐藤吉房	一口	五十部町	個人所有	昭57・6・25
刀　銘　藤枝太郎英義	一口	家富町	〃	昭58・8・19

名称	員数	所在地	所有者・管理者	指定年月日
刀　銘　野州細川義規	一口	家富町	個人所有	昭60・5・31
短刀　銘　作陽幕下士細川正義	一口	〃	〃	昭61・10・7
刀　銘　致命（刻印）	一口	〃	〃	平9・8・26
・考古資料				
小俣板碑	一基	小俣町	個人所有	昭32・6・25
石造卒塔婆	一基	〃	〃	昭33・4・25
石棒	一個	板倉町	板倉神社	昭34・11・27
田中正造遺品	二点	通六丁目	個人所有	昭38・6・18
かな地蔵尊	一基	猿田町	徳蔵寺	昭44・10・11
大岩山石造層塔	一基	大岩町	最勝寺	昭48・4・13
田中正造所有の銅鉦に関する揮毫集	一冊	通六丁目	個人所有	平3・10・11
・歴史資料				
巡礼札	一枚	家富町	鑁阿寺	昭57・1・26
意匠登録見本　雲井織等	四種十三点（附商標）	西宮町	栃木県	平17・1・25
・建造物				
八幡宮本殿　附八幡宮本社再建図	一棟	八幡町	八幡宮	昭40・4・6
鑁阿寺東門及び西門	二棟	家富町	鑁阿寺	昭41・3・18
鑁阿寺楼門	一棟	〃	〃	〃
鑁阿寺多宝塔	一基	〃	〃	〃
春日神社本殿	一棟	小俣町	春日神社	昭53・12・5
鑁阿寺御霊屋	一棟	家富町	鑁阿寺	昭56・12・25
鑁阿寺太鼓橋	一棟	〃	〃	〃

旧木村輸出織物工場	二棟	助戸仲町	足利市	平元・8・25
・民俗文化財				
千庚申塔	一基	猿田町	徳蔵寺	昭52・2・15
石尊山の梵天祭り	一件	小俣町	梵天講	平12・1・14
・史跡				
八幡山古墳群		八幡町	八幡宮	昭30・7・26
・名勝				
行道山浄因寺境内		月谷町	浄因寺	昭50・8・1
・天然記念物				
ミツバツツジ自生地		小俣町	足利市	昭30・7・26
ナンバンハゼ	一本	昌平町	〃	昭31・6・15
鑁阿寺のイチョウ	一本	家富町	鑁阿寺	平10・1・16
足利のフジ（ノダナガフジ三本、八重黒龍一本、白フジのトンネル一式）	四本一式	迫間町 足利フラワーパーク内	有限会社早川農園	平19・8・28

■市指定文化財

名称	員数	所在地	所有者・管理者	指定年月日
・絵画				
紙本著色 鑁阿上人自画像	一幅	家富町	鑁阿寺	昭34・2・17
絹本墨画 山水図	一幅	西宮町	長林寺	昭37・6・25
絹本著色 柳堤聞鶯之図	一幅	〃	〃	〃
紙本著色 達磨像	一幅	〃	〃	〃
紙本金地著色 八ツ橋図（田崎草雲筆）六曲屏風	一双	栄町一丁目	個人所有	昭41・3・1
絹本著色 瑞雲鳴鳳図（〃）	一幅	家富町	〃	〃

名称	員数	所在地	所有者・管理者	指定年月日
絹本著色 花鳥図（〃）	三幅対	緑町二丁目	足利市	昭41・3・1
絹本著色 筧に小禽図（〃）	一幅	〃	〃	〃
絹本著色 十指春風図（〃）	一幅	通三丁目	個人所有	〃
絹本著色 春山暁靄図（〃）	一幅	〃	〃	〃
絹本著色 青松白帆図 山市雪霽図（〃）	双幅	本城三丁目	〃	〃
絹本著色 濠梁逸趣図（〃）	一幅	相生町	〃	〃
絹本著色 武具曝虫図（〃）	一幅	西宮町	〃	〃
絹本著色 白衣観音図（〃）	一幅	通七丁目	三宝院	〃
紙本著色 蕉蔭睡禽図（〃）	一幅	家富町	個人所有	〃
絹本淡彩 月下漁眠図（〃）	一幅	寿町	〃	〃
絹本著色 蓬莱山図（〃）	一幅	緑町二丁目	足利市	〃
紙本墨画 松林仙館図（〃）	一幅	昌平町	個人所有	〃
絹本著色 秋草群虫図（椿椿山筆）	一幅	上渋垂町	〃	昭42・9・19
絹本著色 花鳥図（岡本秋暉筆）	一幅	〃	〃	昭43・11・1
絹本著色 二十四考図（高隆古筆）六曲屏風	一双	福居町	〃	昭47・7・18
絹元著色 釈迦十六羅漢図	三面	通七丁目	三宝院	昭56・2・25
竜雲寺の天井板絵		大久保町	竜雲寺	昭58・12・21
聖画像	一枚	西宮町	足利ハリストス協会	〃
紙本著色 十六羅漢図	二幅	山下町	長松寺	昭60・8・26
紙本著色 両界曼荼羅図	二幅	家富町	鑁阿寺	昭62・12・15
日光鹿島神社天井板絵		大久保町	日光鹿島神社	平5・3・19
絹本著色 涅槃図	一幅	〃	竜雲寺	平9・7・1
紙本著色 冨士見西郷図	六曲一双	鹿島町	地福院	平12・11・17

紙本著色　足利義氏像	一幅	家富町	鑁阿寺	〃
明治宮殿杉戸下絵（附作成資料）	八幅一巻	〃	〃	〃
綿布墨画　龍図陣羽織	一枚	〃	〃	〃
板絵著色　三十六歌仙図	三六面	菅田町	稲荷神社	平14・3・19
紙本墨画　お国替絵巻	三巻	瑞穂野町	個人所有	平15・3・18
紙本著色　四季山水図襖絵（奥原晴湖・渡辺晴嵐筆）	一二枚	小曽根町	永宝寺	平16・3・22
八幡宮拝殿天井板絵及び大絵馬	一件十枚	八幡町	八幡宮	平18・3・24
三柱神社拝殿天井板絵		駒場町	三柱神社	〃
絹本墨画　都久波山図	六曲一隻	通七丁目	三宝院	平19・6・20
善徳寺本堂天井板絵		大町	善徳寺	平19・11・15
紙本墨画　足利学校聖像（谷文晁筆）	一幅	昌平町	足利市	平22・12・15
紙本墨画淡彩　柿本人麿像（林居筆）	一幅	〃	〃	〃
絹本著色　白鷹図（伝徽宗筆）	一幅	〃	〃	〃
紙本墨画　鍾馗図（田崎草雲筆）	一幅	八幡町	個人所有	平24・11・15
絹本著色　鍾馗図（中山嵩岳描表装）（田崎草雲筆）	一幅	〃	〃	〃
紙本著色　熊野歓心十界曼荼羅図	一幅	小俣町	長福寺	平25・1・16
絹本墨画淡彩　雪景山水図	一幅	家富町	鑁阿寺	平27・2・16
・彫刻				
木造　小野篁坐像	一軀	昌平町	足利市	昭34・2・17
銅造　釈迦牟尼仏坐像	一軀	小俣町	鶏足寺	昭35・7・12
銅造　阿弥陀如来立像及び両脇侍立像	三軀	松田町	善光寺	〃
木造　十六羅漢像	一六軀	〃	〃	〃

名称	員数	所在地	所有者・管理者	指定年月日
木造 観世音菩薩立像	一躯	奥戸町	観音寺	昭36・11・22
木造 大日如来坐像	一躯	粟谷町	正蓮寺	昭43・3・19
銅像 大日如来坐像	一躯	西宮町	長林寺	昭47・6・20
円空仏	一躯	小曽根町	永宝寺	昭55・3・22
銅造 地蔵菩薩立像	一躯	高松町	観音寺	〃
木造 延命地蔵菩薩坐像	一躯	久保田町	本源寺	昭56・2・25
木造 地蔵菩薩坐像	一躯	稲岡町	常慶寺	昭57・3・15
木造 金剛力士立像	二躯	〃	龍泉寺	〃
木造 大日如来坐像	一躯	粟谷町	正蓮寺	昭57・6・23
木造 釈迦三尊像	三躯	板倉町	養源寺	〃
木造 延命地蔵菩薩立像	一躯	〃	〃	〃
木造 釈迦三尊像	三躯	名草上町	長安寺	昭58・2・23
木造 薬師如来立像、両脇侍、十二神将	一五躯	名草中町	須花講中	〃
銅造 毘沙門天立像	一躯	〃	金蔵院	〃
鉄造 来迎阿弥陀三尊立像	三躯	菅田町	光得寺	昭59・11・19
示現神社 木造 左・右大臣像	二躯	月谷町	示現神社	〃
石造 地蔵菩薩立像	一躯	江川町	吉祥寺	〃
石造 不動明王坐像	一躯	〃	〃	〃
木造 聖観音菩薩坐像	一躯	〃	〃	〃
木造 金剛力士立像	二躯	大岩町	個人所有	〃
木造 阿弥陀三尊像	三躯	福居町	龍善寺	昭60・8・26
木造 釈迦如来坐像	一躯	山下町	長松寺	〃
耳だれ地蔵	一躯	福富町	普門寺	〃

千蔵院の木造閻魔王坐像	一躯	葉鹿町	千蔵院	昭61・3・13
東光寺の薬師三尊並びに十二神将像	一五躯	〃	東光寺	〃
徳蔵寺の愛染明王像付厨子	一躯	猿田町	徳蔵寺	〃
木造　阿弥陀如来坐像	一躯	福富町	円城院	昭61・9・24
伝行基像	一躯	大岩町	最勝寺	昭62・12・15
厨子入　木造十一面観音立像（附体内文書）	一躯一通	島田町	覚本寺	平3・11・22
五大明王像　附不動明王頭部	五躯一個	小俣町	五尊教会	〃
銅造　菩薩立像	一躯	通一丁目	足利市	平8・10・18
木造　釈迦如来坐像	一躯	緑町一丁目	福厳寺	平9・7・1
木造　武将像	三躯	家富町	鑁阿寺	平12・11・17
木造　足利義兼坐像	一躯	〃	〃	〃
銅造　天部立像	一躯	本城三丁目	足利市	平13・6・19
木造　薬師如来坐像	一躯	小俣町	鶏足寺	平14・6・18
木造　大黒天立像	一躯	葉鹿町	東光寺	平18・11・16
木造　地蔵菩薩坐像	一躯	菅田町	光得寺	平23・3・22
誕生釈迦仏立像	一躯	松田町	長徳院	平25・1・16
・書跡				
足利学校記録	九二冊	昌平町	足利市	昭34・2・17
延文記録	一巻	八幡町	八幡宮	〃
大永化縁状	一巻	〃	〃	〃
下野足利領八幡山御縄打水帳及び名寄帳	三冊	〃	〃	昭35・4・1
大般若波羅蜜多経	六〇〇巻	高松町	長昌寺	昭55・3・22
足利学校古書	六三五冊	昌平町	足利市	昭62・12・15
日光例幣使短冊	三枚	川崎町	天満宮	平3・11・22

名称	員数	所在地	所有者・管理者	指定年月日
須藤家文書付種痘免許看板	九三七点一枚	羽刈町	個人所有	平7・12・19
河内家文書（修験道史料）	九一点	高松町	〃	平12・6・19
阿部家文書	三五二〇点	大月町	〃	〃
・工芸品				
唐織十二天袈裟	一領	家富町	鑁阿寺	昭34・2・17
紋織物（南無大師遍照金剛の軸）	一幅	粟谷町	正蓮寺	昭35・7・12
紋織物（弥陀の紋織）	一幅	松田町	個人所有	〃
紋織物（山藤の錦）	一幅	小俣町	鶏足寺	〃
駕籠	一輿	板倉町	養源寺	〃
山車	一輌	葉鹿町	葉鹿仲町町内会	〃
紺糸威餓鬼銅具足（三つ巴の九曜紋散）	一領	西宮町	長林寺	昭37・4・1
銅造鳥居	一基	八幡町	八幡宮	昭42・9・19
紺縮崩織着物	一点	本城二丁目	個人所有	昭48・7・26
山車	一輌	葉鹿上町	葉鹿上町自治会	昭48・11・2
山車	一輌	小俣町	小俣町第一区協議委員会	昭48・12・24
刀　銘　晴雲斎源景国	一口	千歳町	個人所有	昭55・3・22
金蔵院の梵鐘	一口	名草中町	金蔵院	昭58・2・23
覚本寺の花鬘と旛	二枚　二旛	島田町	覚本寺	昭60・8・26
八雲神社の神輿	一輿	通五丁目	八雲神社	〃
八雲神社のなぎなた	一口	〃	〃	〃
八雲神社の獅子頭　付木箱	二頭	〃	〃	〃
八雲神社の神輿	一輿	大門通	八雲神社	昭62・12・15

葉鹿下町の山車	一輌	葉鹿町	葉鹿下町自治会	平5・3・19
太刀銘　則重	一口	家富町	鑁阿寺	平12・11・17
大山講の燈籠	一基	通六丁目	巌島神社	平21・3・24
・考古資料				
「翻刻植物学」の版木	五五枚	昌平町	足利市	昭34・2・17
「足利学校事蹟考」の版木	一五枚	〃	〃	〃
渾天儀	一具	〃	〃	〃
一山十二坊図	一幅	家富町	鑁阿寺	〃
足利学校平面図	一幅	昌平町	足利市	〃
足利本町・新田町絵図	二枚　二旗	通二丁目	個人所有	〃
北郷村　地租改正資料	一五五冊	昌平町	足利市	〃
瑪瑙の琴台	一基	〃	〃	昭35・4・23
神鏡	一面	緑町一丁目	八雲神社	〃
紙本著色　足利城古絵図	一枚	家富町	鑁阿寺	〃
人物埴輪	一軀	葉鹿町	葉鹿小学校	昭35・7・12
縄文式土器	二個	〃	坂西中学校	〃
土師器	五個	〃	〃	〃
葉鹿町　古地図	一幅	昌平町	足利市	〃
板碑	三基	山川町	観音寺	昭36・11・22
宝福寺の層塔	二基	福居町	宝福寺	昭39・7・25
紙本墨書　文武忠孝の書（田崎草雲筆）	一幅	栄町	個人所有	昭41・3・1
紙本墨書　野晒画讃（〃）	二幅	大門通	〃	〃
紙本墨書　述懐の歌（田崎草雲筆）	一幅	緑町二丁目	足利市	〃
養老碑	一基	西場町	西場町自治会	昭43・3・19

名称	員数	所在地	所有者・管理者	指定年月日
堀江家の層塔	二基	板倉町	個人所有	昭45・3・2
藤原行国の石塔	一基	通七丁目	三宝院	昭53・6・21
日光例幣使（街）道道標	二基	寺岡町	寺岡町自治会	昭55・1・12
永宝寺の無縫塔	一基	小曽根町	永宝寺	昭55・3・22
石造供養塔	一基	高松町	高松町自治会	〃
浄徳寺の石塔群		県町	浄徳寺	〃
伝　北条時子姫の五輪塔	一基	巴町	法玄寺	〃
石橋供養塔	一基	久保田町	久保田町一丁目自治会	昭56・2・25
満宝寺の石仏	二躯	瑞穂野町	満宝寺	〃
石造不動明王坐像	一躯	〃	〃	〃
医王寺の宝塔	一基	稲岡町	医王寺	昭57・3・15
常慶寺の宝塔	一基	〃	常慶寺	〃
石造勢至菩薩供養塔	一基	西場町	西場町自治会	〃
石造廻国供養塔	一基	〃	〃	〃
薬師寺の供養塔（開山塔）	一基	寺岡町	薬師寺	〃
観音寺の石塔（無縫塔形）	一基	奥戸町	観音寺	〃
開山無縫塔	一基	板倉町	養源寺	昭57・6・23
金井繁之丞の石塔	一基	粟谷町	個人所有	〃
逆修塔	一基	〃	正蓮寺	〃
指樽	二個	〃	個人所有	〃
精霊さまの墓塔群	一八基	松田町	〃	〃
石幢	一基	〃	長徳院	〃

道標	一基	〃	松田三丁目自治会	〃
半鐘	一口	〃	宗泉寺	〃
伏鉦	一個	〃	長徳院	〃
南宗氏の五輪塔	一基	名草中町	金蔵院	昭58・2・23
南宝寺の宝塔	一基	〃	南宝寺	〃
清源寺の石燈籠	二基	〃	清源寺	〃
銅製　八稜鏡	一面	五十部町	個人所有	昭58・12・21
竜雲寺の宝塔	一基	大久保町	竜雲寺	〃
竜雲寺の五輪塔	二基	〃	〃	〃
長林寺の鰐口	一口	山川町	長林寺	〃
黒田家の五輪塔	一基	〃	個人所有	〃
禅定院の板絵図	一枚	八幡町	禅定院	〃
禅定院の板石塔婆	一基	〃	〃	〃
吉祥寺の半鐘	一口	江川町	吉祥寺	昭59・11・19
石造層塔	一基	樺崎町	樺崎八幡宮	〃
長松寺の宝篋印塔	一基	山下町	長松寺	昭60・8・26
地蔵院の五輪塔	一基	百頭町	地蔵院	昭61・3・13
遍照寺の宝塔	一基	福富町	遍照寺	昭61・9・24
覚本寺の宝塔	一基	島田町	覚本寺	〃
覚性院の宝塔	一基	〃	覚性院	〃
小林十郎左衛門並びに小林彦五郎墓塔と石灯篭	計四基	巴町	法玄寺	昭62・5・20
足利学校絵図	四幅	昌平町	足利市	昭62・12・15
東光寺大日堂の鉦	一個	葉鹿町	東光寺	平4・6・25
板碑	一基	大月町	蜜蔵院	平12・6・19

名称	員数	所在地	所有者・管理者	指定年月日
無量院の板碑	一六点	葉鹿町	無量院	平13・6・19
放生会の碑	一基	八幡町	八幡宮	平19・3・22
回漕問屋忠兵衛の石燈籠	一基	伊勢町二丁目	伊勢神社	平19・11・15
・歴史資料				
大岩毘沙門天　石段		大岩町	最勝寺	昭59・11・19
野州足利郡松田村絵図	一幅	松田町	個人所有	平8・3・21
人見家関係資料	三〇冊四通一幅	西場町	雲龍寺	平17・12・14
下野國一社八幡宮所蔵資料	二四七三点	八幡町	八幡宮	平23・3・22
・建造物				
光得寺五輪塔	一九基	菅田町	光得寺	昭34・2・17
鑁阿寺宝庫	一棟	家富町	鑁阿寺	〃
山門附仁王像	一棟 二軀	松田町	善光寺	昭35・7・12
物外軒茶室	一棟	通六丁目	足利市	昭43・11・1
鶏足寺勅使門	一棟	小俣町	鶏足寺	昭45・3・2
大岩毘沙門天　本堂	一棟	大岩町	最勝寺	昭59・11・19
大岩毘沙門天　山門	一棟	〃	個人所有	〃
光明寺の鐘楼	一棟	田島町	光明寺	昭61・3・13
浄林寺離れ	一棟	五十部町	浄林寺	昭61・9・24
樺崎八幡宮本殿	一棟	樺崎町	樺崎八幡宮	〃
鑁阿寺北門	一棟	家富町	鑁阿寺	昭62・5・20
八幡宮拝殿・幣殿	一棟	八幡町	八幡宮	平3・1・22
鑁阿寺観音壇厨子	一棟	家富町	鑁阿寺	〃

鑁阿寺智願寺殿御霊屋（蛭子堂）	一棟	〃	〃	平3・11・22
稲岡観音堂	一棟	稲岡町	稲岡町自治会	平4・6・25
旧足利学校遺蹟図書館（付属建物を含む）付新築竣工図	一棟一巻	昌平町	足利市	平6・3・22
赤城神社本殿	一棟	上渋垂町	赤城神社	平6・8・22
星宮神社本殿	一棟	梁田町	星宮神社	〃
長林寺山門	一棟	西宮町	長林寺	平8・10・18
鑁阿寺御水屋	一棟	家富町	鑁阿寺	平9・7・1
鑁阿寺中御堂（不動堂）	一棟	〃	〃	平13・11・19
宗泉寺本堂	一棟	松田町	宗泉寺	平15・11・13
円満寺不動堂	一棟	借宿町	円満寺	平17・2・24
四所神社本殿	一棟	朝倉町三丁目	四所神社	平19・3・22
・無形文化財				
御神楽（大和流渋井派）	一件	大前町		昭35・4・1
上加子崇聖寺盆踊唄（神子流笛藤派）	一件	久保田町		昭40・3・1
御神楽（大山祇神社太々神楽）	一件	大沼田町		昭40・10・1
足利鳶木遣り	一件	助戸一丁目		昭48・4・2
示現神社神代神楽	一件	月谷町		昭55・1・22
樺崎八幡宮太々神楽	一件	樺崎町		昭58・2・23
南大町宮比講神楽	一件	南大町		〃
足利雷電神社大和流神代神楽	一件	本城一丁目		昭60・8・26
八木節	一件	福居町	足利市八木節連合会	平15・3・18
・民俗文化財				
絵馬　外国船の図	一面	家富町	鑁阿寺	昭34・4・1

名称	員数	所在地	所有者・管理者	指定年月日
絵馬　銘酒玉の井繁昌の図	一面	家富町	鑁阿寺	昭34・4・1
癪除八幡宮御神体	一式	高松町	八幡宮	昭55・3・22
千匹猿の絵馬	一面	名草中町	須花講中	昭56・2・25
小俣石尊山の梵天祭り	一件	小俣町	梵天講	昭57・4・21
板倉神社の神迎祭	一件	板倉町	板倉神社	〃
金蔵院の庚申塔	二基	名草中町	金蔵院	昭58・2・23
名草大坂の庚申塔	一基	名草下町	大坂庚申講中	〃
石造　青面金剛像	一基	八椚町	八椚町一丁目自治会	昭58・7・19
朝倉の庚申塔	一基	朝倉町	朝倉町二丁目自治会	昭59・11・19
大岩毘沙門天本堂の絵馬及び奉納額		大岩町	最勝寺	〃
御厨神社の御筒粥	一件	福富町	御厨神社	昭61・3・13
御厨神社の御田植	一件	〃	〃	〃
西場の百観音		西場町	雲龍寺	昭62・5・20
三崎稲荷神社の絵馬	一一面	大前町	三崎稲荷神社	昭62・12・15 平14・6・18 追加
石造　地蔵菩薩立像	一軀	鵤木町	鵤木町愛護会	平3・11・22
星宮神社の地租改正絵馬付地籍図・測量用平板・検尺	一面二冊一台一本	梁田町	星宮神社	平6・3・22
石造　地蔵菩薩立像	六軀	西宮町	長林寺	平9・3・19
浅間神社のペタンコ祭	一件	田中町	浅間神社	平10・3・20

釋奠		昌平町	史跡足利学校釋奠保存委員会	平20・6・30
「行道山みくじ」版木		月谷町	浄因寺	平25・1・16
・史跡				
羽黒古墳	一基	板倉町	個人所有	昭35・7・12
瓢塚古墳	一基	小俣町	〃	〃
上野田遺跡		〃		〃
中ノ目遺跡		板倉町		〃
正善寺古墳	一基	常見町	正善寺	昭39・7・25
藤本観音山古墳	一基	藤本町	個人所有	〃
居館跡		高松町	〃	昭41・3・1
梁田戦争戦死塚		梁田町	長福寺	昭42・9・19
田崎草雲旧宅（庭園を含む）		緑町二丁目	足利市	昭44・3・31
足利公園古墳	三基	緑町	〃	〃
足利城跡		本城一丁目	神習教足利丸信教会	昭45・7・25
岩井山城跡（勧農城跡）		勧農町	赤城神社	〃
樺崎八幡宮境内（法界寺跡）		樺崎町	樺崎八幡宮	〃
南氏墓所		名草中町	清源寺	昭46・11・19
長尾氏墓所		本城一丁目	心通院	〃
長尾氏歴代墓所		西宮町	長林寺	〃
中里城跡（柳田氏居館跡）		福居町	個人所有	昭51・2・17
足利義氏墓所		本城三丁目	法楽寺	〃
機神山山頂古墳	一基	〃	足利市他	昭53・6・21
行基平山頂古墳	一基	〃	長林寺他	〃

名称	員数	所在地	所有者・管理者	指定年月日
須花の庚申塔群		名草中町	須花講中	昭56・2・25
根本神社古墳		朝倉町	個人所有	〃
松田北台・観音堂境内石塔群		松田町	田中講地組合	昭57・6・23
明神山古墳群		朝倉町三丁目	足利市他	〃
多田木砦跡		多田木町	個人所有	昭58・12・21
中日向古墳群		瑞穂野町	赤城神社	〃
永宝寺古墳	一基	小曽根町	永宝寺	昭61・9・24
菅田西根遺跡		菅田町	足利市	昭62・12・15
口明塚古墳	一基	山川町	〃	平4・6・25
田崎草雲墓所		西宮町	長林寺	平12・11・17
足利萬古窯跡	一基	樺崎町	個人所有	平14・11・14
助戸山3号墳	一基	助戸三丁目	定年寺	〃
小曽根浅間山古墳	一基	小曽根町	個人所有	平15・6・20
富士山城跡（胎内洞穴を含む）	一基	田中町	足利市他	平22・3・24
物見古墳群第十三号墳	一基	今福町	個人所有	平23・3・22
・天然記念物				
鑁阿寺のイチョウ	一本	家富町	鑁阿寺	昭37・6・25
龍泉寺のカヤ	一本	稲岡町	龍泉寺	〃
臥竜院のエドヒガン（シダレザクラ）	三本	名草上町	臥竜院	昭40・3・1
山藤家のクロマツ	一本	小俣町	個人所有	〃
八幡宮のクロマツ	一本	八幡町	八幡宮	〃
久保田八幡宮のクロマツ	一本	久保田町	〃	〃
毘沙門天のスギ	一本	大岩町	最勝寺	〃

タブノ木自生林	六本	本城一丁目	神習教足利丸信教会	昭41・3・25
助戸阿弥陀堂の関東九本松（クロマツ）	一本	久松町	助戸仲町自治会	昭41・6・15
塩田家のサザンカ	一本	名草仲町	個人所有	昭42・3・30
増田家のクヌギ	一本	多田木町	〃	〃
三柱神社のアカマツ	一本	駒場町	三柱神社	〃
正蓮寺のコウヤマキ	一本	粟谷町	正蓮寺	〃
正蓮寺のカヤ	一本	〃	〃	〃
稲荷神社のアカマツ	一本	西場町	稲荷神社	昭43・3・19
禅定院のカヤ	一本	八幡町	禅定院	〃
増沢家のケヤキ	一本	大月町	個人所有	昭47・7・18
樺崎八幡宮のスギ	一本	樺崎町	樺崎八幡宮	〃
無量院のカヤ	一本	葉鹿町	無量院	〃
松田神社のスギ	一本	松田町	松田神社	昭49・9・12
ニホンカワモズク自生地		南大町	神明宮	昭51・2・17
池森家のハリギリ	一本	松田町	個人所有	昭53・3・15
最勝寺暖地性植物自生地		大岩町	最勝寺	昭53・6・21
鵤木の一本スギ	一本	鵤木町	足利市	昭54・7・18
日光神社のスギ	一本	名草中町	日光神社	昭55・3・22
近藤家のハクモクレン	一本	葉鹿町	個人所有	昭56・10・19
東陽院のクロマツ	一本	駒場町	東陽院	昭57・4・21
八雲神社のケヤキ	一本	通五丁目	八雲神社	昭57・10・18
八雲神社のイチョウ	一本	〃	〃	〃
篠生神社の社叢		葉鹿町	篠生神社	昭61・3・13
粟谷町山神社のスギ	五本	粟谷町	山神社	昭62・5・20

名称	員数	所在地	所有者・管理者	指定年月日
松田町字中手のアカシデ林		松田町	個人所有	平7・3・17
母衣輪神社のイチョウ	一本	福居町	母衣輪神社	〃
母衣輪神社のクスノキ	一本	〃	〃	〃
長昌寺のクロマツ	一本	高松町	長昌寺	平7・12・19
けやき小学校のケヤキ	一本	柳原町	足利市	平9・7・1
鶏足寺のサルスベリ	四本	小俣町	鶏足寺	平14・11・14
五尊教会のタブノキ	一本	〃	五尊教会	〃
大岩山多門道のナツフジ	二本	大岩町	個人所有	平18・11・16
五尊教会のタブノキ	一本	〃	五尊教会	〃
大岩山多門道のナツブシ	二本	大岩町	個人所有	平18・11・16

足利市教育委員会『足利の文化財』（昭和六二年三月二〇日）、公益財団法人足利市民文化財団・足利市教育委員会『足利の文化財めぐりマップ』（平成二七年三月）による。

あとがき

「はしがき」で述べたように——昭和五十四年から六年かけて、「足利市内の文化財の総合調査」を、足利市文化財総合調査団と足利市教育委員会が、旧市内はじめ各地域の市民各位のご協力を得て実施し——『年報』（六冊）と『総括報告書』（一冊）にまとめた。それはまさに画期的で、昭和五十四年以後の足利市の「指定文化財」は飛躍的に増加し、文化財保護の実が上がった。

早稲田大学で歴史学、就中考古学、日本史などを学んだ私は、栃木県内、特に故郷足利の歴史の解明を心がけ、市内各地域の文化財調査にも関わってきた。本書はまさに、足利の自然や文化遺産、神社、寺院さらに年中行事など、その成果の大要を述べたものである。

そして長年、共に文化財の調査や保護に尽力されてこられた田村允彦氏や北村隆氏、足利の仏教興隆に努められている武井全補氏、また議会人として文化財保護を政策の一つとされている黒川貫男氏などは、ともに歴史都市の実現を期し、長年の友小崎憲一氏はじめ歴史都市構想の実現を希う同好の方々にも感謝あるばかりである。

また本書の出版には随想舎の石川栄介氏のご配慮をいただいた。さらに出版に当たってお力をいただいた方々に心から御礼を申し上げる次第である。

前澤輝政

著者紹介

前澤輝政（まえざわ　てるまさ）

大正14年（1925）足利市に生まれる。第二早稲田高等学院文科（旧制）を経て、早稲田大学第一政治経済学部政治学科卒業、同大学院文学研究科（美術史）修了。考古学・古代史を滝口宏先生に師事。
栃木県文化財調査委員（のち文化財保護審議会委員〈会長〉）、足利市文化財専門委員（長）、栃木県市町村文化財保護委員会協議会会長などを歴任。足利の自然と文化財を守る会代表。歴史都市構想推進会議設置準備会代表。
早稲田大学、聖心女子大学、東京医科大学各講師、宇都宮短期大学、いわき明星大学各教授を歴任。文学博士。

〔主な著書〕
『御厨高松遺跡の研究』（明善堂書店）、『足利智光寺址の研究』（綜芸舎）、『足利の歴史』（明善堂）、『下野の古代史』（上下・有峰書店）、『下野の古墳』（栃の葉書房）、『山王寺大桝塚古墳』（早大出版部）、『毛野国の研究』（現代思潮社）、『新編足利の歴史』（国書刊行会）、『東国の古墳』（そしえて）、『日本古代国家成立の研究』（国書刊行会）、『概説東国の古墳』（三一書房）、『栃木の文化財』（随想舎）、『足利学校—その起源と変遷』（毎日新聞社）、『近藤徳太郎—織物教育の先覚者』（中央公論事業出版）、『改訂新版足利の歴史』（随想舎）、『日本建国への道』（沖積舎）など。

足　利——緑ゆたかな歴史のまち

2017年1月27日　第1刷発行

著　者● 前澤輝政

発　行● 有限会社 随想舎
〒320-0033 栃木県宇都宮市本町10-3 TSビル
TEL 028-616-6605　FAX 028-616-6607
振替 00360－0－36984
URL http://www.zuisousha.co.jp/

印　刷● モリモト印刷株式会社

装丁● 栄舞工房
定価はカバーに表示してあります／乱丁・落丁はお取りかえいたします
 ISBN978-4-88748-335-4